女性发展与社会文明

——浙江妇女研究(第四辑)

陈步云 主编

浙江工商大学出版社
ZHEJIANG GONGSHANG UNIVERSITY PRESS

·杭州·

图书在版编目(CIP)数据

浙江妇女研究. 第四辑,女性发展与社会文明 / 陈步云主编. —杭州:浙江工商大学出版社,2021.12
ISBN 978-7-5178-4698-7

Ⅰ.①浙… Ⅱ.①陈… Ⅲ.①妇女工作—研究—浙江 Ⅳ.①D442.855

中国版本图书馆 CIP 数据核字(2021)第214320号

女性发展与社会文明——浙江妇女研究(第四辑)
NVXING FAZHAN YU SHEHUI WENMING——ZHEJIANG FUNV YANJIU (DI SI JI)
陈步云 主编

责任编辑	张莉娅	
封面设计	叶泽雯	
责任校对	鲁燕青	
责任印制	包建辉	
出版发行	浙江工商大学出版社	
	(杭州市教工路198号　邮政编码310012)	
	(E-mail: zjgsupress@163.com)	
	(网址:http://www.zjgsupress.com)	
	电话:0571-88904980,88831806(传真)	
排　版	杭州朝曦图文设计有限公司	
印　刷	广东虎彩云印刷有限公司绍兴分公司	
开　本	710 mm×1000 mm　1/16	
印　张	22.25	
字　数	339千	
版 印 次	2021年12月第1版　2021年12月第1次印刷	
书　号	ISBN 978-7-5178-4698-7	
定　价	56.00元	

序 言

2021年是中国共产党成立100周年,是国家"十四五"规划开局之年,也是《中国妇女发展纲要(2021—2030)》《中国儿童发展纲要(2021—2030)》和《浙江妇女发展纲要(2021—2025)》《浙江儿童发展纲要(2021—2025)》实施元年。在党的十九届六中全会召开之际,《女性发展与社会文明——浙江妇女研究(第四辑)》终于要出版了。

党的十九届六中全会上通过的《中共中央关于党的百年奋斗重大成就和历史经验的决议》中提到"文明"共33次,可见党和政府对社会文明的高度重视。在联合国大会纪念北京世界妇女大会25周年高级别会议上,习近平主席发表了重要讲话。在讲话中,习近平主席指出:"妇女是人类文明的开创者、社会进步的推动者,在各行各业书写着不平凡的成就。"女性发展对社会文明有至关重要的推进作用,女性的解放与发展程度既是社会文明的应有之义,也是衡量社会文明的重要尺度。

首先,女性作为社会发展的主体,是促进社会发展和推进社会文明的重要力量。《女性发展与社会文明——浙江妇女研究(第四辑)》探讨了对于传统家庭美德的传承、家庭文明建设的推进、基层社会治理的参与、家庭照料和家庭教育中女性的实践与认知等话题,尤其关注了女性在家庭和社会中独特作用的发挥。其次,近几年备受关注的婚姻家庭热点问题,比如彩礼返还、家事审判、夫妻共同债务、青年婚恋观等,也是该书关注的重点。最后,部分女性作为社会服务的重点对象,也是妇联和女性社会组织一直所关注的。比如关于不孕女性的社会支持、女性健康公益项目的运作等文章,从制度保障、政策支持等方面对提升广大女性的幸福感和获得感做出了探讨。

《浙江妇女研究》以"加强理论研究、深化实践探索、助推妇女工作"为使命，在过去的一年里，刊发了许多具有思想深度、富有学术价值和政策参考价值的研究成果。《女性发展与社会文明——浙江妇女研究（第四辑）》，选取《浙江妇女研究》2020年的优秀成果集刊而成。这些文章从家庭建设、妇女权益、性别文化、妇女工作等方面，深刻剖析了妇女发展的现状和困境，就如何促进女性发展、推进社会文明提出了有针对性的对策建议，为推动女性发展提供了丰富的实践经验和深厚的理论思考。对这些优秀成果公开出版，既可以让妇女/性别/家庭研究为实现人民对美好生活的向往做出更多的贡献，也是对妇女/性别/家庭研究成果的一次转化和推广，是深入学习贯彻落实党的十九大精神、党的十九届六中全会精神的一个实际举措。

2022年，《浙江妇女研究》将着力做好三个转化。

一是做好理论成果的转化。我们的作者遍布全国各地，他们多是高校、党校、科研院所的学科带头人，有着马克思主义理论、社会学、经济学、政治学、文学、法学、历史学等多学科的研究背景，他们从各自研究和关注的领域出发，对妇女/性别/家庭等的基础理论和现实问题开展了大量卓有成效的研究工作。在2022年，我们将加大理论成果转化力度，努力将研究成果转化为促进妇女工作和妇女发展的有效举措，使《浙江妇女研究》成为解决妇女群众急难愁盼，服务广大家庭美好生活的有效载体。

二是做好实践成果的转化。一方面，妇女理论研究者必须深入实际、深耕基层、从鲜活的妇女实践中挖掘新素材，从家庭和社会变迁中发现真问题，使理论研究牢牢扎根于实际，服务于现实。另一方面，妇女实务工作者也应该在工作中研究，在研究中工作。从工作中反思，从实践中提升，将各地的特色亮点工作上升为可复制、可推广的先进经验和理论成果。

三是做好资政成果的转化。广大的理论研究工作者和一线的实务工作者要将性别视角和家庭视角纳入研究议题。无论是理论成果还是实践经验，都可以转化为高质量的人大议案、政协提案，促进党委政府关于妇女发展相关决策的科学性和民主性。希望《浙江妇女研究》的作者针对妇女工作的重点难点和广大家庭的急愁难盼进行深度调研，为实现女性发展新的篇章提供借鉴。

目　录

家庭建设与社会发展

疫情防控常态化形势下浙江省家政企业发展状况的调查和思考
………………………………陈步云　张武萍　周胜权（3）
构建家庭建设综合平台的实践与思考 ………浙江省妇联办公室（15）
浙江省3岁以下婴幼儿照护服务现状与对策研究
………………………浙江省妇联家庭和儿童工作部（29）
社会主义核心价值观视阈下的家风建设文献述评 …………周春林（37）
全职妈妈的角色认知与实践研究
——以江苏省南通市为例 …………………………于兰华（52）
浅议新时代背景下的家务劳动性别分工 …………………黄沅卿（68）
高校青年婚恋观研究
——基于杭州五所高校数据的分析 ………陈晓玲　胡徽峥　周佳琪（79）
辅助生殖治疗对不孕妇女影响的社会学分析 …………………邱幼云（92）
先天性结构畸形患儿家庭中母亲角色的研究
——以F医院为例 ………………………蔡小芳　黄　艳（105）

妇女权益与法律保障

家事审判改革背景下人身安全保护令探析
——以Z省为例 …………………………………李　洁（117）

多元化纠纷解决机制在家事审判中的应用探析

　　——以 P 法院家事审判改革为例 ················· 吴蓓蓓（131）

彩礼返还法律适用问题研究 ················· 熊　俏　应俊伟（140）

基于民法典视角的夫妻共同债务研究 ················· 楼雨凡（154）

妇女解放与女性发展

传承弘扬千鹤妇女精神　为展现"重要窗口"的"头雁风采"贡献巾帼力量

　　··· 阮　英（167）

为新时代千鹤妇女精神注入垦荒之力 ················· 王跃军（174）

民主革命时期中国共产党对妇女解放问题的探索 ············· 陈正辉（180）

网格化融合在乡村社会治理中的实践与启示

　　——以南昌市高新开发区昌东镇阳门村女性参与为例 ······ 凌　云（191）

女性主体地位的回归与确立 ························· 高立水（199）

小额信贷对农村妇女脱贫致富的影响研究

　　——以浙江省丽水市为例 ··················· 沃红群（214）

浙江省女性社会组织现状及发展研究

　　············· 浙江省妇联"女性社会组织现状与发展研究"课题组（226）

女性文学与性别文化

女性主义视域中的《双城记》女性形象

　　——论完美露西的虚幻与德伐日太太的凶残 ······ 傅守祥　陈少凤（239）

论"80后"女作家笛安小说中的孤独书写 ················· 曹艳艳（250）

性别立场的坚守与超越

　　——兼论"女性意识"与"超性别意识" ················· 李传通（258）

21 世纪中国儿童文学中的女性主义声音 ················· 张之羽（269）

妇女工作的创新与实践

妇联发挥家庭教育指导作用的实践与思考
...............................浙江省家庭教育指导中心课题组(281)
公益项目运作与社会创新研究
——以康乃馨女性健康公益保险项目为例 ....徐越倩 宋淑溶(289)
妇联组织参与社会治理的历史逻辑 ....李乾坤(301)
浙江省加快发展县基层妇女工作调查与分析
——以浙江省 A 县 J 镇为例 ....王 皎(312)
妇联提升家政员职业道德素养的路径研究
——以浙江省"常山阿姨"为例 ....高 辉(320)
基层社会治理的舟山经验
——以舟山"东海渔嫂"为例 ....舟山市妇联 舟山市妇女研究会(329)
安吉美丽家庭创建工作的实践与思考 ....朱海燕(340)

后 记 ....(345)

家庭建设与社会发展

疫情防控常态化形势下浙江省家政企业发展状况的调查和思考*

陈步云　张武萍　周胜权**

摘　要：为贯彻落实中央和省委"一手抓疫情防控，一手抓复工复产""两手都要硬，两战都要赢"的工作要求，浙江省妇女干部学校、省巾帼家政服务联盟对浙江省家政企业在疫情防控常态化形势下的复工状况进行了调查，在了解了企业的损失情况、主要应对措施、面临的主要困难及企业享受的惠企政策情况之后，从七个方面提出了加快家政企业恢复和发展的建议。

关键词：疫情防控；浙江省家政企业；发展状况；调查

2020年以来，新冠肺炎疫情持续冲击国民经济，以"进家入户、亲密接触"为主要特点的家政服务业受到严重影响，复苏明显迟缓于其他行业。中央政治局会议提出，要在疫情防控常态化形势下加快恢复生产生活秩序。调研组对浙江省家政企业进行了充分的调研，并提出加快家政企业恢复和发展的意见和建议。

---

* 本文已在《中国妇女报》2020年5月26日刊登（摘编）。

** 陈步云，博士，浙江省妇女干部学校党委书记、校长、副教授，浙江省巾帼家政服务联盟理事长，研究方向为女性教育与发展。张武萍，浙江省妇女干部学校党委副书记、副校长，浙江省巾帼家政服务联盟副理事长，浙江省家庭服务业协会副会长，研究方向为公共管理和家政服务。周胜权，浙江省妇女干部学校社会教育中心主任，浙江省巾帼家政服务联盟副秘书长，研究方向为妇女权益维护和家政服务。

一、调查形式和调查样本基本情况

2020年3月以来,调研组通过实地走访、微信群集体访谈、电话一对一访谈及问卷调查等形式对浙江省家政企业基本情况进行了调查。问卷调查覆盖了浙江省11个市共111家家政服务机构(以下统称为"家政企业"),其具体区域分布如表1所示。

表1　企业区域分布

注册所在地	企业数(家)	占比(%)
杭州	21	18.92
宁波	11	9.91
温州	7	6.31
湖州	6	5.40
嘉兴	6	5.40
绍兴	5	4.50
金华	24	21.62
衢州	7	6.31
舟山	9	8.11
台州	8	7.21
丽水	7	6.31

这111家家政企业中的80.18%采用公司制管理(见表2),用工规模从50人以下到1000人以上不等,其中300人以下为主体,占83.79%(见表3);年营业收入覆盖100万元以下到1000万元以上,其中500万元以下为主体,占79.28%(见表4)。样本分布与浙江全省行业总体情况相当,具有一定的代表性。

表2　企业性质

类　型	企业数（家）	占比（%）
个体工商户	13	11.71
合伙企业	5	4.50
公　司	89	80.18
其　他	4	3.61

表3　企业用工规模

人员规模	企业数（家）	占比（%）
50人以下	51	45.95
51—300人	42	37.84
301—1000人	12	10.81
1000人以上	6	5.40

表4　企业年营业收入

年营业收入	企业数（家）	占比（%）
100万元以下	40	36.04
100万—500万元	48	43.24
501万—1000万元	10	9.01
1000万元以上	13	11.71

在企业基本情况调查中，特别调查了家政企业实现员工制管理的情况，以企业与一线家政服务人员的关系来界定，分为签订劳动合同、签订服务协议（代收代发工资、进行培训管理）、平台中介关系和其他等四种情况。有94家企业与一线人员签订劳动合同或服务协议，占比84.68%；与员工仅为平台中介关系或其他关系的有17家，占15.32%（见图1）。

15.32%

84.68%

□ 签订劳动合同或服务协议　　□ 平台中介关系或其他关系

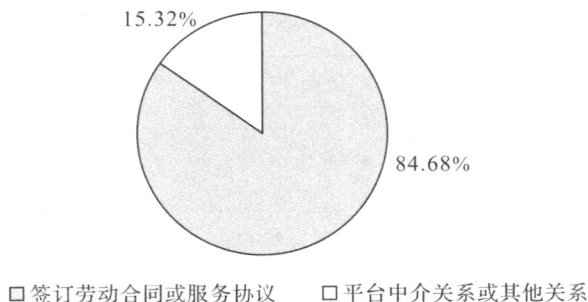

图1　家政企业员工制实施情况

现代家政服务业经过30多年的探索和发展,推行员工制管理已经成为家政企业共识,调研中的94家企业都满足了《国务院办公厅关于促进家政服务业提质扩容的意见》(国办发〔2019〕30号,以下简称"国30号文件")中关于员工制家政企业的定义,其中73家企业与一线服务人员签订了劳动合同。调查显示,家政服务员的劳动关系整体从与雇主之间的雇佣关系,转变为与企业之间的员工关系,逐步被纳入劳动法的规范和保护,整个行业进一步从无序走向规范。当然,在调查中也发现,企业与一线员工的关系是多样化的,同时选择签订劳动合同、签订服务协议和平台中介管理的现象非常普遍,企业要彻底实现员工制管理还有很长的路要走。

二、疫情期间浙江省家政企业的经营状况

（一）企业的损失情况

1. 企业业务量明显下降

家政服务业是朝阳行业,常规情况下,行业规模每年保持30%左右的增长,新冠肺炎疫情这一"黑天鹅"事件使家政企业的业务量明显缩水。调查显示,截至2020年3月底,零业务的有7家,占到6.31%;业务量不到上年同期一半的有95家,占85.59%;只有3家企业的业务量与上年基本持平或增长(见表5)。

表5 2020年3月底浙江省家政企业的业务情况

与上年同期相比的业务量	企业数(家)	占比(%)
零业务	7	6.31
20%以下	36	32.43
20%—50%	52	46.85
51%—80%	13	11.71
基本持平或增长	3	2.70

实地走访调研的杭州市4家家政企业,因规模、业务各异,复工复产和经营情况差异很大。杭州蓝丝带母婴护理有限公司是建德市一家提供集中母婴照料服务的企业,业务主要是医院产科的住院母婴护理和月子中心母婴护理,由于人员过于聚集、照料对象及场所过于特殊等,两项业务都无法正常开展,复工率几乎为零。建德市的三帮家政服务社是一家以提供维修和保洁服务为主的小型员工制家政企业,已经营20多年,在当地的业务量相当稳定,截至2020年3月底,该企业的维修业务已恢复到7成,保洁业务恢复到3成。杭州巾帼西丽集团是一家年营业收入超3亿元的龙头企业,家政业务以养老和保洁为主,自2020年3月24日浙江全省养老机构解封以来,无论是机构养老业务还是居家养老业务都已基本恢复,居家保洁业务也因企业信誉好、防护措施到位,恢复到了7成。浙江奥航综合服务有限公司有1000多名员工,面向企业和家庭提供清洁服务,截至2020年3月底复工率达到了8成以上,其中恢复的业务以企业保洁为主。

1. 企业经营成本明显增加、利润明显下降

疫情防控期间,企业的经营成本明显增加,成本增加在20%以下的占47.75%,成本增加在20%—50%的占39.64%,少部分企业成本增加超过了50%(见表6)。增加的成本主要来自停业、半停业状态下的人工工资和房租、购买防疫用品的成本、外地员工回浙后隔离及待岗的食宿成本、客户特殊要求下入户员工的核酸检测费用等。由于成本增加和业务量急剧下滑,企业的利润也明显下降,下降80%以上的约占30%,下降20%—80%的超过一半,只有极少数企业能基本持平或稍有增加(见表7)。

表6　企业经营成本增加情况

增加的经营成本	企业数（家）	占比（%）
10%以内	16	14.41
10%—20%	37	33.34
20%—50%	44	39.64
50%以上	14	12.61

表7　企业利润减少情况

与去年同期相比的利润	企业数（家）	占比（%）
下降80%以上	32	28.83
下降51%—80%	22	19.82
下降21%—50%	41	36.94
下降20%	14	12.61
基本持平或增加	2	1.80

（二）企业主要应对措施

疫情期间，各家政企业采取多种措施应对疫情影响，有暂停线下业务、降薪裁员等被动措施，也有开展线上服务和培训、业务转型等主动措施，不少企业组合运用多项措施，积极开展自救。其中，选择暂停线下营业的占53.15%，而选择开展线上服务或培训的占56.76%，选择业务转型的占30.63%（见表8）。

表8　企业应对疫情主要措施

应对措施	暂停线下营业	降薪或裁员	开展线上服务或线上培训	业务转型	其他
企业数（家）	59	16	63	34	25
占比（%）	53.15	14.41	56.76	30.63	22.52

　　受疫情影响,一些家政企业关闭门店,改造成外地员工隔离和住宿场所,将培训、面试、签约及付款搬到了线上,开启了"云模式"。这一模式改变了家政服务人员到实体门店找工作,客户到实体门店找服务的传统模式和消费习惯,一定程度上倒逼了传统家政服务业的转型,客观上推动了"互联网＋家政业务"的发展。疫情也倒逼了家政企业在线教育培训业务的快速发展,许多家政企业都开展了线上培训业务,家政服务人员开始逐步接受和适应这种低成本、可重复的培训方式,尤其受到短期无法返城、无法复工的家政服务人员的欢迎,他们可以利用这个"空窗期"在线学习技能,停工不停学,以期复工之后以更高技能实现更好的就业。

(三)企业面临的主要困难

　　当被问及"目前企业面临的最大困难是什么"时,选择"业务少"的企业占59.45%,选择"成本高"的占25.23%,选择"用工荒"的占15.32%(见图2)。

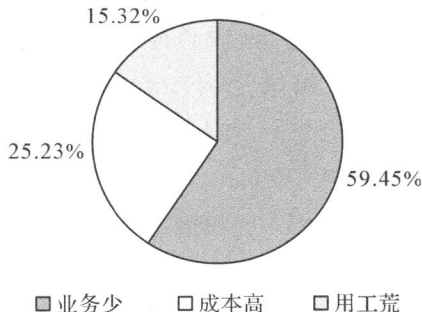

图2　企业面临的最大困难

　　受疫情影响,家政的供需关系第一次出现了倒挂,从"供不应求"转变成"供过于求"。疫情初期,客户的家政服务消费惯性被打破,主观上,大家在超长假期中解锁了家务技能,实现了家务自理;客观上,社区封闭防控管理措施把家政服务员挡在了门外。一段时间后,大家适应了新的劳动平衡,尽管防控措施降级,人员可以自由流动,但客户对保洁服务等非住家业务的需求紧迫度也下降了,需求量也减少了。而对照料"一老一小"这一家政服务传统刚需,因需要与被照料者亲密接触,长期共同生活,客户对家政服务员的健康信任危机尚无法全面解除,大家普遍持有"再等等、再忍忍"的心态。

所以,恢复消费信心和意愿是家政行业目前面临的最紧迫问题。

需要特别指出的是,"供过于求"只是疫情之下市场的应激反应,长远来看家政服务的需求量仍将按原有规律继续增长。在整体劳动力紧缺的社会大背景下,暂时的"供过于求"会让待岗的家政服务人员寻求新的出路,回城的转向其他行业,未回城的选择留乡创业就业。待疫情影响散去,市场恢复正常之时,家政服务业的供需矛盾将更加失衡,行业掣肘更加明显,这一点值得关注。

(四)企业享受惠企政策情况

1. 企业普遍享受到了政府应对疫情的惠企政策

疫情发生以来,各级政府出台了一系列纾困政策,帮助企业渡过难关,尤其是2020年3月11日浙江省新型冠状病毒肺炎疫情防控工作领导小组下发了《大力实施减税减费减租减息减支共克时艰行动方案》,提出"以最大惠企政策对冲疫情带来的不利影响",为全省企业提供了1500亿元"五减"政策福利。以中小微企业为主体的家政企业普遍享受到了这一政策红利,60.36%的企业享受到了社保减免,41.44%的企业享受到了税收减免,11.71%的企业享受到了房租减免,有34.23%的企业(多为中介平台类企业)没有享受到政策红利。调研组走访的4家企业都表示享受到了税费减免的政策,杭州巾帼西丽集团因疫情享受税费减免达800多万元。

2. 员工制家政企业的政策利好正在落地

《浙江省人民政府办公厅关于促进家政服务业提质扩容的实施意见》(浙政办发〔2019〕70号,以下简称"省70号文件")提出,要实施员工制家政企业培育工程,明确了一系列员工制家政企业的税费优惠措施。所调查的111家企业中,有73家与员工签有劳动合同关系,其中又有32家享受过员工制家政企业社保补贴,占与员工有劳动合同关系企业的43.84%,占被调查总数的28.83%。在94家与一线服务人员建立员工制关系的企业中,有21家享受了免征增值税的优惠,占22.34%。

惠企政策的落实增强了企业的发展信心。在企业前景预测调查中,绝大部分企业选择谨慎乐观,只有1家被调查企业选择"有可能倒闭",66.67%的企业选择"艰难生存",22.52%的企业选择"正常发展",9.91%的企业选择

"有新的机会和增长点"（见图3）。

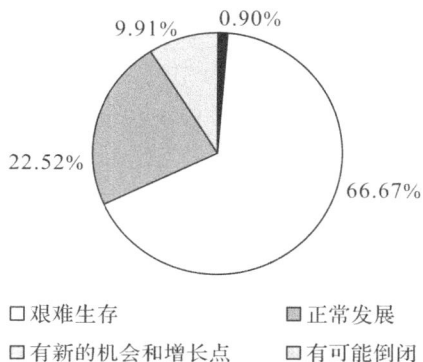

图3　企业前景预测

三、疫情防控常态化形势下促进家政企业发展的建议

疫情防控常态化形势下，家政企业既要坚持复工复产，促进行业尽快复苏，又要坚持提质扩容，促进行业高质量发展，任务重，压力大，需要政府持续关心关爱和精准施策。为进一步加快家政企业的恢复和发展，特提出以下建议。

（一）发放家政服务消费券，恢复家政服务消费信心

消费需求不足是目前家政企业面临的最大困难。发放家政服务消费券，既可以恢复家政服务消费信心，增强家政服务市场活力，也可以培育居民家政服务消费习惯，释放更多的消费需求。建议各市，特别是杭州、温州等家政服务业提质扩容"领跑者"城市，通过支付宝等平台征集优质家政企业，向家庭发放家政服务消费券，用政府补贴和企业让利共同推动家政消费的恢复和繁荣。

（二）明确家政企业分类标准，增强企业发展动力和空间

目前家政服务业未在行业统计上单列，统计实践中会将家政企业纳入

"其他未列明行业"。根据国家统计局印发的《统计上大中小微型企业划分办法(2017)》,与其他行业按"从业人员"和"营业收入"双标准划分依据不同,家政服务业仅以从业人员数量作为划分大中小微型企业的依据,多于300人的为大型企业,100—300人的为中型企业,少于100人的为小型或微型企业。这样的统计标准不符合家政服务行业发展的实际,随着家政服务业员工制管理的推进,员工数量超过100人的家政企业将会越来越多,而它们的营业收入非常有限,这些企业可能因被统计为中大型企业而无法享受小微企业的各项扶持政策。在实践中,很多企业为了最大限度地享受税费减免政策,会在壮大过程中不断拆分企业,注册成立新的主体,这一打"擦边球"行为既影响了企业运行效率,也进一步加剧了行业低小散的局面。建议明确家政服务业划分大中小微型企业的标准,以从业人员数量在100人以下的为微型企业,100—1000人为小型企业,1000—5000人为中型企业,5000人以上为大型企业为宜。

(三)加大员工制家政企业社保补贴力度,支持员工制家政企业发展

"国30号文件"提出,要着力发展员工制家政企业。"省70号文件"明确指出,支持四大都市区率先发展员工制家政企业,加大社保补贴力度。目前浙江省的员工制家政企业社保补贴办法基本沿用了《关于对员工制家政服务企业实行社会保险补贴有关问题的通知》(浙人社发〔2012〕86号)的要求,该文件中关于家政服务和员工制家政企业的定义已与"国30号文件"相脱节,对企业的门槛设置也比较高,造成实际享受到社保补贴企业的比例较低,影响政策的效力。建议进一步放宽补贴条件,提高补贴力度,将补贴标准从现行的50%提高到70%,补贴最高年限从现行的3年延长到6年。为避免家政企业产生社保补贴依赖,补贴可采取逐年递减的方式进行:第一年补助70%,第二年补助60%,第三年补助50%,第四年补助40%,第五年补助30%,第六年补助20%。

(四)加大税收政策支持力度,促进家政服务业良性发展

目前针对家政服务业的税收支持政策没有涉及企业所得税,家政企业

享受到的所得税优惠均来自小微企业税收优惠。为培育家政服务龙头企业,建议税收优惠政策能与实施家政服务业提质扩容"领跑者"行动相配套,加大对管理规范、经营状况良好的家政企业的企业所得税扶持力度,帮助其做大做强,使其真正成为提质扩容的"领跑者"。可以参照《财政部 税务总局关于实施小微企业普惠性税收减免政策的通知》(财税〔2019〕13号),对家政企业年应纳税所得额不超过100万元的部分,减按25%计入应纳税所得额,按20%的税率缴纳企业所得税;年应纳税所得额超过100万元的部分,减按50%计入应纳税所得额,按20%的税率缴纳企业所得税。

(五)完善家政服务职业培训补贴政策,更好地发挥职业培训补贴资金提升技能和促进就业的作用

目前浙江省家政服务从业人员职业培训补贴的申请、审核和拨付管理,参照《关于进一步加强职业培训补贴资金使用管理等问题的通知》(浙财社〔2012〕326号)规定办理。该规定对于职业培训补贴的对象有较为严格的限定条件,很多家政企业和家政服务人员达不到该规定里的限定条件,由此导致很多真正提供一线服务的家政企业和家政服务人员无法获得培训补贴资金,而接受培训补贴的受训人员到家政行业就业的比例很低。为增强职业培训资金的有效性,建议完善家政服务职业培训补贴政策,根据家政服务业实际,适当放宽家政企业和家政从业人员获取职业培训补贴的条件。同时,强化职业培训补贴与就业挂钩,如对符合条件的人员参加培训,并在6个月内从业且从业时间不少于3个月的,按标准的100%补贴;参加培训但未在6个月内从业的,按标准的50%补贴。

(六)加大对家政行业带头人培训的力度,重点打造若干个省级家政培训示范基地

"省70号文件"明确提出,以家政服务人员、家政企业职业经理人、家政师资人员为重点对象,实施家政培训提升行动。家政服务人员是行业主力军,家政企业职业经理人和家政师资是行业带头人。目前,家政服务人员的岗前培训和"回炉"培训已纳入"职业技能提升行动计划"补助范围,享受政府补贴,而管理人员和师资的培训不在补助范围之列,影响了相关人员参训的积极性。建议省级层面设立家政企业职业经理人,制定家政师资专项提升计划,开展轮训,进一步提升行业带头人的能力和水平。

家政培训实操性强,需要有家政实训基地做支撑。建议在现有家政培训基地的基础上,按照一定的标准,遴选若干个教学设施齐全、师资力量较强、课程体系完善、引领功能突出的基地作为省级重点示范基地,每年投入一定的经费支持建设,引领带动全省家政服务业相关人员的教育培训工作,促进浙江省家政服务业的标准化、规范化建设。示范基地实行年度绩效考核,以3年为一个建设周期,实行滚动淘汰机制。

(七)以"最多跑一次"改革精神推动提质扩容政策落实,促进家政服务业高质量发展

"省70号文件"已于2019年12月31日发布,这是浙江省落实"国30号文件"精神促进家政服务业提质扩容的组合拳,社会关注度高,企业期望值大。在调研中发现,文件的落实还存在知晓度不够高、缺乏细化落地措施、各地落实不平衡等问题,希望各级政府和有关部门能以"最多跑一次"改革精神推动"省70号文件"的进一步落实,加大宣传贯彻,明确任务清单,细化政策措施,简化办事流程,将提质扩容的各项政策真正落到实处,用文件的政策红利对冲疫情的不利影响,促进家政服务业转危为机,实现高质量发展。

构建家庭建设综合平台的实践与思考*

浙江省妇联办公室

摘　要: 该文从家庭建设工作的时代背景和现实意义出发,综合分析新时代家庭发展的特征、家庭领域和家庭工作存在的问题,提出家庭建设综合平台的建构原则和基本框架,总结梳理妇联组织推进家庭综合平台建设的积极实践和探索,提出下一步的工作思路和举措,以便更好地发挥家庭在国家发展、民族进步、社会和谐中的基础作用。

关键词: 家庭建设;综合平台;实践;对策建议

一、做好家庭建设工作的时代背景与现实意义

家庭是社会的细胞,是国家治理体系的基本单元,是中国共产党执政的重要基石。中华民族历来重视家庭建设,孟子曾说:"天下之本在国,国之本在家,家之本在身。"在中国革命、建设和改革各个历史时期,广大家庭的前途命运与国家民族的前途命运紧紧相扣,共同塑造了中国人的民族性格、生活方式和文化心态。

在中华民族传统文化中,孝老爱亲、兄友弟恭、妯娌和谐等家庭美德代代相传,成为中华民族薪火相传的精神力量。重视家庭家风建设是中国共

* 本文系浙江省妇女研究会 2019 年课题"打造家庭建设综合平台的实践与思考"(项目编号:201912)研究成果。

产党人的优良传统,毛泽东、周恩来、刘少奇等老一辈无产阶级革命家都践行良好家风。毛泽东在家书中要求子女与劳动人民同吃同住同劳动,不搞特殊化;周恩来曾专门召开家庭会议定下"十条家规";刘少奇"约法三章"规范家人和身边工作人员的行为。

党的十八大以来,习近平总书记和党中央高度重视家庭建设。习近平总书记在不同场合多次就家庭家教家风发表重要讲话。2015年2月17日,习近平总书记在春节团拜会上强调"不论时代发生多大变化,不论生活格局发生多大变化,我们都要重视家庭建设,注重家庭、注重家教、注重家风",使"千千万万个家庭成为国家发展、民族进步、社会和谐的重要基点"。2016年12月12日,习近平总书记在会见第一届全国文明家庭代表时,强调"千家万户都好,国家才能好,民族才能好"。2018年9月10日,习近平总书记在全国教育大会上的讲话中强调了家庭教育四个"第一"的重要意义。他指出,"家庭是人生的第一所学校,家长是孩子的第一任老师,要给孩子讲好'人生第一课',帮助扣好人生第一粒扣子""教育、妇联等部门要统筹协调社会资源支持服务家庭教育"。2018年11月2日,习近平总书记在同全国妇联新一届领导班子成员集体谈话时强调:"要坚持以社会主义核心价值观为统领,引导妇女既要爱小家也要爱国家,带领家庭成员共同升华爱国爱家的家国情怀、建设相亲相爱的家庭关系、弘扬向上向善的家庭美德、体现共建共享的家庭追求,在促进家庭和睦、亲人相爱、下一代健康成长、老年人老有所养等方面发挥优势、担起责任。要引导妇女带动家庭成员,发扬尊老爱幼、男女平等、夫妻和睦、勤俭持家、邻里团结等中华民族传统美德,抵制歪风邪气,弘扬清风正气,以好的家风支撑起好的社会风气。"2019年10月31日,党的十九届四中全会审议通过了《中共中央关于坚持和完善中国特色社会主义制度 推进国家治理体系和治理能力现代化若干重大问题的决定》,该决定提出要"构建覆盖城乡的家庭教育指导服务体系""注重发挥家庭家教家风在基层社会治理中的重要作用"。这些重要论述,充分体现了我们党以人民为中心的执政理念,科学回答了家庭对于国家治理、妇女发展的重要意义,系统阐明了新时代家庭观的根本要求和丰富内涵,为新时代家庭建设指明了方向。家庭工作关乎党和国家事业长远发展,关乎社会和谐稳定,关乎广大妇女和千家万户的幸福生活,因此做好新时代家庭工作具有重要深远的意义。

二、家庭建设综合平台的建构与实践

（一）新时代家庭发展的特征

改革开放特别是党的十八大以来，随着生产力的发展和城乡居民生产方式、生活方式、居住方式的变化，家庭领域出现了许多新情况和新变化，对妇联组织开展家庭工作提出了新的课题。在家庭形态方面，家庭规模呈现小型化趋势，留守儿童家庭、空巢家庭、单亲家庭、多子女家庭等家庭类型逐步增多，利益诉求各不相同，这就需要妇联组织坚持需求导向和问题导向，进一步增强家庭工作的系统性和有效性，为不同类型的家庭提供分众化、精准化、专业化的服务。在家庭观念方面，家庭成员地位更加平等，家庭观念更加民主开放。由于城乡地区间经济社会发展的不平衡、不充分，城乡家庭的观念具有多样性、差异化的特点，需要妇联组织创新家庭工作理念，增强妇联组织的引领、示范、带动功能，因地制宜开展家庭工作。在生活方式方面，互联网和现代科技革命对家庭生活和家庭关系产生了深刻的影响，需要运用互联网手段开展家庭工作，以互联网思维为家庭工作提供技术和内容服务。基于新时代家庭发展的特征，总结妇联家庭工作的经验做法，研究谋划家庭建设综合平台方案。

（二）家庭领域和家庭工作存在的问题

1. 家庭关系日渐脆弱，婚姻家庭矛盾纠纷高发

国家统计局和民政部的数据显示，2018年全国结婚率创下2013年以来的最低水平。上海、浙江的结婚率居全国末两位。在经济发达地区，年轻人工作节奏快、经济压力大、生活成本高，成为导致结婚率走低的主要因素。2018年全国结婚登记数为1010.8万对，离婚登记数为380.1万对，在结婚率连续5年下降的同时，离婚率连续15年上升。浙江省高级人民法院离婚纠纷司法大数据显示，2018年浙江全省法院离婚纠纷案件共有49804起，其中34.21%的离婚纠纷是因生活琐事引发的。30.16%的离婚纠纷因分居造成，感情基础薄弱、家庭暴力、性格差异、缺乏沟通等都是离婚的因素（见图1）。

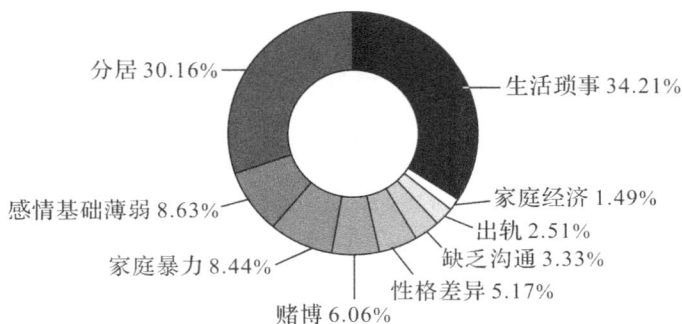

图1 2018年浙江省离婚原因分析

分居30.16%

生活琐事34.21%

感情基础薄弱8.63%

家庭暴力8.44%

赌博6.06%

性格差异5.17%

缺乏沟通3.33%

出轨2.51%

家庭经济1.49%

2. 家庭教育工作存在认识不到位、教育水平不高、资源缺乏等问题

不少家长对子女教育认识有偏差,存在溺爱子女、重智轻德、重知轻能的现象。社会上一些炫富攀比、校园欺凌的现象,啃老虐老、遗弃老人、家庭暴力的行为,都与不良家风家教有关。农村地区特别是经济欠发达地区的农村,留守儿童、困境儿童家长的家庭教育意识淡薄,亲情缺失,当地家庭教育资源匮乏。台州黄岩区茅畲小学留守儿童长期调查结果显示,相较于普通儿童,留守儿童更易出现情绪消极、任性、冷漠、内向和孤独等心理问题,其中82%的留守儿童表示自己很孤独,45%的留守儿童表示自己有烦恼不知道向谁倾诉。

3. 家庭文明创建工作开展不平衡

在城乡社区家庭文明创建活动中,老年群体的参与度要大大高于在职中青年群体和学生群体,女性参与度要高于男性。在新阶层、新领域家庭,妇联组织的家庭工作还有覆盖不到的"盲区"。家庭文明创建的手段、形式比较单一封闭,网络化、互动性的方式比较少。

4. 受妇联工作传统模式影响,妇联家庭工作与现代家庭需求的多元性存在差距

浙江省政府妇儿工委办公室联合省统计局开展的2018年浙江妇女和儿童发展满意度调查结果(见图2)显示,57.40%的受访者希望能"强化儿童生命安全和心理健康教育",35.40%的受访者希望"普及科学的家庭教育知识"。按照《省妇联机关主要职责内设机构和人员编制方案》,家庭和儿童工作部主要承担了妇联组织的家庭工作职能。但在实际工作中,只涉及家庭

教育和文明家庭创建,工作内容比较单一,对于新时代家庭工作面临的新情况新问题认识还不够全面系统,对于家庭经济学、家庭社会学、婚姻家庭法学等领域的研究还不深不透,对于如何发挥家庭的教育职能、生产职能、感情交往职能、赡养职能等缺乏顶层设计,家庭工作资源比较分散,整合度、融合度不高,存在零敲碎打多、系统发力少的问题,与现代家庭需求的多元性有一定的差距。

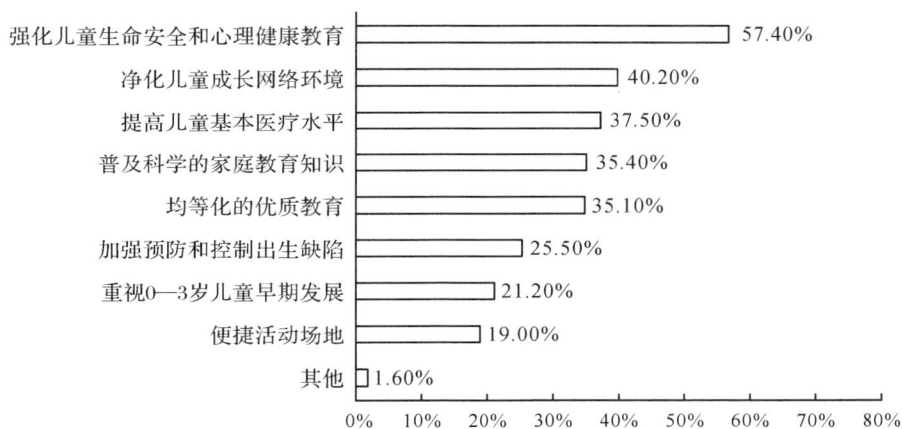

图2 公众对儿童发展的建议

(三)家庭建设综合平台的主要内容

做好家庭工作是以习近平同志为核心的党中央交给妇联组织的一项重要任务,是妇联组织服务大局、服务妇女的重要着力点。浙江省妇联以习近平总书记关于家庭建设的重要指示精神为遵循,于2017年提出了向基层发力、向家庭发力、向网络发力的工作思路,着力打造家庭建设综合平台。浙江省妇联党组书记亲自带队调研、带领谋划、协调统筹,结合全国妇联"家家幸福安康工程"的部署要求,进一步厘清浙江省家庭建设工作的深化思路和举措,于2019年7月制定并下发了《浙江省家庭建设综合平台行动计划暨"家家幸福安康工程"实施方案》,全方位开展新时代妇联家庭工作,积极回应广大家庭对美好生活的期盼和需求。组建了由浙江省妇联主席挂帅、家儿部牵头、各部室参与的妇联工作专班,全力带动全省家庭建设综合平台建设,打造促进社会和谐发展的基础性工程、整合社会各方资源的系统性工程、让千家万户幸福安康的普惠性工程。

家庭建设综合平台的建构原则立足于处理好三个关系：一是处理好抓当前和谋长远的关系。围绕推动社会主义核心价值观在家庭落细落小落实，培养担当民族复兴大任的时代新人这一根本任务，同时又聚焦人民群众追求美好生活的新需求，协助解决家庭领域出现的新情况新问题，使更多家庭共享改革发展成果。二是处理好继承与创新的关系。深化文明家庭、平安家庭等经过妇联组织数十年打造，且在群众中具有广泛影响力的家庭工作品牌，同时又积极开拓思路、改革创新，推出体现时代性、前瞻性、多元化的载体，推动妇联家庭工作在继承中创新、在创新中发展。三是处理好统筹与整合的关系。树立"一盘棋"的思想，加强妇联内部的工作统筹，形成集中力量办大事的工作合力，同时要发挥妇联"联"字优势，争取政府部门支持，整合社会力量，推动社会化、实事化、项目化的运作机制。

家庭建设综合平台的架构坚持一条主线，就是以习近平新时代中国特色社会主义思想为指导，发挥妇女在社会生活和家庭生活中的独特作用，推动社会主义核心价值观在家庭落地生根。家庭建设综合平台统筹妇联有关工作、资源和项目，以家庭文明、家庭教育、家庭平安、家庭发展、家庭服务五大行动为基本框架，内容丰富，重点突出，特色鲜明。一是实施家庭文明创建行动，重在突出政治引领，通过推进寻找"最美家庭"活动常态化、制度化开展，创新开展特色家庭创建活动，打造家风建设活动品牌，命名一批家教家风实践基地，丰富深化家庭建设内涵。二是实施家庭教育推进行动，重在突出立德树人的根本任务，推进《浙江省家庭教育促进条例》颁布实施和宣传贯彻，全面构建家庭教育指导服务网络，探索家庭教育工作新途径，提升家庭教育指导水平，进一步完善家庭教育指导服务体系。三是实施家庭平安保障行动，重在突出参与社会治理，深化"平安家庭"建设，加强婚姻家庭指导服务，注重法治宣传教育，坚持和发展新时代"枫桥经验"，稳固社会平安基础。四是实施家庭发展共促行动，重在突出"美丽品牌"打造，开展"美丽民宿"推介活动、"美丽味道"比拼活动、"美丽家园"建设活动，组织发动妇女积极参与美丽浙江建设。五是实施家庭服务提升行动，重在围绕养老、育幼、健康等妇女和家庭的需求，优化巾帼家政服务，做实巾帼健康服务，发展家庭公益服务项目，满足妇女和家庭对美好生活的需求。五项行动相互联系,各有侧重,是有机统一、同步实施、一体推进的整体(见图3)。

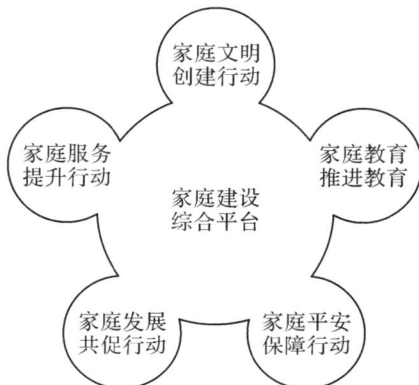

图3 家庭建设综合平台架构

(四)家庭建设综合平台的实践探索

浙江省妇联坚持问题导向和需求导向,坚持示范带动和分类指导,积极推动家庭建设综合平台的顶层设计与基层落地相结合。各级妇联上下联动,因地制宜,创新推动平台建设,形成了百花齐放的家庭工作新局面。

1. 实施家庭文明创建行动,夯实思想引领的家庭责任

立足浙江"三个地"的政治优势,把家庭思想政治引领作为重中之重,激活红色细胞,弘扬家庭正能量,践行社会主义核心价值观。一是创新寻找"最美家庭"活动方式。在顶层设计上,浙江省妇联联合省委宣传部、省文明办将"最美家庭"活动纳入全省精神文明建设整体规划,纳入"最美浙江人"宣传系列,成为弘扬"最美"精神、浙江精神的重要载体;在活动参与上,注重向新阶层家庭、年轻人家庭延伸,注重挖掘"情系国防""移风易俗"等特色"最美家庭",不断增强家庭类型的丰富性和时代性,全省涌现各级"最美家庭"63.5万户,其中全国、省级"最美家庭"近1300户;在活动传播上,注重原生态和草根性,一改把群众请进演播厅的做法,把"最美家庭"年度发布会办到乡村,办到群众家门口,并通过网络直播极大地拓展了受众面,形成"最美家庭"就在我们身边的生动局面。二是打造家风建设工作品牌。培育弘扬良好家风的有效形式,浙江省妇联开展"千村万户亮家风"活动,推动家规家训"挂厅堂、进礼堂、驻心堂";组建"红船女儿宣讲团",邀请家庭代表讲述家

风故事，诠释家国情怀，引领妇女群众听党话跟党走；开展"清廉浙江从我家做起"活动，拍摄"好家风·助清廉"公益广告，在党政机关推动廉洁家庭建设，构建反腐倡廉的家庭防线。丽水市1000多名妇女代表加入乡风文明理事会，倡导家庭移风易俗。三是突显家庭正向激励实效。为增强先进家庭的荣誉感和获得感，浙江省妇联与中国建设银行浙江省分行签订战略合作协议，推出"好家庭信用贷"项目，发行"好家庭"专属联名卡，向各类先进家庭提供金融优惠服务，满足家庭融资需求。2019年前三季度，全省发放信贷资金1.79亿元。不断创新拓展各种激励举措，让好家庭得到看得见、摸得着的实惠。丽水市推出"慈孝卡"，为全市道德模范提供金融服务。

2. 实施家庭教育推进行动，丰厚立德树人的家庭土壤

统筹协调政府力量和社会资源支持服务家庭教育。一是全力推动家庭教育法制化进程。浙江省妇联当好参谋，提好建议，攻坚克难，主动作为，积极争取省人大支持，力推家庭教育立法。《浙江省家庭教育促进条例》于2019年9月27日经省第十三届人大常委会第十四次会议审议并全票通过，于2020年1月1日起施行。该条例立足家庭，注重挖掘浙江经验、浙江特色，有较强的针对性和操作性。二是拓展家庭教育多元化服务。针对家庭教育的多样化、个性化需求，不断增强服务有效性，浙江省妇联开展"家庭家教家风"大讲堂基层巡讲活动、"亲子共读·书香润浙"家庭亲子阅读活动、"益启成长"儿童早教公益活动，增强家长科学教子的能力；连续5年举办"亲情家书"活动，架起6000余名留守儿童与父母的书信沟通桥梁；联合浙江少儿频道制作播出《家庭教育圆桌会》栏目，在"浙江女性"网站开设"家庭教育百日谈"专栏，推送家庭教育"微课堂"235个，在线访问量达600万次。宁波市妇联建立亲子阅读体验基地238个，绍兴市妇联成立市级网上家长学校，舟山市妇联实施"幸福舟山"家庭成长三年计划，衢州市妇联成立家道文化促进会，台州市妇联打响"家教微课堂"品牌，平湖市妇联连续11年举办"家庭教育节"，这些都有效提升了广大家长的科学教子素养。三是提升家庭教育指导专业化水平。积极回应科学指导和高质量教育的需求，成立浙江省家庭教育指导中心，集聚省内外家庭教育专家资源，举办家庭教育指导者专业能力提升研修班，开发家庭教育指导课程体系和教材，增强家庭教育工作者的专业素养。

3. 实施家庭平安保障行动,筑牢平安浙江建设的家庭防线

以婚姻家庭纠纷预防化解为重点,以家庭小平安服务浙江大平安。一是深化"平安家庭"工作。坚持和发展新时代"枫桥经验",推动基层妇联、社会组织、巾帼志愿者深度参与婚姻家庭纠纷排查化解、信息收集、法治宣传,推动形成"小事不出村、大事不出镇""家庭矛盾解决在家庭"的社会治理格局,涌现出"东海渔嫂""德清嫂""嵊州村嫂""平安大姐"等一批专事家庭平安服务的巾帼志愿队伍。温州市妇联联合市文明办、市委政法委在1707个村(社区)开展"幸福邻里自治、互助、友善"活动2412场次,参与家庭成员达11万人次。二是化解家事纠纷。浙江省法院、浙江省妇联等六部门联合出台《关于深入推进我省婚姻家庭纠纷预防化解工作的指导意见》;浙江省妇联下发了《关于做好婚姻家庭纠纷预防化解工作的通知》,立足建立长效机制。妇联组织全程参与婚姻家庭纠纷化解工作,形成事前预防引导、事中化解调处、事后辅导救助全程跟进的维权机制。秉承"家事纠纷非小事"的理念,成立浙江省婚姻家庭指导中心专家顾问团,依托"12338"妇女维权服务热线、基层维权站等阵地,为家庭提供婚姻指导、矛盾调解、法律援助等服务,加大对家暴典型案件、婚姻纠纷突出案件的关注和跟踪力度,最大限度地减少婚姻家庭纠纷所引发的"民转刑"案件发生。2019年1—9月,全省各级妇联组织共排查婚姻家庭纠纷32633起,已化解31281起,化解率达95.9%。杭州市妇联依托家庭心理健康体验中心,为5000多名家庭成员提供心理健康评估指导。金华市妇联组织妇女民情民访代办员11499名,代办信访案件2608个,办结率达98.80%。三是加强法治宣传。落实"七五"普法规划,联合浙江经视频道推出《娘家人》普法栏目,关注妇女在婚姻家庭、劳动就业、社会保障、人身权利等方面的突出问题,特别是农村妇女财产权益、未成年女性人身权益、全面二孩政策下妇女劳动权益、家庭暴力等,用身边人说身边事、用身边事教育身边人,通过以案释法引导家庭成员自觉学法用法。抓住国际妇女节、国家宪法日等节点,举办形式多样的普法宣传活动,服务群众上百万人次。

4. 实施家庭发展共促行动,唱响助力乡村振兴的家庭旋律

实施"巾帼添彩·乡村振兴行动",在美丽乡村建设中打响妇联品牌。一是发展"美丽产业"。以民宿经济作为农村家庭创业增收的切入口,出台《助

力乡村旅游 促进巾帼创业三年行动计划》，通过巾帼旅游示范岗的创建、"最美民宿女主人"寻找、巾帼旅游精品线路发布等途径，发挥妇女在乡村振兴中的生力军作用。举办全省"女红巧手"寻找推荐活动，倡扬巾帼工匠精神，推动文创产业发展。二是挖掘"美丽味道"。传承家庭美食技艺，传递舌尖上的亲情，举办"妈妈的味道·民间美食巧女秀"活动，各级妇联征集家庭美食 1000 余种。2019 年 5 月，在宁海国际旅游日开展"民间美食巧女秀"第二季活动，精选 80 款家庭特色美食，半天销售额达 22.3 万元，推动家庭美食转化为家庭经济。挖掘选树浙江"最美民宿女主人"100 名，示范带动民宿产业发展。三是打造"美丽家园"。组织全省各级妇联联合行动，以家庭为单位开展"我爱我家、垃圾分家""绿色家庭秀美家"等活动，大力宣传引导家庭成员养成垃圾分类好习惯，将垃圾分类列为"绿色家庭"创建的重要指标；在全省 2 万多个巾帼文明岗开展"垃圾分类、巾帼先行"行动，营造"垃圾分类就是新时尚"的社会氛围。将"美丽庭院"创建纳入美丽乡村示范县评价体系，引导家庭成员打造美丽小院、美丽阳台、美丽菜园，全省创建"美丽庭院"示范户 28.3 万户，成为"千村示范、万村整治"工程的亮丽闪光点。湖州市妇联实施家庭生活垃圾分类巾帼行动三年计划，开展活动 1500 余场，参与人次达 8.3 万余。

5. 实施家庭服务提升行动，写好共享幸福的家庭文章

坚持以人民为中心理念，把与妇女、儿童和家庭生活息息相关的实事落实到位。一是做强巾帼家政服务工程。加快巾帼家政服务健康发展，与浙江省发改委等部门共同开展深化提升"百城万村"家政扶贫工作，成立省巾帼家政服务联盟，实施全省妇联系统"家政培训提升行动"，发挥浙江省妇女干部学校作为省级家政职业培训示范基地的优势，计划加大家政师资、家政管理人员和中高端服务人才的培训力度，为家政服务业发展提供人才支撑。二是做实巾帼健康服务工作。围绕健康浙江建设，持续实施妇女"两癌"检查、流产后关爱、健康家庭创建等惠民项目。连续两年推进女性健康公益保险项目，为 5000 多名低保妇女免费投保，提高其抵御大病风险的能力。联合卫生健康部门做好全省 3 岁以下婴幼儿托育情况调研，促进婴幼儿照护服务发展。三是做优家庭公益服务项目。浙江省妇联积极推动农村留守妇女、留守儿童、留守老人关爱服务体系建设，为"三留守"人员提供生产生活帮

扶;发动全省68所高校近1.4万名大学生开展"关爱儿童·相伴成长"暑期实践活动,与10.9万名留守儿童、困境儿童结对结伴,提供学业辅导、安全教育和情感陪伴等服务;会同浙江省民政厅推进"儿童之家"建设工作,在43个县(市、区)60个村(社区)"儿童之家"开展规范化建设试点,2020年将利用民政福彩资金1000万元,在26个加快发展县集中推进"儿童之家"规范化建设,打造留守儿童健康成长的精神家园。引导浙江省妇女儿童基金会等社会组织为家庭提供专业精准的服务,实施"木兰计划""圆梦助学""焕新乐园·家庭陪护""暖秋关爱计划"等家庭公益项目,帮扶贫困女大学生家庭、低保儿童家庭、困难老龄妇女家庭近10万人次。金华市妇联连续20多年实施"春蕾计划",累计筹集助学款3200余万元,创建"春蕾班"42个,帮助2.4万余名贫困儿童重返校园。

三、完善家庭建设综合平台的对策建议

完善新时代妇联家庭建设综合平台,要以浙江省第十四次妇女代表大会提出的构建培育文明新风尚的家庭建设通道、实施"巾帼风尚·建设最美家庭行动"为统领,以浙江省家庭建设综合平台行动计划为抓手,综合施策、统筹推进。

一要围绕主线,增强家庭建设的政治性。要探索理论宣传、价值引导与家庭建设、家庭生活连接贯通的桥梁,把妇女思想政治引领融入家庭工作的方方面面,推动社会主义核心价值观在家庭落地生根。要在思想引领上求活。要创新政治理论宣传载体和方式,主动适应群众阅读习惯和信息需求的深刻变化,优化妇联官网、微信公众号的栏目设计和内容制作,让理论宣传多一些真情实感,多一些鲜活事例,多一些亲民温度,将政治理论宣传融进家庭生活。要在工作结合上求实。要将社会主义核心价值观融入生动活泼的家庭文明创建活动之中,融入丰富多彩的家庭教育主题实践活动之中,融入为妇女和家庭提供多样化服务之中,融入新时代巾帼文明实践中心建设之中,润物无声,久久为功,引导广大妇女进一步增强"四个自信",坚定听党话、跟党走的信念和信心。要在理论研究上求深。发挥妇女研究会、妇女

干部学校在家庭建设理论研究中的作用，深入阐明坚守什么样的新时代家风家教，回答如何将社会主义核心价值观落细落小落实在家庭，构建从建设理念到具体知识、从整体定位到工作方式、从法规制度到体制机制的家庭建设理论框架。建议有条件的高校开设与家庭发展相关的专业课程。

二要协调推进，增强家庭建设的联动性。完善家庭建设综合平台，需要妇联内部进一步树立"一盘棋"理念，也需要积极争取各方资源和力量协同推进。要加强顶层设计。全力推动浙江省在制定国民经济和社会发展"十四五"规划时将家庭支持服务相关内容纳入其中。在制定浙江省妇女和儿童发展"十四五"规划时，设立"妇女与家庭""儿童与家庭"专章，从家庭的视角对妇女和儿童发展、家庭发展提供更有力的支持和保障。要加强部门联动。推动建立由文明办牵头、多部门共同参与的家庭工作联席会议制度，明确相关成员单位职责任务，发挥其在总体布局、统筹协调、实施推进和督查落实等方面的领导和决策作用。积极争取宣传等部门的支持，将家庭建设纳入日常宣传重点内容、思想道德建设民生工程。发挥社会组织和民间机构力量，新建普惠性和示范性的婴幼儿照护养育机构，满足广大家庭的育幼需求，构建以政府为主导、社会力量共同参与的家庭建设支持保障机制。要打通职能界限。打通妇联内部各部门职能界限，将家庭工作融入妇女发展、权益维护、思想宣传等妇联工作的方方面面，形成由家儿部牵头、各部门积极参与的家庭工作协同推进机制。完善专班工作机制，探索家庭建设综合平台年度述职制度。统筹好妇女儿童之家、家庭教育指导服务阵地、妇女儿童服务中心等资源，整合家庭领域的工作内容、活动项目、资源力量，齐心协力把"家"字文章做深、做实、做好。

三要突出重点，增强家庭建设的精准性。要抓住家庭文明、家庭教育、家庭平安、家庭发展、家庭服务五项具体行动中的核心任务，分对象、分时段、分内容提供服务，将家庭工作做到妇女心坎上。注重分层分类。立足新时代家庭发展特征，构建分层分类一体化家庭工作标准体系，制定不同家庭形态、不同家庭结构的分层引领目标体系和分类服务工作体系，一体化设计分层分类推进家庭工作的目标、内容和途径载体，形成目标一致、内容衔接、层次递进的家庭工作标准体系。注重把握时点。围绕建党100周年等重要时间节点，开展各类群众性宣传教育活动，唱好"巾帼心向党"系列赞歌，动员妇女和家庭讲好中国故事、写出家国情怀,营造共享祖国荣光、共铸复兴伟业的热烈氛围。在各类宣传实践活动中,让习近平新时代中国特色社会主义思想深入千家万户,让社会主义核心价值观在家庭落细落小落实。注重回应需求。要主动回应妇女在家庭教育方面的所需所求,把家庭教育作为家庭建设的首要任务,将思想道德教育贯穿理论研究、法规实施、政策制定、指导服务、实践活动各个环节,帮助孩子扣好人生第一粒扣子。要主动回应妇女在家庭文明方面的所需所求,常态化开展"最美家庭"寻找、传家风立家训等活动,用好"好家庭信用贷",不断扩大活动覆盖面和影响力。要主动回应妇女在家庭平安方面的所需所求,加强法治宣传,建立完善婚姻家庭纠纷调解联动机制,切实维护妇女合法权益。要主动回应妇女在家庭服务方面的所需所求,配合有关部门做好巾帼家政服务、巾帼健康服务、婚姻家庭服务、困境家庭帮扶、"三留守"人员关爱等工作,让妇女和家庭成员感受到党的温暖就在身边、美好生活就在眼前。要主动回应妇女在家庭发展方面的所需所求,围绕美丽品牌打造,持续开展寻找巾帼示范民宿、民间美食巧女秀等活动,让妇女在实现个人价值的同时促进家庭增收致富。

四要立足基层,增强家庭建设的针对性。家庭工作的对象在基层、重点在基层。工作重心要下沉至基层。用好妇女儿童专项资金,通过项目化的方式,为基层家庭建设提供资金保障,争取民政支持,通过彩票公益金加大对基层家庭建设的投入力度。落实妇联干部下基层工作制度,通过蹲点基层"解剖麻雀",捕捉家庭建设中的鲜活事例和生动实践,推动更多基层"点"上的经验在"面"上开花。落实基层调研"四必访"制度,做到生产经营遇到困难的创业女性必访、困难家庭必访、空巢老人及留守妇女儿童家庭必访、涉及婚姻家庭矛盾纠纷的信访户必访,将家庭工作内容融入各项业务调研之中,以调研带动服务下沉。工作力量要依托基层。要发挥基层群众的作用,包括妇女在内的基层群众是家庭建设的主体,基层群众积极性越高,参与面越广,家庭建设的效果就越好。要建立基层群众参与家庭建设的有效激励机制,增强活动的吸引力和影响力。要发挥基层妇联组织作用,通过"联"的优势,吸纳更多的资源向基层倾斜集聚,使家庭建设综合平台实践在基层、创新在基层、见效在基层。要发挥基层妇联执委、挂兼职干部的作用,将家庭建设内容列入业务培训科目,提升其参与家庭建设的自觉意识和工作能力。要发挥家长学校的作用,规范指导工作标准,常态化开展各项工作。要发挥妇女儿童之家、"妇女微家"、女性社会组织作用,构建立体化的工作网络,形成支撑强劲的家庭建设根基。工作方式要着眼于基层。要用基层群众喜欢的方式、熟悉的语言,围绕群众关注的问题开展家庭工作,把弘扬社会主义家庭文明新风尚与尊重基层家庭生活的差异性、多样性结合起来,增强基层群众对家庭建设的认同感。联合相关单位在基层确立一批家教家风实践基地,依托各地传统文化和家庭工作资源优势,深化家庭建设。指导、支持社会力量提供家风家教产品下基层、进农村、入家庭,推动形成全社会支持家庭建设的良好氛围。

五要注重创新,增强家庭建设的有效性。要准确把握家庭发展新趋势,掌握新时代家庭建设的特点和规律,坚持目标导向、问题导向、效果导向有机统一,加大改革创新力度,持续增强家庭建设实效。要创新工作理念。坚持爱家与爱国的内在统一,引导每个人、每个家庭都为中华民族大家庭做出贡献,使社会主义核心价值观一条一条生动化、具体化地落实到妇女和家庭中。要进一步提高政治站位、强化责任担当,切实把服务大局、服务妇女与服务家庭结合起来,把加强对广大家庭的团结引领与满足家庭日益增长的美好生活需要结合起来,让新时代家庭工作为改革发展稳定大局增添新活力,为妇女和家庭的全面发展注入新动能。要创新工作载体。提高网上家庭工作本领,建设好新媒体、融媒体新平台,进一步畅通网上联系服务渠道。开展网上主题宣传活动,完善家庭舆情网上引导机制,开发数字化服务产品,在线提供各类家庭服务,形成网上网下联动互动的家庭建设生动局面,将家庭工作的触角延伸到广大网民特别是活跃度高的年轻女性、职业女性、知识女性家庭,力求实现组织动员和社会传播效应的最大化。要创新评价体系。争取将家庭建设内容纳入全省干部在线学习课程库、纳入各级党校主题班学习内容、纳入各级干部进修班学习课程,列入党建述职内容。完善家庭建设评价标准,争取将家庭建设内容纳入全省精神文明创建测评体系,努力构建新时代妇联家庭建设综合平台升级版。

浙江省3岁以下婴幼儿照护服务现状与对策研究*

浙江省妇联家庭和儿童工作部

摘　要：推进3岁以下婴幼儿照护服务发展是一项事关儿童健康、家庭幸福和社会稳定的民生实事。该文在查阅文献和实地调研的基础上，梳理分析了浙江省3岁以下婴幼儿照护服务现状和问题，提出了几点可供参考的应对措施：源头参与，推动政策规划落地；实事服务，加强家庭教育指导；协同推进，提升照护工作水平。该文旨在研究浙江省3岁以下婴幼儿照护服务的发展路径，充分发挥妇联组织在3岁以下婴幼儿照护服务中的作用，协同推进浙江省3岁以下婴幼儿照护服务政策体系和工作体系的建立。

关键词：3岁以下婴幼儿；照护服务；现状；对策

"3岁以下婴幼儿照护服务"是指为3岁以下婴幼儿及其家庭提供的照料看护及科学育儿指导服务。浙江省委省政府高度重视、着力加强3岁以下婴幼儿照护工作，将"破解托育难问题"列为2019年省政府重点工作。2020年浙江省政府工作报告显示，浙江将"3岁以下婴幼儿照护"列为十大民生实事之首，提出2020年将新增3岁以下婴幼儿照护服务机构200家，新增托位5000个，以缓解"托育难"问题。

2019年初，浙江省政府成立了由省卫生健康委员会、省教育厅、省总工

---

* 本文系浙江省妇女研究会2019年课题"3岁以下婴幼儿托育服务状况调研"（项目编号：201918）研究成果。

会、省妇联、杭州市政府5家单位相关领导和专家组成的工作专班,由浙江省卫生健康委员会牵头,深入实地开展调研。浙江省妇联负责宁波、绍兴两市的调研,通过问卷调查、实地走访、座谈交流等形式,同时结合11个市妇联相关工作情况的整理,在调研组信息数据的基础上,梳理分析浙江省3岁以下婴幼儿照护服务现状和问题,提出可供参考的应对措施,发挥妇联组织在婴幼儿照护服务中的作用,协同推进浙江省3岁以下婴幼儿照护服务政策体系和工作体系的建立。

一、浙江省3岁以下婴幼儿照护服务现状

(一)妇联与婴幼儿照护工作

中华人民共和国成立后,政府通过发布条例、规程和意见等,初步确定了党领导下的新中国托幼事业发展的基本政策、制度框架和发展方针。全国妇联从发动妇女参加国家建设这一中心任务出发,根据群众需求和生产力发展水平,积极参与推动托幼事业发展。改革开放后,各级妇联发挥组织优势挖掘兴办家庭托儿所等资源,解决家庭对婴幼儿照护的需求问题。1980年,国务院托幼工作领导小组成立,办公室设在全国妇联。20世纪90年代后,随着集体经济的萎缩及企事业单位剥离社会职能,原来由机关、街道、学校等单位自建的福利性幼儿园及托儿所大幅减少。2000年以后,随着学前教育改革、教育一体化等政策的出台,各地陆续将3—6岁学前教育纳入国民教育体系,对入园率的考核倒逼幼儿园腾出更多资源优先满足3岁以上幼儿的入园需求,大批公办幼儿园逐步取消托班。浙江省各级妇联主办的托幼园所也在这一时期结束了双重管理体制,逐步交由教育部门接管,保留下来的托幼园所主要招收2.5周岁以上幼儿。

2019年4月,国务院办公厅发布《关于促进3岁以下婴幼儿照护服务发展的指导意见》(以下简称《指导意见》),明确了促进婴幼儿照护服务发展的基本原则、发展目标、牵头部门、主要任务、保障措施和组织实施,也明确了妇联作为促进0—3岁婴幼儿照护服务发展的17家工作部门之一,负责参与为家庭提供科学育儿指导服务。各地妇联根据指导意见职能分工,在科学

育儿指导服务工作上重点发力、创造实绩。

（二）托育资源供需情况

2019年浙江省3岁以下婴幼儿托育工作调研课题组的调查统计显示，全省共有3岁以下婴幼儿167.07万名，其中2—3岁50.89万名。3岁以下婴幼儿入托率为5.40%，其中2—3岁幼儿入托率为12.70%。社区提供婴幼儿照护服务主要依托小区内幼儿园，占28.20%；社会办婴幼儿照护机构有777家，占19%；社区提供的服务占2.10%；社区无婴幼儿照护服务的占31.70%。全省办托班的幼儿园占幼儿园总数的34.80%，其中公办园开设托班的占8.90%，民办园开设托班的占46.40%。入幼资源尚不富余的常态下，3岁以下婴幼儿照护服务资源严重不足。

调查显示，若条件允许，大部分家长希望自己照护婴幼儿，但随着婴幼儿年龄的增长，他们选择接受社会照护的比例逐步增长。从照护对象上看，以12—36个月的婴幼儿居多；从照护时间的需求上看，以工作时间为主，晚上及周末为补充。在同等条件下，公办幼儿园办的托班以其价格优惠、师资优良等优势成为绝大多数家长的首选，也有部分家长期待单位提供婴幼儿照护服务。除家庭自身可以解决婴幼儿照护问题以外，机构少、收费高、质量不放心是婴幼儿未进照护服务机构的主要原因。

（三）主要照护模式

在婴幼儿照护服务市场活跃、群众需求较高、行业标准缺失的情况下，各地结合自身实际，对3岁以下婴幼儿照护进行了积极探索，自发形成了以家庭为基础、社区为依托、机构为补充的婴幼儿照护服务模式。

家庭养育模式指重点以家庭照护为主的育儿模式。目前70%—85%的3岁以下婴幼儿主要依靠家庭自养，一般由祖辈照顾。浙江省妇联积极推进《浙江省家庭教育促进条例》的宣传和贯彻实施，指导各级妇联组织开展形式多样的培训指导活动。各级妇联积极提供育儿知识培训、家庭教育知识讲座等服务，组织家庭亲子阅读、健康运动等亲子活动，组织育婴师、家政服务人员、家政培训师开展巾帼家政服务等。金华市妇联成立"金华家长学堂"，开设"空中课堂"，普及科学育儿理念；义乌市妇联建立市、镇街、村三级照护服务网络,积极推进家庭养育指导。

社会照护模式是主要依托由社会组织或个人办的照护服务机构,为婴幼儿提供全日、半日、计时、临时等多种形式的照护服务。截至2019年底,全省有各类社会办婴幼儿照护服务机构850家,这些机构一部分由教育部门审批,一部分以非营利机构的名义登记在民政部门,一部分以教育咨询企业的名义登记在市场监管部门。

"托幼一体"模式是幼儿园为2—3岁婴幼儿提供的延伸性照护服务模式。嵊州、丽水、金华市政府都出台了相关政策,推动托幼一体化工作。目前全省妇联系统自办或仍在管理的各类幼儿园,大都提供3岁以下婴幼儿照护服务。绍兴市妇联下属5家幼儿园(3家为民办非企业单位),2—3岁在园幼儿281名;宁波市妇联下属3家幼儿园(2家为公办差额补助、1家为民办非企业单位),2.5—3岁在园幼儿近100名。

二、浙江省3岁以下婴幼儿照护服务存在的问题

(一)政策法规不完善,行业标准不清晰

3岁以下婴幼儿照护的社会需求给公共服务领域带来了新的挑战。必须建立起完善的指导意见和明确的行业标准,才能有效引导3岁以下婴幼儿照护服务的市场健康有序发展。目前,国家层面的《指导意见》相对较宏观,其他规范及准入配套文件还未出台,相关政策法规尚不完善,工作机制有待健全。婴幼儿照护对人员的专业性、场地的安全性、管理的规范性要求很高,目前浙江省部分地区对婴幼儿照护服务机构的服务质量、服务定价、责任范围等方面尚缺乏明确规范的行业标准,市场自发产生的各种婴幼儿照护服务机构良莠不齐,存在隐患。因缺乏相应的政策扶持,相对规范的日托型民办婴幼儿照护服务机构盈利较难,还要依托幼儿园、早教或其他收入反哺婴幼儿照护。相关部门和单位的监管责任尚不明确,现行法律法规并未赋予相关管理部门监督和处罚权限,对于一些不符合标准的早教机构,相关部门管理手段较少,无法进行有效惩处。

(二)服务供给不充分,专业队伍不稳定

随着3岁以下婴幼儿照护社会需求的日益增长,婴幼儿照护服务的供给量亟待增大,婴幼儿照护指导服务需要加强。目前,"托幼一体"服务与市场需求差距甚远,社会、企业举办婴幼儿照护服务机构的动力不足、质量良莠不齐,社会提供科学育儿指导服务不够广泛深入。来自高等院校和职业院校(含技工院校)的婴幼儿照护专业人才较少,婴幼儿照护从业人员缺乏行业归属、成长晋升通道不畅、人员流动性大,这些问题都成为3岁以下婴幼儿照护服务发展的瓶颈。

(三)科学育儿观念不深入,家庭照护能力有待提升

有研究表明,孩子3岁前尤其是1岁前由父母亲自抚养,更有助于其身心全面健康成长。全面二孩政策实施后,浙江省新增女方生育奖励假30天,男方护理假15天,是全国新增生育假最少的省份之一。大部分婴幼儿父母为保证自身工作和家庭收入而选择"祖辈照顾"模式,父母的照护时间、养育知识、精力相对不足。与此同时,家庭成员对3岁以下婴幼儿的照护大多基于传统经验,缺乏科学性和系统性,科学育儿水平不高。伴随隔代教育而来的陈旧育儿观念也会引发溺爱、骄纵、营养过剩或不良等问题,对孩子的全面健康成长造成不良影响。

三、完善3岁以下婴幼儿照护服务的对策建议

(一)源头参与,推动政策规划落地

1. 坚持积极主动作为,推动政府完善政策体系

根据国务院办公厅的《指导意见》,深入开展调研,支持和推动有关部门制定出台《浙江省加快推进3岁以下婴幼儿照护服务发展的实施意见》和相关配套政策,推动建立和落实全省"1+4"政策体系(包含1个主体政策《浙江省加快推进3岁以下婴幼儿托育服务发展的实施意见》和《浙江省托育机构设置标准》《浙江省托育机构管理办法》《浙江省3岁以下婴幼儿托育服务指

南》《浙江婴幼儿托育服务人才培养计划》4个等相关配套政策)。推进《浙江省家庭教育促进条例》宣传贯彻落实,强化父母在婴幼儿养育中的主体作用,完善家庭教育支持保障体系。将推进0—3岁儿童早期发展列入儿童发展规划主要目标,探索实施3岁以下婴幼儿照护服务机构普及和规范化建设工作。

2. 加大财政投入倾斜力度,加大政府购买服务力度

通过提供补贴、减免租金、政府购买服务等各种方式,鼓励各类主体举办婴幼儿照护服务机构。支持用人单位在工作场所提供福利性婴幼儿照护服务。鼓励支持有条件的幼儿园开设托班,支持各类婴幼儿照护服务机构提供多样化、多层次的婴幼儿照护服务。如舟山市研究出台鼓励企业自办或合办婴幼儿照护机构的激励政策,企业设立的员工子女照护点所发生的费用,可按照税法规定作为职工福利费支出在税前扣除,同时成立专项基金,用于支持有条件的园区、企业开展婴幼儿照护服务。

3. 发挥桥梁纽带作用,积极建言献策

结合"三服务"调研、服务"三留守"人员工作等,深入了解3岁以下婴幼儿照护工作的堵点、难点,通过政协提案等多种渠道对推进3岁以下婴幼儿照护工作提出建设性意见。如杭州市政协妇联界别组开展0—3岁托幼工作相关调研,并就此内容提交《关于推进全面二孩政策下3岁以下幼儿公共托育服务体系建设的建议》的集体提案,提案被列入杭州市政协民生提案双月协商四个专题之一,为建立杭州特色的早教和幼托工作模式做出了积极有效的探索。绍兴市妇联向两会递交了《关于全面二孩政策背景下大力发展0—3岁托幼事业的建议》,提出了加大政府投入、鼓励发展普惠性的托幼服务事业、将早期教育指导纳入公共服务范畴、加大对幼托教师的培养力度、积极推动完善家政服务业发展等六个方面的建议。

(二)实事服务,加强家庭教育指导

1. 推动建立3岁以下婴幼儿家庭教育指导服务体系

建成适应城乡发展、满足家长和儿童需求的家庭教育指导服务体系。健全家庭教育指导服务中心和服务站点,建好各级家长学校,充分发挥妇女儿童活动中心、儿童之家等阵地作用。截至2019年12月,浙江省35%的市、

县(市、区)建立了家庭教育指导中心,97.86%的城市社区、77%的村建立了家庭教育服务站点,与省教育厅联合在中小学、幼儿园、中等职业学校建立家长学校5924个,覆盖率达98.96%。打通线上线下为广大家长及看护人提供各年龄段的育儿知识培训、家庭教育知识讲座等服务,扩大家庭教育指导服务的覆盖面,增加家庭教育指导服务的深度。招募有热情有能力的志愿者,包括婴幼儿家长、高校相关专业学生、育婴师、保健师等,广泛组建志愿者队伍,共同投身婴幼儿照护服务,动员社会力量在社区为儿童及家庭提供相关服务。

2. 大力宣传科学的家庭教育理念

分年龄段编写《浙江省家庭教育指导读本》等参考用书,统筹整合各级家庭教育学会、高等院校、科研机构等家庭教育指导专家资源,广泛开展家庭教育理论研究。发挥家庭教育指导中心和家庭教育学会作用,组建省妇联"家庭家教家风大讲堂"讲师团,针对3岁以下婴幼儿家长的实际需求开展巡讲活动。积极开展家庭亲子阅读、健康运动等各类亲子活动、家长课堂和入户指导等咨询指导活动,开展科学育儿专业指导培训。加大针对3岁以下婴幼儿的家长及带养人的科学育儿知识宣传力度,提供个性化、互动式的咨询服务。如丽水市妇联和市妇幼保健院开放"孕妇学校"和"育儿学校",定期开课。

3. 积极探索"互联网+"工作新路径

用好用足浙江省网上家长学校和各级妇联官网平台,持续推进家庭教育数字资源编制工作。设立婴幼儿家庭教育专栏,定期推送家庭教育指导文章。开发家庭教育专家网络在线交流程序,打造优质线上家庭教育资源。利用好家庭教育圆桌会、"智慧家长"等数字资源平台,面向年轻家长开设"微信课堂"、网络微课等,推进家庭积极养育。

(三)协同推进,提升婴幼儿照护工作水平

1. 加快培育婴幼儿照护专业人才

依托浙江省家庭教育指导中心、浙江省家庭教育学会等力量,开展家庭教育指导者培训工作,逐步建立起一支专兼职相结合的3岁以下婴幼儿家庭教育人才队伍。发挥浙江省妇女儿童基金会的作用,策划开展婴幼儿照护公益项目,动员社会力量为家庭婴幼儿照护提供精准化服务。发挥浙江省妇女干部学校作为省家庭服务业协会副会长单位的作用,参与建设家政服务业行业标准和家政服务技能等级标准,开展育儿技能、家政服务等培训指导,促进巾帼家政服务提质扩容。如衢州市妇联依托衢州女子学院,严格按照育婴师国家职业标准,举办了58期"金牌月嫂"培训班,为市场输送了2290名优质月嫂。

2. 着力营造婴幼儿成长的良好环境

坚持多渠道发展的方针,积极调动社会力量发展婴幼儿照护服务,着力增加普惠性婴幼儿照护服务的有效供给。广泛开展寻找"最美家庭""千村万户亮家风"等家庭文明建设活动,大力倡扬好家风好家训,引导家长营造温馨和谐的家庭氛围,促进婴幼儿健康成长。通过实施浙江省妇女儿童发展规划,制定儿童发展实事项目,推动建设"哺乳室""母婴活动室""妈咪小屋"等公共场所母婴设施,开辟服务绿色通道,为婴幼儿家长出行、哺乳、看护等提供便利。如宁波市对60.79万名0—6岁儿童进行健康管理服务,共建"妈咪暖心小屋"(含公共场所母婴室)1018个,完成育婴员职业资格鉴定5532人。

3. 为婴幼儿照护创造便利条件

推动增加女性生育奖励假,保障家庭养育的时间和质量。开展《中华人民共和国妇女权益保障法》《浙江省女职工劳动保护办法》等法律政策宣传普及工作,为育龄妇女特别是产后妇女提供更加友好的就业环境。倡导用人单位采取灵活安排工作时间等积极措施,为婴幼儿照护创造便利条件。建立和完善妇女维权帮扶工作机制,为维护婴幼儿照护服务人员等的合法权益保障提供支持。

建立和完善全省3岁以下婴幼儿照护服务政策体系和工作体系,有效促进3岁以下婴幼儿照护服务的良好发展,对家庭、社会而言意义重大、责任重大。应着力加强顶层设计,加快补齐民生短板,在政府、家庭、社会的紧密协同下,不断取得"幼有所育"新进展。

社会主义核心价值观视阈下的家风建设文献述评

周春林[*]

摘　要： 学界对家风的研究经历了从集中收集整理和注释古代家训资料向家风的传承、家风与党风民风政风的关联性研究的转变。党的十八大以来，学界掀起了解读社会主义核心价值观的热潮，学者们主要从理论和实践两个维度进行深入探析。在习近平总书记阐述重视家庭建设对于培育和践行社会主义核心价值观的重要意义之后，将二者紧密结合以促进社会主义核心价值观的落细、落小、落实，重塑现代家风的研究成果日渐增多。通过梳理学界关于社会主义核心价值观、家风家训以及二者关系的研究，汲取前人研究的经验智慧，发现以往研究仍然存在的不足，有助于拓宽和深化社会主义核心价值观视阈下的新时代家风建设。

关键词： 社会主义核心价值观；培育；践行；家风建设；述评

党的十九大报告指出，坚持社会主义核心价值体系，不断增强意识形态领域主导权和话语权，培育和践行社会主义核心价值观，坚持全民行动、干部带头、从家庭做起、从娃娃抓起，推动中华优秀传统文化创造性转化、创新性发展。细致梳理学界对社会主义核心价值观、家风家训以及二者关系的研究，有助于深化新时代家风建设。

---

* 周春林，同济大学马克思主义学院博士研究生，研究方向为马克思主义基本原理与当代中国马克思主义。

一、社会主义核心价值观的研究现状

党的十八大以来,学界对社会主义核心价值观的解读,主要从理论和实践两个层面展开。理论层面,讨论社会主义核心价值观的范畴有无进一步凝练的可能,探索社会主义核心价值观的理论来源,围绕某个方面深入挖掘其基本或根本内涵,对十二个范畴中的某个范畴进行深入探讨,挖掘培育和践行社会主义核心价值观的深远意义;实践层面,主要从话语认同、传播效果、有效载体、践行路径等四个方面探索如何推进社会主义核心价值观大众化。

(一)理论研究型

1.范畴凝练说

社会主义核心价值观概括了国家层面、社会层面、个人层面的价值要求:倡导"富强、民主、文明、和谐"是从国家层面提出的要求,是对国家追求核心理念的概括;倡导"自由、平等、公正、法治"是从社会层面提出的要求,是对社会价值追求提出的总要求;倡导"爱国、敬业、诚信、友善"是从公民层面提出的。(简称"三个倡导")但是有学者认为,科学凝练社会主义核心价值观仍将是一项重要任务。"核心价值观可以是开放的表述体系,一个社会的核心价值观无论用多少词汇表达,都应该有一个思想内核。例如中国传统儒家文明的价值观体系如果提取最大公约数的话,可以归结为具有普遍规范意义的'仁'。"[1]陶德麟指出:"这种表述也不会一成不变。随着改革实践的发展和社会情况的变化,我们对这一问题的认识还必然会继续深化,在表述上也还会有相应的变化。"[2]戴木才认为,科学凝练社会主义核心价值观仍将是一项长期性的战略任务,"三个倡导"并不是社会主义核心价值观的最终定型,"三个倡导"的内在联系和逻辑关系还值得深入研究,科学提炼社会主义核心价值观仍然是一项重大课题和重要任务。[3]有些学者认为,"三个倡导"只是开始,而非终点。

2.理论溯源说

社会主义核心价值观凝练的基本依据是中国优秀传统文化、马克思主义经典作家论述等。张瑞军认为,马克思主义是社会主义核心价值观的理论根基,追寻马克思的经典论述,体悟其关于人、自然和社会的深刻洞见,领会其关于历史、现实和未来的精神意蕴,能使我们从理论的原点上把握社会主义核心价值观应具有的理论品质。[4]袁银传、韩玲在这方面的表述相对全面而具体,认为马克思主义经典作家和中国化马克思主义关于社会主义核心价值观的经典论述,是凝练社会主义核心价值观的文本根据,辩证唯物主义和历史唯物主义基本原理,特别是社会存在与社会意识、经济基础与上层建筑辩证关系的原理,是凝练社会主义核心价值观的理论根据,中国优秀传统文化是凝练社会主义核心价值观的思想资源,人民群众对社会主义核心价值观的认知认同和表达习惯,是凝练社会主义核心价值观的现实根据。[5]

3. 内涵解读说

"培育和践行社会主义核心价值观,需要对'社会主义核心价值观'的内涵、外延、功能定位等做出准确的把握,并澄清人们在理解上的模糊状态和可能存在的误解"[6],刘建军从作为客观存在的社会主义核心价值与作为主观反映的社会主义核心价值观、作为制度建构原则的社会主义核心价值观与作为公民行为规范的社会主义核心价值观对社会主义核心价值观做了三种区分。也有人认为,"社会主义核心价值观的基本内涵是实现人的自由、解放和全面发展"[7];"社会主义核心价值观的根本内涵是以人为本、公平正义"[8];"社会主义核心价值观是反映中国特色社会主义的特征、与社会主义核心价值体系相应的一整套价值观念体系"[9]。此外,还有一些学者选择十二个范畴中的其中一个进行深入解读。比如,艾国、刘艳认为,作为社会主义核心价值观的友善必须体现社会主义的本质要求、对中华优秀传统文化的继承、对世界文明有益成果的吸收、体现时代精神这四个维度[10];陈金钊基于法治的必要性与必然性着重解读了社会主义核心价值观之法治的内涵[11];张晖从马克思主义经典作家的表述,以平等作为社会主义的本质特征、党始终不渝的奋斗目标以及它在政治、经济、文化领域所展现的时代特征等方面,着重论述了社会主义核心价值观之平等的内涵[12]。

4. 意义阐释说

社会主义核心价值观的提出有其必要性。学界对于社会主义核心价值观重要意义的论述,主要是从其对市场经济、文化建设、生态发展、法治建设以及在国家、社会、公民三个层面的现实意义展开分析。培育、弘扬和践行社会主义核心价值观，对于新的历史征程上夺取中国特色社会主义新胜利具有重大意义。张智认为，社会主义核心价值观是文化软实力的灵魂和建设重点，是对中华优秀传统文化的传承和升华，是国家治理体系和治理能力的重要方面，是人们日常工作生活的基本遵循。[13]对培育和践行社会主义核心价值观的意义解读，决定了其目标指向和践行原则，为实际操作指明了前进方向。

（二）实践研究型

1. 大众认同说

学者们主要探究了社会主义核心价值观认同的内涵、目前社会主义核心价值观话语认同存在的主要问题与解决措施；也有学者着重探究了文化的认同机制与生发机理，结合不同的群体、视阈及新媒体时代的变迁来看待社会主义核心价值观的认同问题。"在社会主义核心价值观的培育和践行中，价值认同是把价值思想转化为个人德行和行为习惯的关键环节，是连接理性认知和价值践行的中间桥梁。"[14]在社会主义核心价值观的认同方面，主要存在着宣教方式陈旧、针对性不强、社会转型期的价值冲突导致认同困难、理论和现实脱节、忽视大众利益诉求等问题。因而，贾书明认为，要继续深度凝练、解读社会主义核心价值观，努力创新社会主义核心价值观宣传教育方式，重视利益诉求，增强社会主义核心价值观的现实感召力。[15]

2. 有效传播说

朱霁认为，社会主义核心价值观相较于国内宣传、普及力度，它的对外传播研究还相对不够，必须建立中国独特的话语体系，充分阐发社会主义核心价值观的意义，用好网络新媒体，加强国际分众传播，这有利于树立中国良好的国际形象。[16]对于社会主义核心价值观面临的新挑战，仝莉莉认为，"推进社会主义核心价值观的有效传播是全社会共同的责任，有赖于各个层面、各个领域的相互配合、协同努力。如果说家庭教育是对人的价值观念培养的启蒙、立根基，学校教育是人的价值观念的筋骨塑造、框架构建，那么社会生活就是对人的价值观观念的肌肉丰满，三者层层递进，又重叠交叉共同发力，同时三者作用的顺利发挥也离不开保障机制的保驾护航"[17]。田丽、邓筱分析了核心价值观中存在的网络误区与问题,并进一步提出重构核心价值话语权,构建丰富话语体系;了解网络传播环境,用好网络传播手段;整合各项社会力量,搭建多元宣传队伍。[18][19]"人际传播、组织传播、大众传播和内向传播是社会主义核心价值观传播的基本样式""社会主义核心价值观的传播效果应按照从认知到情感态度再到实践行为三个递进层面不断积累、深化、拓展"[20]。总体来说,必须注重社会主义核心价值观传播的面向、样式、路径、效果以及媒介对社会主义核心价值观的影响。

3. 载体融入说

"一种价值观要真正发挥作用,必须融入社会生活,让人们在实践中感知它、领悟它,要注意把我们所提倡的与人们日常生活紧密联系起来。"[21]这就要"把社会主义核心价值观日常化、具体化、形象化、生活化"[22]。真正将社会主义核心价值观落到实地,做到内化于心、外化于行,必须找到合适的载体将社会主义核心价值观融入人们的日常生活。学者们提到的高校教育教学、大学校园文化建设、德育教科书、日常生活、大学生教育、家风建设等,旨在将社会主义核心价值观融入社会教育、学校教育与家庭教育,从而深入人们的日常生活。和亚飞、杨军在《社会主义核心价值观融入日常生活的理与路》中指出,社会主义核心价值观融入大众日常生活的必要性,并进一步指出推动社会主义核心价值观融入大众的日常生活,需要在制度支撑、行为影响、思想教育等多个方面开掘融入的路径,具体而言,培育社会主义核心价值观要与满足人民大众合理利益要求相结合、与人民大众的日常行为规范相结合、与大众日常认知方式相结合,同时尽量克服庸俗化、一刀切等不良倾向。[23]

4. 培育路径说

相比较而言,这方面研究十分丰富。王永贵指出,培育和践行社会主义核心价值观应当增强文化自信,深化社会主义核心价值观培育和践行的理论研究和学习宣传;注重层次性,发挥党员干部群体培育和践行社会主义核心价值观的示范引领作用;突出建设性,探索社会主义核心价值观培育和践行的制度创新。[24]任广鑫认为,社会主义核心价值观的培育面临着物质利益与精神需求的矛盾、传播媒介功能异化两个困境,因而要注重理论创新表达方式的大众化,坚持物质交往与精神交往相统一,增强群众基础的培育原则,践行创新社会主义核心价值观大众化传播载体的培育方法。[25]培育践行社会主义核心价值观已成为当前我国社会主义建设的重大理论和实践课题。王现东认为,必须加强对社会主义核心价值观培育践行的领导,进一步把握好文化建设领导权;坚持教育为本,把青少年培养成为践行社会主义核心价值观的生力军;重视知识分子群体,充分发挥知识分子的作用;以社会主义核心价值观规范、引领文化产业和大众文化的发展;借重法治,加强社会主义核心价值观培育践行的法律制度保障;把中国梦的具体实践与推进社会主义核心价值观培育践行结合起来。[26]李慧敏立足中华优秀传统文化,提出了培育社会主义核心价值观的具体路径:在宏观层面,积极拓宽渠道,加大优秀传统文化的宣传普及工作;在中观层面,充分发挥道德楷模的引领作用,弘扬崇德向善的社会风气;在微观层面,重视家风家规教化,让核心价值观的教育落地生根。[27]

综上所述,培育和践行社会主义核心价值观的深远意义毋庸置疑,对社会主义核心价值观的理论解读,彰显了学者对国家发展动态的关切、对领导人讲话的重视,并且硕果累累、日趋深化。但仍然有很大拓展的空间:第一,理论层面,学界对于社会主义核心价值观的进一步凝练、溯源的解读、内涵的挖掘仍然存在分歧,后续应重点澄清研究前提,严格界定相关概念。第二,实践层面,首先,学者们认为的有效路径的可操作性有待商榷,无法真正落到实践中;其次,不论是从大众认同与传播效果,还是从载体融入与培育路径的角度切入,事实上都有交叉和融合的地方,研究成果的指导性还不够,应更加注重实证研究,提出切实可行的操作办法。

二、家风家训的研究现状

2014年春节,央视发起"家风是什么"的大讨论。"家风是一个家族开展教育的起点"[28],"家风是文化在家庭中的体现,是在家庭生活中形成的一种满足家庭成员可持续成长与发展的精神需求,并实际引领这种需求的意识存在"[29]。此前的家风研究主要集中于收集、整理、注释古代家训资料。在习近平总书记关于家风问题的系列讲话之后,一些文章结合社会现象将家风与党风、民风、政风相联系,呼吁领导干部注重家风建设,形成好的政风民风。苏树林认为,"对于领导干部家庭来说,良好的家风无疑是抵御腐败的重要防线。没有良好的家风,领导干部就可能让自己和家庭成员变得'任性'"[30]。

(一)家风家训的个案研究

对中国传统家训的个案研究,主要集中表现为:一是对古代家训资料论述较为全面的编注、译注。包东坡编注的《中国历代名人家训精粹》对收选的汉至清各个朝代的76篇著名家训加以校勘和注释,这些名人家训具有浓厚的时代色彩,有助于把握和梳理以儒家为核心的中国传统文化对家训伦理思想的影响,以及家训的发展对儒家文化的社会化所起到的教化效果。二是全面而系统地研究古代家训的著作。徐少锦、陈延斌合著的《中国家训史》专门而细致地梳理了中国传统家训发展的历史轨迹,勾勒了从先秦到清末200多位典型人物的家训,归纳总结了家训的基本内涵、基本内容、践行原则、实施方法及其演进规律,既充分肯定中国传统家训的历史进步性及现代启示,同时适度剖析其历史局限性,总结其保守禁欲、专制迷信的糟粕成分。三是研究古代某个时期的家训思想或者某个名人的家训范例的文章。张丽萍的《先秦至南北朝家训研究》阐述了家训的产生与理论依据;时间上将形成时期的先秦家训分为西周之前、西周时期、春秋时期、战国时期四个阶段分别进行内容阐述,并分析春秋家训与儒、墨、道、法等社会思潮之间的关联;最后概述先秦至南北朝时期家训的特点与影响,结合现代家庭教育现状试图挖掘先秦至南北朝优秀家训文化的积极成分以推动现代家庭教育的完善。[31]其为深入挖掘家风建设蕴藏的传统文化基因,引领现代家风建设奠定了很好的理论基础。不足之处在于,先秦至南北朝距离现今十分遥远,时代发生了很大的变化,欠缺对古今两种社会制度、时代背景、家庭结构的比较分析。四是集中研究《颜氏家训》的著作或期刊。庄辉明、章义和《颜氏家训译注》共有7卷内容,不仅在每一卷的具体文章之前进行题解,而且注释翔实,译文清楚明白,对于阅读和理解《颜氏家训》起了很好的辅助作用,对于深谙颜之推提出的治家教子和为人处世之道与了解南北朝的社会现状和风土人情具有重要意义。这方面的期刊论文非常之多,比如《〈颜氏家训〉中的家庭德育思想探析》指出,《颜氏家训》作为儒家思想熏陶下发展起来的典型著作,其由长辈向后辈传授儒家礼法规范和处世方法的治家教子训诫,虽然在客观上维护了封建统治,但反映了价值观培育的普遍规律,在当前德育中仍值得发扬光大。[32]五是收录近现代某位或数位名人、大师的家书家信或文章进行编著。《梁启超家书》收录了梁启超从1898年到1928年的书信,每一封书信都表达了他对家庭成员的关切。《大师家训:22位文化大师自述童年启蒙》对每一位大师都进行了生平概述,从中我们可以窥到父母是怎样对幼时的他们进行教育的以及这些教育对他们后来的成长成才所产生的深远影响。

（二）家风建设的必要性研究

家风对于家庭教育、社会发展至关重要。有学者从家风的起源、内涵、实质特征与现代意义展开研究,回应了当下是否仍有家风的疑惑以及建设现代家风的必要。中国历史上的家训,作为一个历史范畴,它是在家庭出现后才可能有的一种社会现象。作为传统文化的一部分,它的产生离不开特定的自然条件和社会历史条件,是在特定的自然环境下的物质生产方式和社会组织结构的产物。随着宗法制在我国的确立和巩固,家训开始在父系制大家庭中萌芽。出于国家统治、家族生产、成员社会化的需要,家训的产生有其历史必然性,"传统家训,作为一个文化范畴,特征之一是与儒家思想一致"[33]。此外,它还具有血缘性、等级性、和谐性、封闭性等特征。

（三）家风建设的策略研究

第一,从传统文化现代意义转化的视角进行现代家风建设。"现代道德危机是世界面临的最大危机之一,人们在道德危机面前一筹莫展的时候,为何不借助传统家庭文化这一简单易行而又作用广泛的好工具、好手段呢?……研究传统家庭文化资源演进及重构,丰富和发展我国当前文化思想,显得尤其紧迫和重要。"[34]第二,将家风建设与主体相结合。"打造现代家风,其实就是将家庭成员长期共同生活中所共享的价值观、人生观、道德观以'润物细无声'的方式传递给下一代,并以此敦促子女自觉履行,规范行为,养成道德人格。对青年进行家风建设的意识培养及训导,帮助他们理解家庭教育的重要性具有重要意义。"[35]第三,结合时况从不同的视域来看现代家风建设。比如,从家庭伦理视阈来看现代家风建设,"家庭伦理作为一种道德教化的有效方式,为家风的塑造提供新的切入点以及发展视域。因此,汲取家庭伦理观的精华,将其嵌入现代家风的建设之中已成为时代之必然"[36]。

三、社会主义核心价值观与家风的内在关联研究现状

在习近平总书记于2015年春节发表了关于三个注重与社会主义核心价值观的重要讲话之后,学界从强调家风建设对培育和践行社会主义核心价值观的重要作用,转向如何以社会主义核心价值观为导向引领现代家风建设的研究。

(一)家风是培育社会主义核心价值观的媒介

1. 基础说

"家教是通过长辈的耳濡目染和言传身教达到潜移默化的教化作用,把正确的家庭道德要求、规范、原则灌输到家庭成员的思想中,引导家庭成员行为合乎家庭道德要求;是通过家家户户流传下来的道德风尚和家教传统,是社会最基础、最直接、最有效的教育方式。"[37]刘先春、柳宝军认为,家训家风奠定了社会主义核心价值观的道德人格基础、强化了道德价值认同、融通了社会主义核心价值观与中华民族传统美德的精神血脉,是培育和涵养社会主义核心价值观的道德根基与有效载体。[38]他们着重强调了家庭作为社会的最小单元,为践行社会主义核心价值观提供了原始场域,然而必须谨慎对待历史前提与现实条件,从历史的角度看问题才能更好地走好当下的路。

2. 路径说

张琳、陈延斌认为,培育和践行社会主义核心价值观,既要充分利用我国优秀传统家风文化中所包含的有利于时代进步的价值追求和文化基因,又要立足时代语境将塑造优秀家风与社会主义核心价值观相对接,注重父母长辈言传身教、潜移默化传承优秀家风,同时家庭、学校、社会、媒体共同

助推形成以优秀家风涵育社会主义核心价值观的合力。[39]黄东桂、颜文梅认为,家风是社会主义核心价值观培育的基础路径和有机土壤,通过剖析家风建设存在的优良传统受冲击、主体缺位、缺乏系统性等现象,寻找家风实现现代化转型的路径,借助网络等新媒介积极拓宽优秀家风的宣传路径,从而有力促进社会主义核心价值观的培育。[40]牛绍娜、陈延斌指出,优良家风是衔接社会主义核心价值观与传统文化血脉的纽带,时代家风与社会主义价值观具有文化和伦理的内在契合性,是推进社会主义核心价值观认同与践行的基本路径。[41]

3. 试验场说

张红指出,"随着我国现代化和城镇化进程的加快,家庭的职能和社会地位随之改变,加之长期实行计划生育国策,家庭结构和家庭关系也发生了很大变化"[42],应以社会主义核心价值观为导向培育良好的家风家教。胡池群、王含从家风和社会主义核心价值观具有文化同根性、家风的社会变迁与现代困境、从家庭入手培育社会主义核心价值观的理路三个方面,来论述家风是培育与践行社会主义核心价值观的试验场。[43]他们都认识到现代家风建设中存在的困境并给出了相应的对策;第二篇文献优点在于指出了家风与社会主义核心价值观的文化同根性,理路具体而更具可行性。

4. 意义说

良好的家风及其传承对社会主义核心价值观的认知具有内化意义,对社会主义核心价值观的认同具有强化意义,对社会主义核心价值观的践行具有深化意义。陆树程、郁蓓蓓认为,"以家风传承为切入点,从中国优秀传统文化、社会主义核心价值观的认知、认同等方面探索社会主义核心价值观的培育和践行问题具有现实意义"[44]。

(二)社会主义核心价值观引领现代家风建设

郭玉琼、王方根很好地阐述了家风在现代社会渐行渐远的历史原因与社会原因,他们认为社会主义核心价值观的弘扬离不开好家风,而好家风必须以社会主义核心价值观为导向。[45]由于文章的着眼点在于使家风成为培育和践行社会主义核心价值观的重要载体,以工具理性的态度审视家风而未能有效突出社会主义核心价值观的引领作用。李欢欢辨析了家风以及家教、家训、家规等相关概念,详细介绍了中华优秀传统家风的基本内容,认真分析传统家风在历史发展过程中遭受的冲击以至在现代的断裂与缺失,紧接着她分析了社会主义核心价值观与家风建设的内在逻辑联系,为后文为什么要建设现代家风、建设什么样的现代家风以及如何建设现代家风做足了理论铺垫。[46]但仍有很大的进步空间,首先,可以进一步深化社会主义核心价值观与家风建设的内在关联,以证明社会主义核心价值观融入家风建设的可能性;其次,在认识到传统家风断裂的基础上,对传统与现代家风建设进行比较分析以期审慎进行实践;最后,构建策略应更加深入现实情境。刘良芳、郑元景从"小家庭时代"家风观点淡化、现实社会伦理道德问题以及中国梦的现实召唤三个方面论述必须以社会主义核心价值观为价值导向和目标指引培育当代家风。他们看到了理性认知不完善、家长主体意识不强、长效动力保障缺乏等现实困境,并提出建立宣传教育、榜样示范、激励保障、长效追踪等现实机制,以此促进当代家风培育的常态化。[47]杨思奇认为,家风既是理论问题,也是现实问题。他运用相关理论系统阐述了优良家风和社会主义核心价值观的关系,从个人、家庭以及社会、国家的角度进行实地调研,通过调查问卷、重点访谈、比较分析等方式,剖析当前家风建设存在的现实困境与原因,基于家风的双重性提出科学合理、行之有效的家风优化对策。[48]这些学者从不同角度做了大量实地调研,用事实和数据说话,无论是对理论还是实践研究都是很好的支撑材料,因此更有针对性、更富现实性,但仍然没有摆脱既往研究套路,优化对策比较宽泛。

四、结　语

上述成果为社会主义核心价值观引领现代家风建设、借助家风涵育社会主义核心价值观两大问题提供了重要的学理支持,但仍然存在一些不足。第一,总体研究较为零散、系统性不强。传统家风家训的个案研究不是针对某个家训范例,就是选取某个区间或者具体某个朝代的家训研究,抑或是通论性的家训思想研究,缺乏对不同阶层不同主体的传统家风进行全面而系统的划分和总结。传统社会核心价值观与家风建设的内在关联有待深化,以便为现代家风与社会主义核心价值观的融合找到历史借鉴。第二,相似研究太多,内容趋同。尽管表达方式有异,但实质雷同,缺乏传统家风建设与现代家风建设的比较研究,以及在此基础上对家风与社会主义核心价值观内在逻辑的深化与升华。第三,解决对策缺乏可操作性。针对传统家风对培育社会主义核心价值观与家风建设的重要意义做了大量工作,但针对现实问题的解决路径欠缺现实性、社会性及指导性。第四,研究方向固化,未能做到深层次的结合锤炼。过往研究侧重于将培育社会主义核心价值观作为核心的、首要的目标,而将家风建设作为其次的目标;事实上,现代家风建设既是目的,又是手段,它旨在构建现代家庭文明与伦理,同时也是涵养社会主义核心价值观的途径。

针对上述问题,笔者认为应当从以下两个方面进行努力。首先,理论层面。进一步对中国传统社会不同阶层群体的核心家风进行分门别类的主体划分与阶层辨析、细致深入的内容与方法研究,进一步探索分析传统社会核心价值观与家风的内在关联,探究传统社会核心价值观在家风建设中的表现与作用,进一步对传统家风建设与现代家风建设进行比较研究,发现二者的差异与共通之处,并从以上几个方面进一步深化家风建设与社会主义核心价值观践行之间的内在契合性,在此基础上创造性转化传统家风的精华。其次,实践层面。进一步分析社会主义核心价值观融入家庭教育、家风建设的可能性,进一步探讨社会主义核心价值观如何引领现代家风建设,进一步厘清现代家风建设的核心内容、践行原则、传承路径、价值导向、构建策略,从而创新性地进行现代家风建设并涵育社会主义核心价值观,构建现代家庭伦理,真正将社会主义核心价值观落细落小落实。理论的期待和实践的需要都为社会主义核心价值观融入家风建设、引领家风建设的深入研究留下了广阔的探索与构思空间。

参考文献

[1]刘芳. 社会主义核心价值观研究述评[J]. 北京行政学院学报,2015(2).

[2]于涓,佘双好. 从文化建设的视角看社会主义核心价值观的培育和践行:访中国社会科学院马克思主义研究院顾问、武汉大学教授陶德麟[J]. 马克思主义研究,2014(4).

[3]戴木才．积极培育和践行社会主义核心价值观[J]．思想政治工作研究，
2014(2)．

[4]张瑞军．从马克思的三句话看社会主义核心价值观应有的特质[J]．前
沿，2016(1)．

[5]袁银传，韩玲．凝练社会主义核心价值观的基本根据[J]．马克思主义研
究，2013(1)．

[6]刘建军."社会主义核心价值观"的三种区分[J]．思想理论教育导刊，
2015(2)．

[7]郭莉，刘汉一．社会主义核心价值观的基本内涵辨析[J]．江西农业大学
学报(社会科学版)，2009(1)．

[8]李萍，浦玉忠，薛建飞．社会主义核心价值观的根本内涵界定[J]．福建
论坛(人文社会科学版)，2014(10)．

[9]钟明华，黄荟．社会主义核心价值观内涵解析[J]．山东社会科学，2009(12)．

[10]艾国，刘艳．从四个维度把握社会主义核心价值观之友善的内涵[J]．
思想理论教育导刊，2015(10)．

[11]陈金钊．对法治作为社会主义核心价值观的诠释[J]．法律科学(西北
政法大学学报)，2015(2)．

[12]张晖．关于社会主义核心价值观平等内涵的思考[J]．思想理论教育导
刊，2015(10)．

[13]张智．习近平论社会主义核心价值观的重大意义[J]．思想教育研究，
2015(10)．

[14]崔治忠．社会主义核心价值观的认知认同与践行[J]．苏州科技大学学
报(社会科学版)，2017(2)．

[15]贾书明．论社会主义核心价值观认同[J]．山东农业工程学院学报，
2017(1)．

[16]朱霄．论社会主义核心价值观的对外传播及其实践路径[J]．马克思主
义研究，2016(8)．

[17]仝莉莉．推进社会主义核心价值观有效传播路径探索[J]．中共太原市
委党校学报，2017(3)．

[18]田丽，邓筱．浅析社会主义核心价值观的网络传播[J]．新闻战线，

2017(9).

[19]贾凌昌,金慧芳.社会主义核心价值观的传播样式[J].齐鲁学刊,
    2015(5).

[20]朱琳,张力,梁正科.社会主义核心价值观的传播效果及有效传播策略
    分析[J].思想理论教育导刊,2015(11).

[21]习近平.在中共中央政治局第十三次集体学习时强调把培育和弘扬社
    会主义核心价值观作为凝魂聚气强基固本的基础工程[N].人民日报,
    2014-02-26(1).

[22]习近平在上海考察时强调当好全国改革开放排头兵 不断提高城市核
    心竞争力[N].人民日报,2014-05-25(1).

[23]和亚飞,杨军.社会主义核心价值观融入日常生活的理与路[J].学校
    党建与思想教育,2017(9).

[24]王永贵.社会主义核心价值观培育的目标指向和实现路径[J].思想理
    论教育,2013(3).

[25]任广鑫.社会主义核心价值观的培育路径探析[J].观察与思考,
    2014(2).

[26]王现东.培育践行社会主义核心价值观的基本路径[J].山东青年政治
    学院学报,2015(5).

[27]李慧敏.试析社会主义核心价值观的培育路径[J].天中学刊,
    2016(5).

[28]武黎嵩.家风是传承千年的精神尺度[N].光明日报,2014-02-21(2).

[29]储朝晖.家风是文化传承的基因[J].共产党员(河北),2014(8).

[30]苏树林.正家风是领导干部的必修课[J].人民公仆,2015(9).

[31]张丽萍.先秦至南北朝家训研究[D].西安:西北大学,2016.

[32]陈勇军,周勤女.《颜氏家训》中的家庭德育思想探析[J].兰台世界,
    2016(13).

[33]曾凡贞.论中国传统家训的起源、特征及其现代意义[J].怀化学院学
    报(社会科学版),2006(4).

[34]钱同舟.传统家庭文化的现代价值及其转化[J].河南工业大学学报
    (社会科学版),2016(2).

[35] 殷殷,谢庆良. 现代家风建设与青年发展研究[J]. 中国青年研究, 2016(10).

[36] 田丽娜. 家庭伦理视域下的现代家风建设[J]. 现代交际,2016(11).

[37] 卢婉婷,孙兰英. 家风家教是培育和践行社会主义核心价值观的基础 [J]. 思想政治教育研究,2014(12).

[38] 刘先春,柳宝军. 家风家训:培育和涵养社会主义核心价值观的道德根基与有效载体[J]. 思想教育研究,2016(1).

[39] 张琳,陈延斌. 传承优秀家风:涵育社会主义核心价值观的有效路径 [J]. 探索,2016(1).

[40] 黄东桂,颜文梅. 家风建设:社会主义核心价值观培育的基础路径[J]. 广西师范大学学报(哲学社会科学版),2016(2).

[41] 牛绍娜,陈延斌. 优秀家风与社会主义核心价值观建设[J]. 湖南大学学报(社会科学版),2017(1).

[42] 张红. 社会主义核心价值观培育和践行的试验场:家风家教[J]. 道德与文明,2015(2).

[43] 胡池群,王舍. 家风是培育与践行社会主义核心价值观的试验场[J]. 科技经济导刊,2017(1).

[44] 陆树程,郁蓓蓓. 家风传承对培育和践行社会主义核心价值观的意义 [J]. 苏州大学学报(哲学社会科学版),2015(3).

[45] 郭玉琼,王方根. 社会主义核心价值观引领下的家风建设[J]. 政治与法律,2015(2).

[46] 李欢欢. 社会主义核心价值观视阈中的现代家风建设[D]. 杭州:杭州师范大学,2015.

[47] 刘良芳,郑元景. 社会主义核心价值观引领当代家风培育的困境及机制研究[J]. 新乡学院学报,2017(4).

[48] 杨思奇. 社会主义核心价值观引领下的家风优化研究[D]. 太原:太原理工大学,2017.

全职妈妈的角色认知与实践研究
——以江苏省南通市为例

于兰华*

摘　要：全职妈妈近年来日益引起人们的关注。这一群体按照一定的角色规范，主要从事子女抚育与教养，大多具有良好的家庭关系，是家务劳动的主力军，其个人休闲时间随着子女年龄的增长而增多；并且，在新时代她们越来越关注自身的发展。全职妈妈群体具有时代性、自愿性、技能性、聚集性等角色特征，也面临着自身能力和人脉资源的丧失、缺乏社会参与机会、易与社会脱节，以及子女教养和家庭关系处理中的各方面问题，需要得到家庭、朋友及社会的支持。

关键词：全职妈妈；角色认知；角色实践

一、问题缘起与调研方法

　　女性解放使越来越多的家庭妇女走上工作岗位，经济能力的增强为女性赢得了不断提高的社会地位和家庭地位，这是男女平等的社会进步使然。而近年来全职妈妈群体日益引起人们的关注。她们往往不负担家庭经济责任，其生活重心以照顾配偶及子女生活、处理家庭事务、自我休闲为主。全职妈妈群体早就存在。在2003年5月至2004年9月，国务院妇女儿童工作

＊　于兰华，博士，浙江科技学院副教授，研究方向为社会治理。

委员会办公室与中国儿童中心对北京、上海、重庆、广州、哈尔滨、石家庄、济南、郑州、武汉和西安等10个城市中0—6岁儿童的健康状况进行了调查。其中一项结果显示，从监护人的职业分布来看，父母中"无职业人员"的比例高达18%，全职父母中更多的是全职妈妈。不同于奋战在职场一线的女性，全职妈妈虽然没有工作—家庭冲突，但她们面临着与极力争取女性就业机会、同工同酬等主流文化的矛盾，由此，她们也就与"现代女性"背道而驰。全职妈妈是向"男主外、女主内"的传统性别文化回归吗？本文拟从角色视角对这一问题进行分析。

角色是围绕人的社会地位确定的权利、义务系统和行为模式，是社会人地位和身份的外在表现，也是人的社会属性之一。美国社会学家戈夫曼在《日常生活中的自我呈现》中提到了"前台"和"后台"，意在表述社会中的每个人都在扮演一定的"角色"，博取他人的掌声，以期得到社会的"期望角色"；但"角色"主体也会有一定主观能动性，会揣摩"角色"，并将其演示出来，由此产生"角色认知"和"角色实践"。那么全职妈妈自愿放弃外出工作的机会而选择全职在家带孩子，她们是如何进行角色定位又是如何进行角色实践的？对此问题的探讨将有助于我们更好地认识这一群体的生存状况。

本文以江苏省南通市为例，以"滚雪球"的方式在全职妈妈圈内进行问卷调查，共收集到样本资料50份。其中，年龄主要集中在30—40岁，学历以高中、中专为主，全职5年以上的占多数，且较多没有兼职工作（见表1）。

表1 样本基本信息

样本特征		人数（个）	占比（%）
年龄	20—29岁	9	18
	30—39岁	23	46
	40—49岁	17	34
	50岁及以上	1	2
学历	初中及以下	8	16
	高中/中专	22	44

续　表

		样本特征	人数(个)	占比(%)
学历		大专/本科	19	38
		研究生	1	2
全职状况		曾经是	6	12
		现在是	31	62
		一直都是	13	26
全职时间		1年以内	2	4
		1—5年	22	44
		5年以上	26	52
兼职状况		无	31	62
	有	手工	11	22
		网店	3	6
		辅助丈夫开店	3	6
		文字工作	2	4

二、全职妈妈的角色认知

全职妈妈对自身角色的认知、领悟以及认同,在很大程度上影响着全职妈妈的角色实践,也是影响其角色指标达成质量的关键因素。

(一)角色规范

角色规范是指社会根据需要而期待角色应该达到的行为模式或行为标准。从具体要求上可以分为正向规范(即扮演者可以做、应当做和需要做的行为规范)和反向规范(扮演者不能做、不应当做的各项行为规范)。

对全职妈妈来说,其正向规范有:承担生育职责、正确抚育孩子、合理教养子女、负责一定的家务、调节家庭关系等。对此,大多数全职妈妈可以认识到这些,并投入实践。调查显示,大部分女性是由于生育或者是孩子的抚育和教育需要而成为全职妈妈,88%的调查对象自愿接受这一角色及其规范。

可以发现,全职妈妈对角色基本规范的认知在很大程度上源于社会对性别角色的分工以及相应的约定俗成的不成文规范。从功能论角度来说,女性扮演表达性的角色,"并负责照顾孩子、打理家务、购物做饭之类的任务"[1]。在家庭的生产、消费、生育、抚育、教育、赡养、闲暇与情感满足等功能中,全职妈妈主要被要求承担生育、抚育、教育以及情感满足的任务,并成功扮演好这一角色。在性别角色分工领域,不仅全职妈妈角色如此,职业女性也会经常"感受到家庭对工作的干扰"[2],并被较多赋予抚育责任和不对等的家务分工。

(二)角色选择

全职妈妈对于角色选择的认知,常常表现为自愿性与非自愿性。在50名全职妈妈中,自愿选择这一角色的有44人,占总数的88%;另有6人非自愿,占12%。对于给予重新选择的机会这一条件,26名调查对象仍表示愿意成为全职妈妈,占总数的52%;14人对于再次成为全职妈妈持无所谓的态度;其余10人明确表示不愿成为全职妈妈,占20%。可以发现,调查对象对于全职妈妈这一角色的选择基本是自愿的,并具有较高的选择意愿。数据显示,关于全职妈妈角色选择的影响因素(可多选)共计被选择了129次,其中"重视子女教养与亲子关系"和"家中没有人带孩子"占前两位,说明全职妈妈的角色选择更多源于自身家庭的现实需要(见表2)。

表2 全职妈妈角色选择的影响因素

影响因素	被选次数(次)	占比(%)
家中没有人带孩子	37	28.68
"男主外、女主内"的传统思想	17	13.18
重视子女教养与亲子关系	40	13.31
经济状况好,无工作需要	3	2.33
在外工作压力大,能力欠缺	10	7.75
不受拘束,可以享受生活	15	11.62

影响因素	被选次数(次)	占比(%)
有自我再学习的时间	5	3.88
其他	2	1.55

　　"重视子女教养与亲子关系"这一原因被选的次数最多,有很大一部分女性的全职妈妈生涯从子女的婴幼儿期或者是初高中时期开始,这两个都是子女教养的重要时期。此外,"家中没有人带孩子"这一影响因素仅次于前者,也占相当一部分比重,"男主外、女主内"的传统思想仍影响着一部分全职妈妈的选择。"不受拘束,可以享受生活"这个个人因素是时代的产物,郭冰茹就指出过,时代对"个性""自由""独立"的倡导激发了女性意识的觉醒,女性也渴望按照自己的意愿去生活,尤其是那些已经脱离旧式家庭走入社会,受过新式教育的女性。[3]"在外工作压力大,能力欠缺"这一点值得我们关注,因为压力和能力问题而选择全职妈妈角色的女性,在一定时期内能获得自身的纾解,然而如果持续处于这种放松的全职状态不进行自我提升,就会导致能力的再次丧失,这需要广大全职妈妈引以为戒。相反,一部分女性选择在全职期间进行自我提升,这是新时期很多具有高学历或是较高认知女性的选择。总之,全职妈妈这一角色的选择受诸多因素的影响。

(三)角色评价

　　对角色的评价认知是全职妈妈这一主体对自身角色的看法和评价,同时,社会对于全职妈妈的观点和评价也会影响主体认知。调查发现,全职妈妈对自身角色的评价(可多选)较为集中在"家庭需要"和"母性本能"这两个认知(见表3)。

表3　关于全职妈妈角色的评价

评价	被选次数(次)	占比(%)
随传统随大流	17	14.91
母性本能	34	29.82

评价	被选次数（次）	占比（%）
家庭需要	46	40.35
特别的人生经历	11	9.65
伟大的职业	6	5.26

在主体评价方面，全职妈妈们大多认为自身角色是一种家庭需要。调查中"家庭需要"一共被选择了46次，占总选择次数的40.40%、总人数的92%，无论是家务需要、抚育需要、情感需要或者其他，大部分女性因为"家庭需要"而成为全职妈妈，尤其是家庭对于子女的抚育教养需要。此外，11人认为全职妈妈角色的扮演是一次"特别的人生经历"，占总选择次数的9.60%、总人数的22%。其中有6人认为全职妈妈是一个"伟大的职业"，占总选择次数的5.30%、总人数的12%，虽然选择人数不多，但呈现的是一种较高的认知观念和一种健康、乐观又积极的全职心态。然而，社会上还有一种观点，认为"妈妈"角色是女性的本能，"全职妈妈"角色是在"母性本能"的基础上提出了更高的要求。调查发现，认为全职妈妈角色是"母性本能"的有34人，占总选择的29.80%、总人数的68%，是过半数全职妈妈对自身角色的认知（见表3）。可见，社会传统观念和评价在一定程度上影响着角色主体的角色评价认知。

三、全职妈妈的角色实践

角色实践就是按照角色所规定的权利和义务、态度和情感，把个人所扮演的角色在实际行动中表现出来。全职妈妈角色实践主要包括角色实践的内容、情感、评价以及规划四方面。

（一）角色实践的内容

全职妈妈角色实践集中在家庭和个体两个领域。其中，家庭是全职妈妈角色实践的主要阵地,同时也占据着全职妈妈群体的绝大部分时间。相比较而言,个体层面的角色实践要相对匮乏一些。

1. 家庭层面

在家庭中,全职妈妈的角色实践,主要由子女教养、生活照料、家务承担、家庭成员关系处理等方面组成。就"妈妈"这一身份而言,以孩子为重心,开展各项满足子女成长需求的行为活动。调查发现,在当全职妈妈期间,23名调查对象表示子女的教养问题最困难,占总数的46%;其次是自身能力的丧失、人际交往以及家庭关系的处理,分别占总数的24%、16%和12%。显然,子女的教养为首要问题。每个全职妈妈都会对子女的成长有所期待。调查分析显示,在一共165次选择中,"健康成长"这一期待被选择了47次,占总选择的28.50%、总人数的94%;其次是"听话懂事"39次,占总选择的23.60%、总人数的78%(见表4)。就以上几种成长期待"你认为哪项最为重要"这一调查时,全职妈妈中有32人选择"健康成长",占总人数的64%;9人选择"幸福快乐",占18%;8人选择"成绩优异",占16%;还有1人选择"听话懂事"。可见妈妈们对子女的身心健康还是更为关注的。对子女的成长期待可以说是全职妈妈的一项权利,除却基本的健康、懂事等期待外,"成绩优异、多才多艺"的要求在很大程度上受社会主流与需求的影响,在我国这样一种长期的应试教育体制下,成绩是评定学生的主要工具,全职妈妈们便时常期待子女有个好成绩。而随着社会的进步,对个人多方面发展的需求也越来越高,于是,年轻的全职妈妈们开始期待子女的多才多艺。可以说,在子女教养方面,全职妈妈是社会需求与主流的践行者。

表4　全职妈妈对子女的成长期待

子女成长期待	被选次数	占比(%)
健康成长	47	28.48
成绩优异	33	20
多才多艺	13	7.88
听话懂事	39	23.64
幸福快乐	33	20

全职妈妈伴随着子女成长的重要阶段。在这个过程中,无论是成长计划的安排、健康营养的监管、亲子关系的处理,还是学习教育的辅助方面,都会产生一系列的问题。在全职妈妈家庭中,子女成长计划的安排主要由全职妈妈或子女本身决定。数据显示,由调查对象本身决定的比例最大,为48%,有24人;由孩子决定的有22人,占44%,这一情况大多是子女已经步入中学,有自己的想法和思考,全职妈妈给予一定的独立自主的权利;由丈夫决定的比重最小,占8%,有4人。沟通交流是家庭生活中必不可少的一部分,尤其是对与孩子相处时间最多的全职妈妈来说,其中,亲子活动是较为常见的一种方式。调查发现,随着孩子年龄的增长,全职妈妈与子女间的沟通交流和亲子活动的次数明显减少。调查对象一周内与子女沟通交流次数的结果显示,1—2次的人数有29人,占总数的58%;其次是5次以上,有11人,占22%;3—4次的6人;0次的4人。对于子女年龄较小的家庭,全职妈妈每天都要花费相当多的时间与孩子相处。而对于年龄较大的子女,则易与之产生代沟,缺乏沟通。35名全职妈妈表示在日常生活中偶尔会因为子女的问题而束手无策,占70%;另有4人表示经常面临这种状况;而剩余11人表示不会束手无策。

2. 个人层面

时代呼吁女性解放自我、发展自我,但全职妈妈们与此相反,她们更多地被束缚于家庭,拥有较少的个人时间。全职妈妈每天的个人时间集中在3—4小时,共22人,占总数的44%;其次是5小时以上,共16人,占总数的32%;1—2小时的有11人;1小时以内的有1人。本次调查对象中,年龄较大的全职妈妈与年轻妈妈相比拥有更多的个人时间。如表5所示,在个人休闲时间方面(可多选),全职妈妈选择休息、聊天、看电视、上网的较多,分别是29次、33次、25次、24次。可见,大多数女性运用个人时间进行休闲娱乐活动。此外,看书和学习的被选次数分别有8次、7次,这类全职妈妈较为注重个人素养与能力的提升。另有15人在个人时间开展兼职活动,以获取经济收入,逛街的被选次数有10次,她们走出家庭这个日常活动空间,与朋友一起出门消费。

表5 全职妈妈每天的个人时间及其安排

个人时间	休息	聊天	逛街	电视	上网	看书	学习	兼职	其他
1小时内	0	0	0	1	0	0	0	0	0
1—2小时	4	6	4	3	6	1	2	3	0
3—4小时	13	15	4	9	9	4	3	8	1
5小时以上	12	12	2	12	9	3	2	4	0
合　计	29	33	10	25	24	8	7	15	1

多数调查对象的交往圈中也都不乏全职妈妈，29人表示关系密切的朋友中大多也是全职妈妈，占58%；少数或没有的分别有7人、2人，共占据8%。全职妈妈最近一周与朋友联系或外出的次数以1—2次为主的，有29人，占58%；1次也没有的13人，占26%；3—4次的6人；5次及以上的2人。可见，全职妈妈的社交活动并不多。（具体见图1、图2）

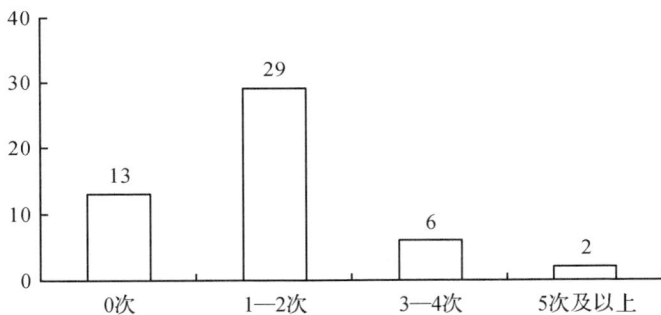

图1　最近一周与朋友联系或外出次数（单位：人）

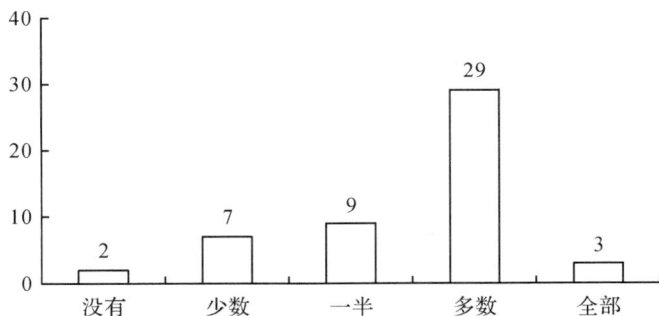

图2　朋友圈中的全职妈妈数（单位：人）

可见,在个人方面,全职妈妈缺少社会活动,她们的活动圈与其他女性相比较为单一,且范围小,全职妈妈自身也更多地安于这种现状,造成自身能力和资源的进一步丧失。但这不是绝对的,之前提到在家中从事各种兼职活动的女性显然在社会发展方面做得较好,而花费时间时常自我学习的全职妈妈也更能与时代接轨。总之,新时代女性在成为全职妈妈的同时,也要注重个人发展,合理安排好时间,这不仅源于个人意识的增强,还需要他人以及社会的支持。

(二)角色实践的情感

角色实践的情感是指全职妈妈们在日常生活中所产生的个人感觉和心理活动。鲁宾和伍登指出:"全职妈妈占主导地位的挑战是作为一个全职母亲的情绪困扰,比如脆弱、内疚、羞耻和冲突等。"[4]调查显示,32名全职妈妈表示偶尔觉得自己像保姆,占总数的64%;12名表示没有觉得自己像保姆,占24%;5名经常觉得自己像保姆,占10%;甚至有1名一直这样觉得(见图3)。在家庭中,全职妈妈大多承担较主要的家务劳动,而家务劳动的隐性价值并没有得到社会广泛认可,以至于有些全职妈妈会出现"感觉像保姆"这样一种消极情感。没有这种消极情感的全职妈妈则认为自己的付出是自愿的、带有感情的,家务活动由家庭成员共同参与。她们同时也更为积极乐观,能时常进行自我调适。

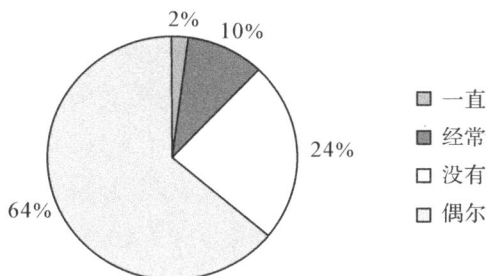

图3　全职妈妈是否觉得自己像保姆

在全职妈妈角色扮演期间,个人的体验多种多样,认为"充实有意义"的有13人,占总数的26%;感觉"枯燥乏味"的有10人,占20%;得过且过,"没什么感觉"的有20人,占40%;感觉"后悔、不甘"的有5人,占10%;其他人也有表示满足、辛苦等（见图4）。这些感觉大多与全职妈妈的家庭地位、成员关系、角色任务与期待、角色适应、经济状况、个人社交、性格等多方面因素相关，也直接影响着全职妈妈角色实践的状况。一般感觉良好的全职妈妈更能以积极的心态投入角色实践，更好地处理家庭事务和家庭关系，担任全职妈妈的年限也会更长。

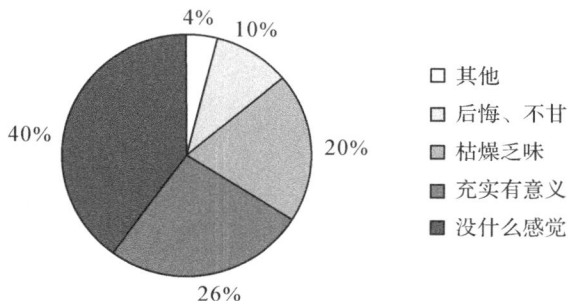

图4　成为全职妈妈的个人感觉

（三）角色实践的评价

关于全职妈妈角色实践状况的自我评价，在50名调查对象中，25人认为自己的角色实践表现良好，占总数的50%；其次是"一般"，有21人，占42%；认为角色实践状况"很好"以及"不好"的各有2人，分别占4%。从调查数据可以发现，大多数全职妈妈的自我评价持中间标准，只有极少数对自己高度评价。

此外，他人对全职妈妈的评价常常更客观，也会导致全职妈妈自我评价的不同。从表6可以看出，关于全职妈妈角色实践状况的自我评价，在50名调查对象中，74%的全职妈妈只会偶尔受到子女、配偶、朋友及其他人的赞美或夸奖，其中因为厨艺受到赞美的人数最多，为18人；其次是因为手工和性格，各有7人；而因为知识受到夸奖的只有2人，这类全职妈妈都具有较高的学历。经常受到赞美的有10人，占总数的20%，主要是因为个人性格。此外，有3人基本得不到他人的夸奖和赞美。

表6　全职妈妈受子女、配偶、朋友及其他赞美或夸奖的状况

频次	种类						
	厨艺	手工	知识	性格	外貌	其他	合计
没有	3	0	0	0	0	0	3
偶尔	18	7	2	7	0	3	37
经常	1	0	2	4	3	0	10
合计	22	7	4	11	3	3	50

（四）角色实践的规划

关于全职妈妈对今后生活的计划，17人表示开展"家中兼职"活动，占总数的34%，其中包括正在兼职且今后继续的全职妈妈，以及没有兼职经验但希望尝试的全职妈妈。15人表示将会"享受生活"，占30%，她们的子女大多已经或是即将步入大学，全职生涯面临尾声，个人时间明显增多，希望在今后的时间好好弥补之前缺失的个人生活。计划"外出找工作"的有11人，占22%，其中大多数还比较年轻，只在子女幼年阶段担任全职妈妈，当然也有年龄较大、希望实现自身社会价值的女性。计划进行"自我学习，提升修养"的有6人。总之，全职妈妈们对未来的规划，因其所处的环境、个人思想、性格、价值观、经历等出现各种差异，但可以发现女性的个体意识正在不断提高（见图5）。

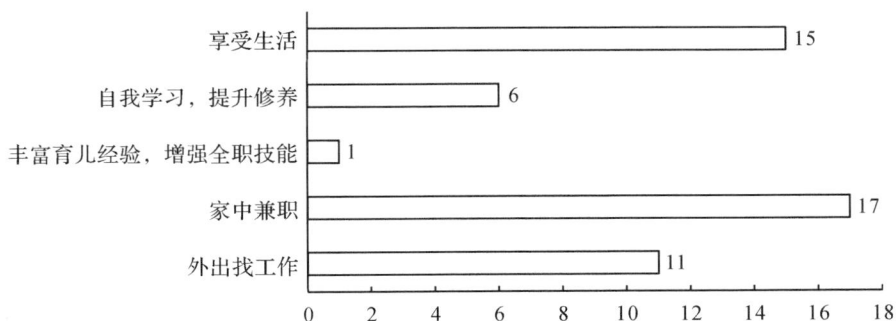

图5　全职妈妈对未来的计划

四、全职妈妈角色认知与实践的冲突和化解

(一)角色指标认知与实践的冲突和化解

对于全职妈妈这一角色,理想指标与实际指标的达成常常会产生落差与冲突。美国学者杜瓦尔在1977年通过调查得出社会对理想母亲的两类评价标准[5],这一指标也同样适用于全职妈妈在子女教养方面的角色实践(见表7)。

表7　理想母亲角色指标

传统意义上的母亲角色	发展意义上的母亲角色
①会做家务 ②能满足子女的生理需求 ③能训练子女养成良好的日常生活习惯 ④能对子女进行道德品行方面的教导 ⑤能够对子女进行管教	①训练子女独立自主 ②满足子女的情感需求 ③鼓励子女的社会发展 ④促进子女的智能发展 ⑤提供良好的成长环境 ⑥照顾子女个性的发展需要 ⑦合理管教子女

对于这一指标,本次调查就发展意义上的母亲角色,提出了"以上指标你认为自身达到了哪些?"这一问题。数据显示,"提供良好的成长环境"和"合理管教子女"这两项指标的达成状况最好,其中选择"提供良好的成长环境"的有43人,占总选择次数的30.10%、总人数的86%;选择"合理管教子女"的有40人,占总选择的28%、总人数的80%;其他5个指标的达成度较低。可见,本次调查对象的全职妈妈角色指标达成还处于基础阶段。此外,"满足子女的情感需求"和"促进子女的智能发展"指标的达成状况分别位于第三、第四,关于子女个性发展、社会发展、独立自主状况,全职妈妈的认知以及实践都缺乏重视,在子女的各项需求以及发展中,关注度排名较后(见图6)。

鼓励子女的社会发展 9
训练子女独立自主 11
满足子女的情感需求 16
照顾子女个性的发展需要 9
促进子女的智能发展 15
合理管教子女 40
提供良好的成长环境 43

0　　10　　20　　30　　40　　50

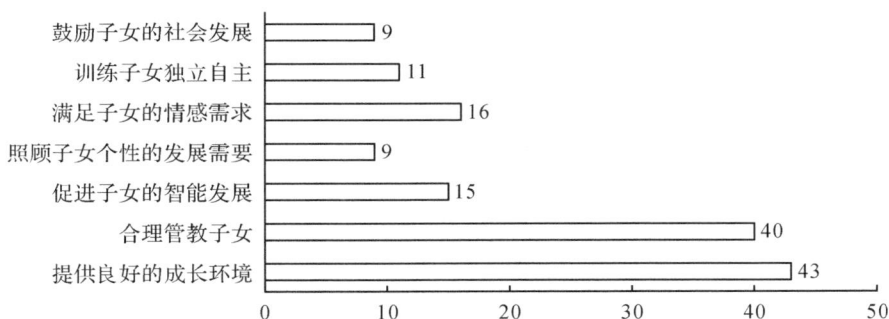

图6　角色指标达成状况

可见,全职妈妈们对于角色指标的实践还不能很好地契合理想指标的认知,在日常生活中也有很多矛盾和冲突,但也有部分全职妈妈做得很好,她们能关注子女情感、个性、能力以及社会发展。同时,全职妈妈们需要在与其他全职妈妈的比较中,发现自身的不足,借鉴他人的经验,及时调整和完善自己的角色实践。随着越来越多高学历的年轻女性加入全职妈妈群体,她们将对子女发展进行更多方面、更时代化的计划安排,更好地完成理想母亲的指标任务。

(二)角色关系认知与实践的冲突和化解

家庭内部的人际关系是通过家庭角色的互动表现出来的,期望角色与实际角色之间的差距也影响着家庭关系。家庭对全职妈妈的期望,以及全职妈妈对丈夫和孩子的期望都会在实践中产生冲突。为此,她们会在自己的全职妈妈圈内相互交流,汲取经验,并随着全职时间的增长而在逐渐适应中总结出处理类似问题的方法。在新时代,有关儿童成长各阶段以及心理学的理论也都可以发展为全职妈妈群体所必备的知识储备,以助其更好地处理关系冲突。

(三)个体角色认知与实践的冲突和化解

调查发现,对于女性的"妻子""母亲""女儿""朋友""个体"这几个角色所花费时间的多少排序,大多全职妈妈存在"母亲>妻子>女儿>朋友>个体"这样一种状况,只有少数调查对象认为"个体"这一角色十分重要并花费较多时间。很多情况下,个体角色与母亲角色是相冲突的,全职妈妈们被期望也更多地主动优先实践母亲这一角色,个人发展方面缺乏重视。

选择成为全职妈妈就必然要离开原来的社会工作,更有部分全职妈妈根本没有参与过社会工作,这是女性人生经历的一种缺失。时代呼吁女性自由解放、发展个性,但大部分全职妈妈需要把自我放在孩子、家庭之后,也逐渐丧失个人能力和社会资源,这是传统意义下全职妈妈的常态。但一部分女性正在改变这种状态,她们在成为全职妈妈之余,开网店、写博客、自我学习提升、享受生活,又或者在结束全职妈妈这一角色后重新走上工作岗位。她们大多年轻、有活力,但调查中也有位40多岁的全职妈妈在孩子高考后第一次走上工作岗位。可见个人发展不局限于年龄,全职妈妈们在扮演好母亲角色的同时,开始更关注自我。

五、结　语

通过对50名全职妈妈的调查研究发现,全职妈妈这一角色,或者说这一群体,具有某些共性,并随着时代的发展而发展。主要表现在:(1)时代性。全职妈妈不同于传统家庭主妇,她们应家庭需要产生,但又不囿于家庭,她们在全职的同时提升自我,寻求生活地位与意义以及自我价值。(2)自愿性。与全国妇联妇女研究所研究员张永英在2007年中国女性事业与家庭平衡能力的调研中所发现的"大部分女性做出全职妈妈的选择是迫不得已的"不同,本次调查中的全职妈妈有近90%是出于自愿的,而且大多是源于本身重视子女教养与亲子关系,更有人表示是因为有更多时间可学习、享受生活等,且对于全职妈妈角色的重新选择仍具有较高意愿。(3)技能性。家庭对全职妈妈的角色期望很高,全职妈妈在向理想母亲指标靠拢的同时,还需要完成一定的家庭任务。研究显示,大多数全职妈妈都拥有各自的技能,如厨艺、手工制作等。然而大部分角色达成状况还处于基础阶段,全职妈妈们还需要不断提升自己的能力,比如学业辅导技能、沟通技能、新晋妈妈的育儿技能等。(4)聚集性。大多数全职妈妈的亲密朋友中都有其他全职妈妈的身影。她们组建QQ群、微信群,共同交流育儿经验、开展亲子活动、共享兼职创业信息等,共同体验不同于职业女性的另一种生活方式。

同时,调查发现全职妈妈群体也面临着许多问题,比如自身能力的丧失、知识结构老化、人脉资源丧失、缺乏社会参与的机会、易与社会脱节,以及子女教养和家庭关系处理中的各方面问题。就像心理学家白玲指出的,"做全职太太对人的压抑作用是非常明显的,如果不付出巨大的努力,单一的评价体系、虚弱的人际交往、缺席的外部驱动、无力的情感刺激等问题都将成为全职太太们难以克服的心理魔障",这句话同样适用于全职妈妈。全职妈妈群体需要家人、朋友的支持与认可,同时也需要社会对她们的包容和支持。

参考文献

[1]安东尼·吉登斯. 社会学[M]. 李康,译. 北京:北京大学出版社,2009.

[2]张春泥,史海钧. 性别观念、性别情境与两性的工作—家庭冲突[J]. 妇女研究论丛,2019(3).

[3]郭冰茹."新家庭"想象与女性的性别认同[J]. 文学评论,2009(3).

[4]RUBIN S E, WOOTEN H R. Highly educated stay-at-home mothers: a study of commitment and conflict[J]. The family journal, 2007, 15(4).

[5]DUVALL M. Marriage and family development[M]. New York: J.B.Lippincott Company, 1977.

浅议新时代背景下的家务劳动性别分工

黄沅卿[*]

摘　要: 家务劳动性别分工主要受性别角色、相对资源和时间限制的影响,向来被视为反映家庭内部性别关系的重要指标。新时代女性的活动空间不再局限于家庭,社会性别分工随之发生变化,家务劳动性别分工的固化局面也有所改变。观察家庭个案的家务劳动性别分工,可以发现两性地位日渐平等的趋势,以及个体性格特质对性别分工模式的影响,可以看出公众对个体价值重视程度的上升。

关键词: 家务劳动;性别分工;性别关系

一、问题的提出

国内外诸多学者试图对"家务劳动"进行统一的界定。蔡淑燕等将家务劳动界定为"直接满足本家庭成员精神生活和物质生活的需要而进行的劳动"[1],而国外学者则更赞同家务劳动是"为家庭成员的福祉和维系家庭的无偿劳动"[2]。抛开细节上的争议,多数人认同的界定是:家务劳动是家庭成员为营造一个氛围良好、环境整洁的家庭而在家庭内部进行的、以家庭成员为服务对象的无报酬的劳动,主要包括料理家庭成员的衣、食、住、行以及妇

＊　黄沅卿,厦门大学马来西亚分校中文系本科在读,主要研究方向为社会性别。

女的孕育工作等。

家务劳动的性别分工是家庭内性别关系的重要表现。无论是东方还是西方,都存在着根深蒂固的"男主外、女主内"的传统思想,家庭主"妇"的印象长期存在于主流文化中。儿童绘本《大头儿子和小头爸爸》用外貌特征来指称父亲、儿子,母亲则是以"围裙妈妈"的形象贯穿始终。笔者读小学时,老师让学生在父/母亲节的贺卡上写下心目中对父母最好的孝顺方式,大部分同学写的是"帮妈妈做家务""帮爸爸端茶递水、按肩捶背"。这在一定程度上反映了当时比较常见的家庭性别关系状况:家务劳动一边倒地向女性倾斜,女性形象与家务劳动密切捆绑,男性的家庭地位明显高于女性。对此,主流舆论的解释为:丈夫一般拥有比妻子更高的学历、工作能力、薪资待遇及更多的工作机会,因此让丈夫在外赚钱养家,妻子负责操持家务,家庭共同体便能得到最大的效益。这一解释,延续的是绵延了数千年的"男主外、女主内"传统性别分工模式。

21世纪以来,我们看到性别分工和性别关系的许多积极变化。不少女性拥有不逊于男性的学历。职场上,性别因素的影响日趋微弱,双薪家庭成为近几十年来的大势所趋,女性不再受困于厨房一隅。家用电器的普及也使家务劳动变得更容易,大大减轻了劳动强度。性别平等意识不断加强,越来越多的男性主动分担家务,不再如上一代男性那样当"甩手掌柜"。此外,互联网的普及也有利于两性更方便地学习和掌握厨艺。在这些因素的共同作用下,家务劳动的性别分工日趋平等。

不过,目前仍不能断言工作环境及家务劳动中性别分工的不平等现象已经或即将完全消弭。现代女性不再被迫"专司"家务劳动,但家务劳动分工未能全然摆脱性别因素的影响。尽管现今的家务分工模式已出现男女协作的新面貌,但在这大而宽泛的类型下还有不同的配比及排列组合。多数家庭的家务劳作仍以女性为主,男性为辅:多数女性仍需包揽绝大部分日常家务活,男性只负责临时性的力气活;部分女性负责的家务活有所减少,男性的家务参与度有所提高。不容忽视的是,一些家庭出现了两性在家务分工上的均衡现象,有的家庭的家务劳动甚至以男性为主、女性为辅。

家务劳动无法被量化分配,家务分工不可能全然公平。那么,家务劳动性别分工形态受什么因素的影响?为什么同样在思想开放、性别相对平等的时代背景下,不同家庭会表现出不同的、有时甚至是两个极端的性别分工模式？家务分工的特征又如何反映这种差异中的性别因素？本文根据对笔者父母的访谈及观察,分析笔者家庭个案中男性与女性的家务劳动分工状况及双方所持态度,解析现代化家庭分工中的两性关系,以便更客观且具体地讨论性别分工的本质因素,探究现代背景下的性别议题。

二、家务劳动性别分工个案

根据观察,笔者的父母在疫情前后从事的家务劳动内容和分工有所变化(见表1)。

表1　笔者双亲负责的日常家务内容

项　目	父亲		母亲	
	疫情以前	疫情期间	疫情以前	疫情期间
洗衣服			是	是
晒衣服	是	是	是	
叠衣服			是	是
做饭	是	是	是	是
洗碗	是	是		
买菜、买水果等日常三餐食用品	是	是	是	
采购日常生活用品(如厨卫用品、衣物、文具、装饰用品等)	是	是	是	
打扫房间			是	是
安排家庭日常开支	是	是	是	是
子女教育	是	是	是	是
家庭决策	是	是	是	是
共计	8项	8项	10项	7项

由表1可知,笔者家的家务可大致划分为11项。其中,在疫情前后单独和共同负担的家务数量出现了一些变化(见表2)。

表2 笔者双亲负责的日常家务数量比较

	单独负担的家务数量		共同负担的家务数量
	父亲	母亲	
疫情前	1项	3项	7项
疫情后	4项	3项	4项
变化趋势	增加	不变	减少

细究表1及表2中的数据,父母的家务劳动分工项目从总数上看几乎是等量的。在疫情以前,家父负担8项家务,家母负责10项。疫情期间情况有所变化,曾共同负担的家务中有3项转由家父独自承担,家父负担的家务事项仍为8项,家母则减少为7项。

为了更客观全面地分析笔者父母的家务分工状况,以下将对各项家务的具体情况进行描述。首先是洗晾衣物。根据笔者观察,家母每个月机洗一次被单床单,一般衣物则是三天洗一次。家父恰好在疫情暴发前两个月退休。退休后,他主动揽过了一些原本因工作原因无暇顾及的家务,包括晾晒收进衣物。之前,家母洗好衣物后都是单独晾晒,周末家父则会帮忙一起晾晒;退休后,家父知道家母怕晒,所以晾晒、收回晒干衣物的工作由家父独自承担。因为家父无法辨认笔者和兄弟各自的衣物,叠衣服的工作仍由家母负责。

其次是准备三餐。家母原先不会做饭。在笔者幼时,她辞职当全职家庭主妇后才开始学着下厨。此后,笔者三兄妹由亲戚照看变为由家母照料。家母按时间表为我们准备三餐:每日早餐吃面包,午餐任意一种汤配白饭,晚餐则是星期一煮鸡饭、星期二煮椰浆饭、星期三逛夜市、星期四炒面、星期五炒饭。花样不多,却是十指不沾阳春水的母亲辛苦学习的成果。到了周末,厨艺精湛的父亲便大显身手,按照我们三兄妹的口味准备三菜一汤:一盘炒菜给笔者,一盘鸡肉或猪肉给哥哥,一盘鱼肉给弟弟,汤则是一家人都喜欢的。家父退休后,负责每日的午餐和晚餐,母亲只负责准备早餐。因母亲的皮肤对洗碗精敏感,餐后的洗碗工作一直由笔者三兄妹完成,晚餐的餐具则由父亲下班回家用饭后一并处理,这一习惯延续至今。

出外采买食材和日常用品则由父母共同完成。他们在周末驱车到早市,两人分头采购:家父负责挑选烹饪材料,家母负责其他生活日用品及食用品。疫情期间每家只许一人出门,这项工作自然落到父亲头上。即便疫情管制现已相对放宽,允许同属一个小家庭的两人结伴出门,父亲还是认为尽量减少家中成员与外界的接触为佳,没有恢复疫情以前两人共同采买的方式。在打扫房间方面,家母无须实际操作,只需驱动扫地机器人或联络家政服务员上门打扫。家母略有洁癖,家父完全感受不到家母眼中的"不整洁"或"杂乱",所以对卫生事宜一向是敬而远之,以免被家母责怪。

此外,在重要事项上也是父母共同协商,并不存在一方独裁的现象。在经济开支和家庭决策方面,总体上是家父决定大事,家母决定小事。但家母手握经济大权,姑且算作一种平衡。在教育子女方面,则因家父心软,家母严厉,他们议定由家父"扮白脸",家母"扮黑脸"。

总而言之,笔者家庭属于父母平均分摊家务的分工模式。从家务工作量及其所耗费的心力和时间上看,两人的负担并没有明显的偏差,甚至家母的家务负担在家父退休以后反而减轻了许多。在笔者家庭这一个案中,双亲的家务分工状况与学界既有的三种家务劳动分工理论都有一些相符和不符之处。

三、理论验证与分析

(一)性别角色理论

牛建林指出,性别角色理论"从社会性别意识和性别规范的决定性作用出发,强调家务分工模式是社会性别观念对男女'性别角色'社会化的结果"[3]。在传统观念中,"男主外、女主内"的劳动性别分工模式早已是常态。如若两性分工翻转,男性会被嘲笑为"没出息的软饭男""小白脸",女性则会被谴责为不负责任、"枉为人妻/母",甚至被恶意揣测私生活,认定她得不到爱、婚姻不幸等。

性别表演理论则是关于性别角色观念影响家务劳动参与和分工的一套说法，即收入超过丈夫的女性会不自觉地通过性别表演，使自己向社会传统性别认同的期待靠拢。但刘爱玉、佟新、付伟认为此说在现代化社会中已然不适用。他们指出，新一代人有着更为自主的性别角色认知，"当相对收入（资源）增加时，可能担负非传统养育者角色的传统丈夫和妻子，有必要通过性别表演来逆转其角色偏离，而那些更具性别平等观念的丈夫或妻子，则不会以多做家务劳动来对'性别规范违反'进行弥补"[4]，由此揭示现代观念流变而形成的新的社会性别形态。

据观察，笔者家庭的家务劳动分工与性别角色理论中传统的"男主外、女主内"的分工形态有所不同。笔者的双亲皆有工作的自由，最后虽然以"男主外"为结局，却是基于母亲的个人意志——对职场环境失望而选择了辞职。母亲在职期间也没有任何"性别表演"，对家务劳动和子女教育皆表现出与家父相同的态度。这佐证了刘爱玉、佟新、付伟对性别表演理论的反驳。所谓的"女主内"在笔者家庭的个案中也不成立。家父即使在职工作期间也从未缺席家务劳动，退休后更是积极地分担了家务工作。他们二人并不认同传统的男性养家、女性持家之刻板印象和社会期待，在性别观念上抱持较为开放的态度。

但笔者认为，父母在家务分工上形成的这种关系亦可用性别角色理论进行解释。与传统家庭的家务分工模式截然相反的面貌，反映的或许就是现代人对性别角色概念的全新理解和诠释。像笔者父亲这样的男性可能依旧默认男性应有"男子气概"，但这"男子气概"经历时代变革，在新一代人身上有了新的表现。它不再是建立在压迫女性之上的充斥优越感的大男子主义，而是通过礼让、帮助女士等来彰显"作为男性的宽广气度"。21世纪以来影视传媒树立和提倡的会做家务、愿意做家务且能主动做家务的"新好男人"形象，吸引男性不自觉地向此形象靠拢。换言之，是男性优越感促使男性从另一层面展开"性别表演"。在笔者与家父的聊天中，家父多次说出"帮（笔者）妈妈做某某家务"的话语。家父日常也时时教导家兄，身为男生要多体谅、礼让、帮助女孩。为此，笔者认为家父主动揽过一些家务是出于一种自上而下的"帮助"，而非作为家庭中真正平等的两个个体之间的"分担"。

笔者母亲这类女性（或可说是新一代的女性）也依然深受性别文化影

响,只是现代的性别文化鼓励女性发出的是娜拉的"历史性的碰门声",告诉她们自身价值不只在于家庭,启发她们挣脱男权的束缚。该揭示意义十分正向,但部分女性可能接收到错误的信息,追求的不是平权而是"女权"。她们乐享现代男性观念及行为的改变,却只是想通过让丈夫多做家务来获得女性相对于男性或是相对于多数仍处于"压迫"状态下女性的优越感,并非发自内心地认为男性和女性本就应该平等地承担两人共同建立的家庭事务。新时代社会所认同的男女性别角色都有所改变,两者能和谐共处甚至契合彼此的新需求,共同搭建新的性别分工系统,且在旧系统还未完全解体的环境中有条不紊地贯彻、推行。这样的家务分工模式,表面上看是女性居于上风,可其根本动机可能同样是性别角色意识,不是真正意义上的平等。

(二)相对资源理论

曾维芳提出,由于家庭中的家务劳动分工乃基于理性决策的关系,拥有且能为家庭多贡献资源者越有可能影响和改变家庭内其他成员的行为,且协商能力越强,也越有可能较少地参与甚至逃避家务劳动。[5]通常情况下,相对资源包括教育、收入、职业地位以及在市场工作、家庭工作与闲暇分工方面的效益。经济收入的绝对优势无疑能增强个体在家务分工中的自主性,提高其"议价还价"能力。但刘爱玉、佟新、付伟对上述理论存有异议。他们指出,家务劳动的不平等分工与男女双方的资源多少并无直接关联,即使妻子持有的资源多,其承担的家务也只是相对减少,不能摆脱作为家务主要承担者的角色;过往的研究中也不乏收入超过丈夫的妻子比收入低于丈夫的妻子家务劳作更重的案例[6],足以说明一些问题。

相对资源理论或许有一定道理,个体拥有的资源多确实便于个体占据主导地位,但笔者注意到,家父在持有的资源占绝对优势时并未借此逃避家务。故本个案无从验证该理论。父亲在工作期间之所以承担比家母更少的家务是受时间所限,所以,用时间限制理论来解释更合适。

(三)时间限制理论

时间限制理论说明了时间对于家务劳动分工的作用。于汶含的研究表明,工作外时间较充裕的一方一般承担更多家务工作,"男性的工作时间普遍长于女性,所以还是女性承担的家务劳动量较多。但是情况已有很大的改观,男性在空闲时间会多多承担家务劳动,使女性在家务劳动中能尽量得到放松"[7]。

可刘爱玉、佟新、付伟指出,过往的研究表明,个体可支配的时间多寡并不与其家务参与度成正比关系。传统观念认为,女性无论是在工作的时长还是所得的收入皆少于男性,且其婚后和生育后往往会"变得"更擅长家务,因此从相对资源的角度看,让女性承担更多家务劳动就"顺理成章",导致长期以来女性无论社会劳动时间多寡都需承担大部分家内劳动。另外,从性别角色理论来看,失业的丈夫虽然可支配时间充裕,但为了维持男性尊严和男性气质,他们更少参与家务劳动。如果夫妻二人的性别观念都很传统,那么丈夫即便时间充裕也不会积极参与家务劳动。

根据疫情前后的情况,笔者家庭的个案用时间限制理论进行诠释最为贴切。由于在职工作期间家父闲暇时间有限,纵然有心也无法多承担家务,退休后便主动接手了原本是夫妻二人一起进行的家务。在不同情况下,笔者双亲对于家务的分工都是基于客观情况进行的最好安排。家父即使工作再忙、工作时间再长,也会在下班后或周末多承担一些家务,以便家母有更多的休闲时间。这与于汶含研究的"情况已有很大的改观,男性在空闲时间会多多承担家务劳动,使女性在家务劳动中能尽量得到放松"[7]的状况相吻合。

综上所述,刘爱玉、佟新、付伟对主流的性别角色理论及相对资源理论的批驳是有道理的。笔者父母确曾因家父在社会中拥有的资源较多而共同决定由家母承担相对多的家务,但他们这样做不是因为认为拥有资源多就有权不干家务。退休后的父亲也不是因为失去了在资源上的相对优势而在退休后揽过更多家务,或许只是通过此方式彰显自己的"男性气质",取得心理地位上的优势,体现自己的价值。

总体来说,上述理论都能在一定程度上反映传统家务劳动的性别分工,但只说明了为何男性承担相对少的家务工作。对家庭女性,这些理论则不太适用或影响较小,尤其不适用于女性地位逐步提升、性别观念发生巨变的社会现状。如今急切需要一套有别于此的同时关照男女双方状况的理论,才能解释新时代家务劳动性别分工的问题。就笔者双亲各自所持的态度来看,除了上述理论所提的因素影响外,个体因素具有更显著且长期的作用。

四、个性差异对家务劳动性别分工的影响

(一)个体差异的现代家务分工模式

以前个体人格会被一个又一个的角色框架和家庭内外隐性的"等级地位"所困,在时代裹挟下被剥夺了自我的独立特征和价值。如今个体意识逐渐抬头,人们开始认识并学会尊重人与人之间必然存在的不同,个体的差异便有了表现空间,继而影响了现代家庭的家务劳动性别分工模式。

在本个案中,性别角色、相对资源和时间限制对家务分工的作用较弱。笔者父母的家务分工更多是出自对个体特质的考虑而展开,尤其是在疫情居家期间,笔者父母负责的家务都是符合各自长处或性格特征的项目。笔者母亲做事较有条理性,擅长处理规律性事件,因此负责更多卫生事务;笔者父亲厨艺精湛,擅长力气活,因此负责买菜做饭、晒衣洗碗。有些"强项"或许是后天按照性别角色培养的,但在教育子女这件"大事"上,他们给予的明显不是传统性别刻板印象中"沉默的父爱"与"无微不至的母爱",而是在商议后选择了符合自身性格的做法,形成父亲慈爱、母亲严肃的"特别"模式,且不惧向别人展示各自在家庭中所扮演的"反传统"角色。

但是,在家庭决策中父母虽如教育子女一样彼此协作,却又像是回到了传统观念中的"男人决定大事、女人决定小事"的模式。家父性格温和,家母则暴躁易怒,两人宛如互换了男女"应有"的性格,形成巧妙互补:家母较冲动,而家父遇事往往举棋不定,家母的果断便很好地弥补了家父的犹豫踟蹰;但家母容易思虑不周,家父往往三思而行。因此,大事几乎由父亲决断,而对日常小事,过多的顾虑是低效率的,便由母亲处理。可以说,父母二人是在婚后的相处中逐渐形成了这样的模式,他们作为家庭中平等协作的两个个体,对自身的优缺点都有着清晰的认知,也尊重伴侣的特点,并将这些特点看作与自己的互补而非冲突,依此进行分工,在适合自己的领域中发挥所长,营造出和谐美好的家庭氛围。

（二）尊重个性特质对性别分工的意义

旧有的性别分工被人诟病是因为当今社会崇尚的价值较往昔已有所改变。如前所述，现代人受个人主义影响，开始注重并追求个人的幸福感和价值感。在家务劳动分工中尊重个体性格特质，也就意味着对传统观念的撼动。在家庭中的每个个体都是相对独立的，每个成员都因其独特性而在同样的情境中有不同的表现及感受。笔者父母的家务分工模式表明，人们开始"撕掉"本就不应存在的"价值标签"，作为平等的个体而非性别来相互尊重和关怀。

现代人更注重向内寻找自己存在的价值，男性和女性的界限（即刻板区分）逐渐模糊，性别的生理优势及其心理和性格特质不再绝对。当个体的独立特征受到重视，夫妻间便不再因事业能力或资源不如对方而自卑，也不会再认为对方"只能"做家务劳动这样的"小事"。家父退休后选择为家人做可口的饭菜，更多地关爱妻子，从中找到新的人生意义，找到建立个体尊严感的另一种方式，没有因为失去资源优势和"表现"的平台而烦闷。家父能够意识到人生的无限可能，意识到无论是工作还是家务都是让自我有机会发光发热的舞台，都能在其中有所作为，实现个人价值。

五、结　语

家务劳动性别分工形态通常受性别角色、相对资源和时间限制的影响。认为做家务"没有男子气概"或拥有更多资源和较少时间，传统男性较少负担家务，但这些因素对女性所起的作用不大。尽管现代社会已发生巨大变化，但在客观层面上，上述因素仍然是家务分工的理性决策依据，在短期内其影响无法完全消弭。然而，不同家庭夫妻双方性别特质的不同在个体差异被日趋重视的现代得以显露，由此形成各式各样的家务劳动性别分工模式。有些家务能够发挥并反映家庭结构中夫妻双方的个人特质，表明个体受困于社会固有观念与期待的程度在逐渐下降。从性别角度看，这样的模式只是追寻个体价值的开端，离真正意义上的性别平等还有很大的进步空间。但不管怎样,基于自愿、平等和尊重的家务分工,是社会在各方面携手进步的共同结果,也是今后继续努力的目标,它对下一代的正面影响不容小觑。希望这些正面影响在经过数代累积之后,能促成以尊重个体差异为核心的、各方面都平等的性别文化的全面形成。届时,人们将把家务与工作平等视之,家务将变成夫妻共同的责任,是个体自愿贡献所长的彼此协作,而不再被视为无价值无意义的、需要相互推诿相互议价的负担。届时,不管是男性还是女性,做家务都是"自然"或"应当",没有人再单纯因为做家务这件事而得到特别称赞,也没有人再单纯因为不做不适合自己的家务项目而受到谴责。届时,将从家务与事业、男性与女性的平等上升到个体与个体之间的相互平等与爱。

参考文献

[1]蔡淑燕,徐慧清. 女性与家务劳动研究初探:兼评《婚姻法》第四十条的立法不足[J]. 中华女子学院学报,2003(6).

[2]LEE Y S, WAITE L J. Husbands' and wives' time spent on housework: a comparison of measures[J]. Journal of marriage and family, 2005.

[3]牛建林. 当代中国的家务分工模式及其演变:基于文化扩散视角的研究[J]. 劳动经济研究, 2018(2).

[4]刘爱玉,佟新,付伟. 双薪家庭的家务性别分工:经济依赖、性别观念或情感表达[J]. 社会,2015(2).

[5]曾维芳. 家务劳动分工与青年女性性别意识[J]. 青年研究,2016(3).

[6]BRINES J. Economic dependency, gender, and the division of labor at home [J]. American journal of sociology, 1994, 100(3).

[7]于汶含. 乡镇职业两性家务劳动性别分工变化及原因的多视角解读[J]. 重庆城市管理职业学院学报,2019(1).

高校青年婚恋观研究

——基于杭州五所高校数据的分析*

陈晓玲　胡徵峥　周佳琪**

摘　要:婚恋是一种社会现象,当代青年婚恋观包含着所处时代独有的特质,同时融入了独特的个人品格。婚恋观研究需引导大众去理解当代青年的婚恋态度,引导青年婚恋观向积极、健康、正确、理性的方向发展。本研究从四个指标出发设计问卷,以问卷调查法为主、以个人访谈法为辅,对杭州市五所高校的青年的婚恋观进行调研;研究样本的抽取根据调研的高校数量进行等比例抽取。基于调研数据,引导青年建立双方共同发展与进步的恋爱观、体现双方责任与契约精神的婚姻观、兼顾家庭和谐与社会发展的生育观,在两性关系中保持理性与互相尊重。

关键词:高校青年;理性;婚恋观;两性教育

一、引　言

长期以来,在社会发展进程中,青年始终是备受各界关注的一大群体。青年用最热血、最积极的力量,担负起时代赋予他们的责任与使命。当代青

* 本文系2019年浙江省大学生科技创新活动计划(新苗人才计划)基金项目"新时代90后青年婚恋观的研究——基于杭州样本"(项目编号:2019R426018)的研究成果。
** 陈晓玲,杭州师范大学人文学院讲师,研究方向为高等教育与公共政策。胡徵峥,杭州师范大学汉语言文学专业本科生,研究方向为青少年问题。周佳琪,杭州师范大学汉语言文学专业本科生,研究方向为青少年问题。

年不仅处于自身发展的关键期,而且处于中国特色社会主义新时代,将面对更大的机遇与挑战。2019年4月30日,习近平总书记在纪念五四运动100周年大会上的讲话中说道:"当代青年遇到了很多我们过去从未遇到过的困难……我们要关注青年所思、所忧、所盼,帮助青年解决好他们在毕业求职、创新创业、社会融入、婚恋交友、老人赡养、子女教育等方面的操心事、烦心事……"

对于当代青年而言,婚恋交友始终是一个不容忽视的问题。国家统计局数据显示,至2018年年末,中国总人口已达到139538万,其中男性人口71351万,女性人口68187万。随着"重男轻女"等传统生育观念的转变,两性在数量上的差距正在不断缩小,略微失衡的男女比例状态也正往好的方向发展。但不容忽视的是,男多女少的情况依然存在,适龄男女婚恋问题仍需解决。当代青年的婚恋观在一定程度上反映了未来我国人口的发展态势。要客观而全面地了解当代青年的婚恋观,在恋爱自由、婚姻自主的基础上有针对性地制定相应的婚恋政策,引导青年婚恋观往理性、健康的方向发展。本研究主要应用问卷调查法,同时辅以个人访谈法,对杭州市五所高校的青年婚恋观进行调研。杭州作为我国东部沿海发达城市,扎实、稳健的经济基础决定了其高水平的文化教育事业,身处杭州的高校青年婚恋观具有一定的解剖价值和认识意义。《杭州市2018年老龄事业统计公报》显示,截至2018年年底,全杭州市60岁及以上老年人口已达174万,占总人口数的22.50%,比国际正常标准高出12.5个百分点。[1]城市人口老龄化问题的解决与青年的婚恋观存在一定关联,杭州案例为青年建立理性的婚恋观和生育观提供了具有启发性的现实依据。

二、婚恋观的文献述评

（一）婚恋观的概念

对于婚恋观的概念,当前学者们从不同角度进行了解读与剖析。总体而言,青年婚恋观作为价值观与人生观的一个侧面,主要包含了对恋爱、婚姻、性等三方面的观点与态度。曹锐认为,婚恋观反映的是在一定时期内,个人、群体或整个社会对婚姻和恋爱及其相关问题的态度和看法，是一种群体的意识形态，其文章从阶层认同的角度来分析当代青年婚恋观。[2]宋小鸥认为，婚恋观是人们对婚姻、恋爱、性的基本看法，它是人生观的一个重要组成部分。同时她认为，时代影响着青年的思维方式、文化理念与文化视野，使青年形成了多元化、物质化、多样化、观念开放、行为保守的婚恋观，其文章偏向从社会发展的角度来分析当代青年婚恋观。[3]何楚烨认为，婚恋观也是属于价值观的一个方面，是人格形成的一个重要组成部分，它受多方面的影响，主要分为外在和内在，外在是环境对人的影响，内在是自身品格的养成，其文章便从外在与内在的角度来分析当代青年婚恋观。[4]综合以上三种观点，婚恋观不仅包括个体对恋爱、婚姻等相关问题的态度，还包括社会对个人婚恋态度的影响，当前学者更倾向于从社会角度来探究青年婚恋观的形成，在婚恋观的内容上则更侧重于婚姻与性这两个方面。

（二）婚恋观的当前研究及结论

从婚恋观的当前研究及结论的梳理过程中可以发现，当前婚恋观的研究涉及恋爱观、婚姻观与性等三方面内容。从恋爱观上看，何楚烨通过比较当代青年婚恋观与中国传统婚恋观，发现当代多数青年在恋爱观上更立足于当下，强调"恋爱只是恋爱"，主张恋爱不再以结婚为目的。而这种恋爱与婚姻分离的态度是一种对家庭与责任的逃避，与青年对未来的不确定及当下的自我享乐密切相关。从婚姻观上看，曹锐从性别与阶层出发进行研究发现，当代青年婚姻自主愿望强烈，男青年以及家庭阶层认同较高的女青年对婚姻自主的期望更加强烈。从性心理上看，宋小鸥认为当代青年性观念开放、性行为保守，曹锐则认为当代青年婚前性观念走向开放。当代青年不再因传统价值观的束缚而谈"性"色变，对健康、理性的性观念具有一种更为明朗的态度。《2009年中国男女婚恋观调查报告粉皮书》的数据显示，对于性观念与性行为，当代青年依然保持着比较理性的认知。

（三）进一步研究当代青年婚恋观的价值与意义

在婚恋观问题上，现有研究重点强调的是婚姻观与性这两方面的内容，对恋爱观与生育观的关注有待加强。当下高校青年的恋爱状况究竟怎样，如何在读书期间理智看待恋爱消费,这些问题有待解决。青年婚恋问题解决方案的第一步便是解决青年的恋爱问题,青年的恋爱观在一定程度上也影响着婚姻观、生育观的形成与发展。过高的性别比对各年龄阶段的挤压、人口结构的不平衡、高校青年自身的问题与社会存在的不安全因素等难题,都会成为青年婚恋的障碍。因此,要多角度地了解青年的婚恋观,理解青年婚恋的难处,才能更好地帮助青年解决婚恋问题。

三、基于调查数据的高校青年婚恋观

恋爱观与婚姻观是高校青年婚恋观的两大方面,从伴侣选择、恋爱消费、结婚年龄等角度看,伴侣选择体现了青年对于恋爱、婚姻的基本态度,对恋爱消费的看法则反映出恋爱对双方日常生活的影响,从理想结婚年龄的探究中可以发现青年婚恋问题存在的原因。研究还发现,在婚恋观中对生育观与两性教育这两大维度的探讨同样不容忽视,从生育观中可发现青年对于生育的设想,从两性教育的调查中可大体获知青年对性健康知识的认知程度。

基于以上考虑,本研究从四个指标出发设计问题,进行问卷调查:(1)恋爱观,即目前的恋爱状况、恋爱对象的地区选择、对恋爱消费AA制的态度;(2)婚姻观,即理想的结婚年龄和选择未来伴侣的因素;(3)生育观,即理想的生育年龄、生育态度、未来孩子的个数和性别;(4)两性教育,两性教育的接受情况和对该教育的态度。调研范围涉及浙江大学、浙江工商大学、浙江财经大学、杭州师范大学、浙江职业技术经贸学院这5所在杭高校,由此获得关于高校青年婚恋观的第一手资料。样本根据调研高校的在校生数量等比例抽取。主要以两种方式收集数据:一是线下偶遇抽样、实地访谈;二是线上发放电子问卷、收集并整合数据。共收集有效问卷406份。调研对象包含5所高校各年级学生,其中大一、大二学生占比较多,分别为37.68%和40.64%。调查对象涉及各个专业,数据较为全面,其中人文社科、工科、经管学科占比较高,分别为39.90%、11.82%和11.33%。

（一）恋爱观：理性、开放，注重恋爱双方思想观念相合

调研发现，被调查的高校青年中从未谈过恋爱的占47.54%，有过恋爱经验但目前单身的占27.83%，正在恋爱的占23.65%，有正在追求的恋爱对象的占比0.98%。综合可知，这5所高校有76.35%的青年目前单身。在目前单身的原因中，"没有遇到合适的人"和"社交不够广泛"占比最高，分别为80.83%和50.26%。至于何为"没有遇到合适的人"，每个人所持的定义不同，在人品性格、共同语言、能力才华、外表、感觉眼缘、年龄、家庭背景、经济条件、学历学识、地域、父母意见这11个选项中占比最高的是人品性格。对人品性格的了解，只有通过双方接触才可获得，而社交不够广泛、不敢迈出舒适圈等因素使当代高校青年缺乏深入了解异性的机会。

在恋爱对象地域的选择上，调查数据显示，57.39%的高校青年选择本地，他们认为同处本地的两人有更多的时间相互沟通与磨合，当恋爱出现问题与摩擦时，双方能够面对面进行交流，便于及时解决问题。41.87%的高校青年认为本地或异地都无所谓，他们认为爱是不分地域的，相信自己可以处理好因地域因素而出现的恋爱问题。

对有过恋爱经历或正在恋爱的高校青年进行恋爱消费调查，发现普通高校青年在恋爱上的花费主要集中在每月1000—4000元这一区间，其中饮食、娱乐、购物支出占比居前三，占比分别为6.87%、5.22%和4.40%。调研获知，74.16%的高校青年没有因为恋爱而获得父母的资金支持。部分高校青年从父母那里定期得到生活费，但他们不愿将自己已谈恋爱这件事告知父母，所以在恋爱上没有多余的资金支持，有53.11%的高校青年因为恋爱消费"有时会导致生活紧张"。资金消费的紧张在一定程度上会促使高校青年选择兼职，而由于兼职的安全性得不到保证，因此校园诈骗、校园贷等事件偶有发生。

在对恋爱消费AA制的看法上，55.17%的高校青年赞同恋爱消费AA制，认为这有利于双方在恋爱关系中保持男女平等，有利于维持恋爱关系；11.58%的高校青年不赞同在恋爱中实行AA制方式消费，认为此种恋爱消费会显得双方过于生疏，选择该选项的部分学生强调，恋爱中男方应承担较多的责任。

(二)婚姻观:谨慎、负责,不以外在条件为决定性因素

在理想的结婚年龄这项调研数据中,80%以上的受访者选择25—30岁这一年龄段,10%的受访者对结婚年龄并未开始考虑,5%的受访者表示不想结婚。目前,大龄未婚青年仍是受到社会广泛关注的一大群体,大龄而未婚的原因主要有两方面,即个人原因和环境影响。个人原因有:①不愿逃离自身的舒适圈;②对婚姻中存在的现实问题产生畏惧心理;③自我认知出现偏差;④曾遭受过深的感情伤害等。环境影响有:①经济实力;②社会压力;③结婚成本;④大龄未婚青年的生活环境和心理状态等。

在"对未来伴侣的选择因素"这一评分栏中,每项满分为10分,其中"人品性格"的得分集中于8—10分;"责任心"的得分集中于8—10分;"双方感情"的得分集中于8—10分。以上三个因素在高校青年眼中是最重要的,也是最基本的因素。在"学历学识"这一板块中,有68.71%的受访者打分在8分以上。对部分高校青年就学历学识这一因素进行采访,被采访者表示自身学历不算低,所以希望未来伴侣的学历也不要太低,这样两人可以有更多的共同话题,在观念上也不会有太大出入。并且他们认为,学历在一定程度上反映着智商,在智商方面拥有较好的遗传基因,这对未来子女来说是一种智力优势。而相貌、经济状况、家庭背景这三项因素在8分以上的比例并不高,分别占各自总数的47.04%、42.37%和36.45%,均未超过50%。从中可以看出,当下高校青年在规划未来婚姻时,并未过多地考虑外在因素,而是更多地从对方的内在出发,选择与自身灵魂相契合的未来伴侣。

综合以上调研可知,当下高校青年对婚姻的思考较为深刻,在即将步入社会之际,他们必然会面临婚姻大事,虽然少部分学生表示自己并未考虑过多,但大部分学生已开始认真思考婚姻这一人生话题。从调研数据中发现,当下高校青年对婚姻持负责任的态度,他们希望在婚姻中找到适合自己的方向与归属,共同努力,和谐相处,一起解决更多的现实问题。

(三)生育观:平等、开放,追求与时俱进的生育态度

生育观问题主要涉及三个方面的内容:(1)生育年龄,即计划在多少岁时生育;(2)生育态度,即对生育孩子的态度以及理想的子女数;(3)孩子性别的比例,即预期中孩子性别的构成。

生育年龄方面,调查结果显示,80%以上的受访者选择30岁为理想的生育年龄。根据杭州市民政局公布的数据可知,2018年杭州男性平均结婚登记年龄为31.4岁,女性为29.4岁,女性的平均生育年龄为32.4岁。随着经济社会的发展,人们的观念也在不断改变,越来越多的女性选择晚育,而女性选择晚生晚育无外乎是因为社会压力大、抚养成本高、个人意愿等。

生育态度方面,调查结果显示,在杭高校青年的生育态度表现出较为多样化的特点。78.08%的高校青年有明确的生儿育女观念,他们认为生儿育女不仅有利于自身、家庭、社会的和谐与发展,并且能让家庭更完整,还能满足家庭情感的需要。17.24%的高校青年表示,在未来家庭生活中不想生育子女,其中最主要的原因有经济压力过重、当代女性生育观念的改变和社会保障制度的不断完善。"随着我国经济体制改革以及外来文化和生育政策的影响,我们的传统观念有了改变,20世纪80年代出现的'丁克'家庭更是极大地冲击了中国的生育观,女性的生育观念已经悄然转变。"[5]同时我国的社会保障制度不断完善,退休职工福利不断提高,养老并非只能依靠儿女。再者,当下抚养孩子的成本不断增加,在怀孕、生产、养育、教导孩子这四个方面,家庭需要投入更多的金钱与精力。

孩子性别构成方面,调查结果显示,45.32%的高校青年选择生育2个孩子,其中绝大多数认为一男一女是最好的比例结构。32.02%的高校青年选择生育1个孩子,其中对女孩的偏好高于男孩。此项调查数据显示出传统社会向现代社会的转型发展以及现代社会伦理观念的变迁,当下高校青年在一定程度上受到全面二孩政策的影响,更愿意生育2个孩子,保持家庭、社会的和谐与稳定,在孩子性别构成的观念上也更为平等、开放,"生男生女"都一样的现代生育观扭转了中国传统社会中的性别歧视。

(四)两性教育:缺乏、片面,追求系统的性健康知识

调查结果显示,在家庭教育中,43.35%的受访者从未和父母交流过相关的青春期性健康知识,52.22%的受访者和父母有过较少的青春期性健康知识交流,而和父母有过深入交流的仅占3.94%。学校教育中,76.11%的受访者表示接受过该方面的教育,但他们认为在学校里学到的两性健康知识还

远远不够。在采访过程中,有的受访者表示在"初中生物课本上接触过部分该方面的知识,但老师未曾详细讲解,只是让我们自己去翻看"。可见在青春期性健康方面的知识普及远远不够。

很多时候,中国的家庭教育与学校教育都羞于谈及性健康知识,青少年所能接触到的相关知识,主要是初中生物书上提到的一部分,中国教育体系对性健康知识的普及力度依旧不够。不仅是未成年人,高校青年对这方面的知识也了解不多、不够系统全面。从外在环境来看,高校青年很难通过具体途径去学习相关知识:在家中,家长觉得性知识难以说出口,因此闭口不谈或者谈性色变;在学校里,老师对这方面的知识大多一句带过,并无系统的传授;在网络上,性健康知识有时会被扭曲、片面地呈现,其中还混杂许多错误信息;在影视、文学作品中,个人对这方面知识的了解受理解能力和艺术审美的制约。在这种大环境下,高校青年对相关知识的了解既片面又不系统。调查结果显示,88.67%的高校青年愿意通过课堂教育的方式获得两性健康教育知识,希望凭借自身较为成熟的辨别能力与学习能力,学习系统、全面的性健康知识,让性健康知识的普及成为大众可接受的社会共识。

四、需要引起关注的高校青年婚恋动向

高校青年的婚恋观有其独特性与矛盾性,同时也会随着年龄与阅历的增长在一定程度上有所改变,表现出较大的可塑性。因此,高校青年的婚恋动向需要引起我们的关注,要更好地引导高校青年形成符合时代、符合社会、符合自身的健康、理性的婚恋观。

(一)恋爱与婚姻:从"恋爱应该以结婚为目的"到"恋爱不一定结婚"的转向

在恋爱与婚姻关系的转向问题上,43.35%的受访者明确表示"恋爱不一定结婚",31.53%的受访者认为"恋爱应该以结婚为目的"。在这12%左右的数据差中,我们可以看到当下高校青年对于恋爱与婚姻关系的基本态度与传统观念明显不同。当下高校青年在恋爱过程中更多强调的是"不求天长地久",可以"婚恋分离"。不少受访者表示:"珍惜当下,未来谁也说不准。""从恋爱到婚姻这一路上有太多难以预料的问题,现在想象着与他一同步入婚姻殿堂是很美好的,但谁知道未来会怎样呢?我们之间将会发生什么?所以还是不要单纯地以结婚为目的的恋爱比较好。""恋爱就是恋爱。"高校青年所秉持的"恋爱不一定结婚"观点与他们现阶段的可塑性、未来的不确定性有着密不可分的联系,同时他们在恋爱与婚姻问题上保持着较为强烈的自主性,不太希望在婚恋过程中受到干涉,也不太希望自己当下的恋爱会被婚姻捆绑,不想把婚姻作为谈恋爱的唯一目的。

可见,部分高校青年秉持的"恋爱不一定结婚"这一观点与"恋爱应该是以结婚为目的的人际关系"这一传统婚恋观大相径庭。高校青年在爱情与婚姻的关系中也同时存在着这两种互相矛盾、对立的观点,从而形成两大阵营。《大学生思想道德教育内容新探》在恋爱与婚姻关系问题上提到恋爱的第一个基本要素就是,恋爱的最终目标是通向婚姻家庭。但调查结果显示,在恋爱与婚姻的关系上,当下高校青年存在着矛盾。虽说"恋爱不一定结婚",但在恋爱对象的选择因素与未来伴侣的选择因素上又有着极大的一致性,人品性格、能力、共同语言都是两类选择中重点考虑的影响因素。从中可知,当下部分高校青年以未来伴侣的标准来对恋爱对象进行选择,却认为"恋爱不一定结婚",这表现出极大的矛盾性。高校青年在选择恋爱对象时,已将婚姻纳入考虑范围,却又存在着对"恋爱的最终目标是通向婚姻家庭"的不确定性。

(二)生育观:"一男一女"成为首选性别构成

调查结果显示,45.32%的高校青年选择未来生育2个孩子,不少高校青年学生表示这一生育观念受到了全面二孩政策的影响,"政府都允许生育二孩了,如果未来有条件的话,为什么不生呢?这样还能有利于两个孩子健康成长,我们也都知道独生子女确实存在一定的问题与风险"。而"一男一女"的性别构成在当下高校青年心中是最合适的,这样的性别组合,不仅能促使孩子互相学习、互相帮助、共同成长,还能规避仅有两代人的小家庭中"男多女少"或"女多男少"的性别不平衡,进而促进社会的和谐发展,平衡未来社会的男女比例。

选择"一男一女"的生育性别组合,让我们看到当下高校青年综合考虑了医学、儿童心理、教育、家庭、社会等各方面的因素,在生育问题上有着理性、全面的认识。他们也认识到,生男生女难以自己决定,但"生男生女都一样"的平等意识已成为他们生育观的一个重要部分,在各方面条件允许的情况下,他们也愿意积极响应全面二孩政策,期待生育"一男一女"的性别组合,使出生性别比朝着性别平衡的方向发展。

(三)两性教育:高校仍然走在路上

如今,两性教育被频繁提及,这一话题主要存在以下几方面的论争:(1)最早什么时候可以进行两性教育?(2)大学生还需要进行两性教育吗?(3)两性教育在各阶段需要教什么? 谁来教? 究其本质,两性教育这一话题的论争主要是对其时间和内容的讨论。对于高校青年而言,两性教育话题的论争则集中于"是否需要教"和"教什么"这两大问题上。

高校青年是否还需要接受两性教育? 可以明确地说,对于两性教育,高校依旧需要走在路上。首先,高校青年对两性教育知识的需求量大。调查结果显示,88.67%的高校青年愿意通过课堂教育的方式获得两性健康的相关知识,76.11%的高校青年表示目前中国教育体系中开设的关于两性教育、恋爱婚姻方面的课程远远不能满足他们的需求。其次,两性教育引发的相关问题比较多。两性教育之所以被频繁提及,是因为社会上的两性问题频频被媒体公开报道,引起人们对两性教育普及情况的高度关注,启发人们思考家庭、学校在两性教育推进过程中可以起到怎样的作用,以及如何在现实生活中保护好自己。最后,两性教育面临时间紧任务重的挑战。高校青年在大学生活中会有更多与异性接触的机会,如何处理好异性之间的关系是他们迫切需要解决的问题。如果拖延到步入社会才去正视和解决这一问题,那就失去了解决问题的最佳时机,不利于高校青年的健康成长。高校青年的两性教育课程,可以教些什么? 主要是教知识、教防范。教知识主要是让青年们了解到哪些知识是正确的,弥补知识上的不足,纠正认识上的误区,在老师的讲授过程中形成系统性的两性教育知识体系。教防范主要是让青年们遇到问题保持镇定与冷静,学会如何处理好已发生的问题,更有效地保护好自己。总之,对于两性教育,高校仍然走在路上,需要在教育过程中发现青年在两性观念中存在的隐性问题,需要通过传授系统、正确、可行的知识去解决切实存在的两性关系问题。

五、引导高校青年形成健康的婚恋观

综合调研数据可知,当下在杭高校青年有明显的恋爱意愿,但部分高校青年不敢大胆走出舒适圈,不会主动地与异性交往;在婚姻与生育问题上秉持负责、与时俱进的态度,但部分高校青年没有清晰、明确的规划;在两性教育方面,大多数高校青年缺乏系统全面的认识,但始终迫切希望能够通过课堂教育获取该方面的健康知识。针对以上问题,需要拿出行之有效的措施。

(一)家长要了解孩子的恋爱心理和恋爱状况

家庭是孩子的第一所学校,父母是孩子的第一任老师,一个人大约有三分之二的时间在家庭中度过,家庭教育的重要性不言而喻。整合调研数据可知,主动跟家长坦白恋情的高校青年寥寥无几,不少学生表示"感觉父母已经知道,但谁都没明说";家长给孩子恋爱资金支持的只有不到26%,而不了解子女恋爱状况是低比例的原因之一。家长和子女之间的交流是必要的,家长应了解孩子的恋爱状况,向孩子传授感情经验,这有助于子女的婚恋观更加成熟,在面对感情问题时更加冷静。在有关两性知识的问题选项中,父母在孩子的青春期与孩子交流过相关性健康知识的占绝大部分,但有过深入交流的仅有3.94%。两性知识是孩子在青春期的必修课,家长应注重该方面的教育,打破传统思想的桎梏,给孩子更好的引导和保护。

(二)学校要鼓励学生的健康交友和心理成长

学校是从事教育活动的主要场所,是青少年思想教育的关键所在,在青年婚恋观的形成中有着不可忽视的作用。调研数据显示,80.83%的高校青年没有恋爱是因为没有遇到合适的人。针对这一现象,学校可以定期举办有趣有益的活动,鼓励社团发展,在校园中形成良好的交友氛围。此外,学校里的心理咨询室也是高校青年在遇到情感问题时可以寻求帮助的地方。

学校需高度重视学生的心理健康教育，不断提高学生的心理健康素质，注重培养学生良好的心理品质，以促进学生婚恋观念的健全发展。学校应积极配合政府工作，落实政策，坚持以青年为本，普及性健康和优生优育知识。学校还可以推广相关的性健康和婚前保健课程，加强性教育和婚前保健服务师资队伍建设。

（三）政府要深入推进青年的婚恋工作和宣传教育

政府对青年婚恋的重视有目共睹。《中长期青年发展规划（2016—2025年）》和《关于进一步做好青年婚恋工作的指导意见》相继出台，为青年婚恋工作的开展提供了指导方针。政府可以更广泛地发动宣传部门和新闻媒体，在五四青年节、七夕节、情人节、世界人口日等具有特殊意义的日子，走进学校、企业、社区等场所，依托网络、广场电子屏、广播等媒介，开展有关健康恋爱观、婚姻观、性教育普及的宣传活动。政府更应加强管理与监督，深入了解青年婚恋市场的发展，对市场秩序进行日常监督，陟罚臧否。保障青年恋爱婚姻自由、维护其合法权益也是政府的职责之一，发生婚恋纠纷时，政府还要积极协调有关部门为青年提供强大的后援支持。不仅如此，政府要努力将工作落实到基层，从市、区、县、镇各基层做起，密切关注青年婚恋中出现的突出问题，推动青年婚恋政策实施，加强青年婚恋服务的基层阵地建设。

不论时代如何改变，青年婚恋观应与时代同步，恋爱观要考虑双方共同发展与进步，婚姻观要体现双方责任与契约精神，生育观要考虑家庭和谐与社会发展，两性教育层面考虑理性与尊重。总之，正确的婚恋观会指导高校青年如何去爱自己和爱别人，懂得为别人付出，也懂得保护自己。高校青年具有健康的婚恋观，处理好婚恋问题，才能促进家庭与社会的和谐、进步与发展。恋爱、婚姻、生育和两性教育是高校青年无法回避的话题。如何建立正确的婚恋观，是关系到高校青年健康成长的大问题，也是关乎社会持续发展与稳定和谐的大问题。

参考文献

[1]柯静，詹雅.《杭州市2018年老龄事业统计公报》发布:60岁以上老人超

174万人 百岁老人451人[N].杭州日报,2019-07-12(1).

[2]曹锐.现代性与传统影响下的当代青年婚恋观:基于阶层认同的解释[J].青年探索,2015(3).

[3]宋小鸥.当代青年婚恋观特点与引导评析[J].现代经济信息,2016(14).

[4]何楚烨.浅析当代中国青年婚恋观问题[J].科教文汇(上旬刊),2018(5).

辅助生殖治疗对不孕妇女影响的
社会学分析*

邱幼云**

摘　要：该文基于 J 院生殖科的田野调查，考察不孕妇女的辅助生殖诊疗体验以及辅助生殖诊疗对身体、心理和社会关系等生活世界所带来的影响。施行辅助生殖治疗的女性经受了身体痛楚、心理煎熬，人生进程被破坏，时间、金钱、职业等生活世界的多个维度也遭遇前所未有的挑战。然而，不孕妇女并不总是臣服于社会的型构，她们想方设法赋予治疗经历以积极意义，并采取行动重建生活秩序，满怀信心与希望，期待通过辅助生殖治疗成功实现怀孕，再度取得生育的主导权。

关键词：辅助生殖治疗；不孕妇女；社会学视角

一、问题的提出

在世界范围内，越来越多的人遭遇生育困难，不孕症的发病率呈逐年增长趋势。[1]据统计，全球有 15% 的女性一生中有过不孕经历。[2]一旦被诊断为不孕，多数人会借助医学技术，以期受孕生子。辅助生殖技术，正是这样一

---

* 本文系浙江省社科规划基金项目"不孕妇女的污名应对、身份重塑与社会关系重构研究"（18NDJC060YB）阶段性成果。

** 邱幼云，杭州师范大学钱江学院社会工作系主任，副教授，社会学博士，研究方向为女性与家庭社会学。

项给不孕不育患者带来希望的医学技术。自1988年我国内地首例试管婴儿诞生以来,辅助生殖技术迅速发展,应用范围越来越广泛,帮助很多不孕家庭圆了受孕生子梦。

在辅助生殖治疗中,无论导致不孕不育的原因在于男方还是女方,通常只有女性被认为是"病人",这让她们更容易暴露在治疗过程可能带来的伤害和风险里。虽然生育是两个人的事,但在治疗过程中男性往往是缺席的。侵入性的治疗、高昂的费用、漫长的治疗过程以及技术的不确定性等,都给女性患者带来巨大压力[3],产生沮丧、焦虑、失望、睡眠障碍等一系列消极反应[4],生活质量严重受损[5],甚至出现自暴自弃的想法[6]。在漫长的治疗过程中,不孕妇女被身体痛楚与心理焦灼反复不断地拉扯着。可以预见的是,随着不孕人群的不断扩大,辅助生殖治疗不仅影响个体正常生活,也将引起越来越多的社会关注。

现有的文献中,关于辅助生殖治疗的绝大多数研究囿于医学领域,偏重于病理和治疗技术分析,只有少数医学工作者注意到技术背后的心理和社会因素,探讨女性患者的心理状态、社会支持、生活质量、社会伦理等议题。辅助生殖治疗中的女性关怀和社会性因素,总体上并没有得到应有的重视,女性在治疗过程中的感受很大程度上被忽略了。近几年来,一些社会学和人类学学者特别关注这一群体,其中具有代表性的学者是余成普[7]、赖立里[8]等。这些学者采用人类学田野观察的方法,主要聚焦女性的具身体验,对身体、心理、情感等方面的具象体验做了细致的考察研究,为本文提供了很好的借鉴。总体而言,在社会学视角下分析不孕妇女辅助生殖治疗经历的研究仍很少见,亟待加强。

基于此,本文在社会学视角下,重点探讨以下问题:辅助生殖治疗对不孕妇女产生何种影响?哪些力量在其中发挥作用?面对身体、心理和人生秩序失序的困境,应采取何种应对策略?为了回答上述问题,本文将采用行动者导向的视角,注重不孕妇女自身的能动性,在调查中特别留意她们的感受,通过深入不孕妇女的日常生活世界,探讨不孕症患者日常生活世界如何被辅助治疗所扰乱、她们给这段经历赋予什么意义、她们又如何重建生活秩序,探讨分析的中心是不孕妇女的感知、动机和经历。

二、研究方法

借助辅助生殖技术求子是一条曲折、漫长而又痛苦的治疗之路,行走在这条路上的都是"有故事的女人",在这些故事里有很多悲伤,隐含着难以向他人言说的痛。这些故事里的女人往往感到羞耻和自卑,不愿向他人公开谈论不孕。质性研究能有效打破沉默,给人以表达观点、诉说经历的机会,通过倾听被访者的声音能更好地理解其日常生活世界和意义世界,也由此显得更加人性化。因此,笔者采用田野调查、深度访谈等质性研究方法来搜集和分析资料。

田野调查地点是上海 J 院辅助生殖科。J 院的辅助生殖科成立于 2003年,因其治疗成功率较高、费用相对较低等优势吸引了全国各地的不孕不育患者。笔者利用自己曾是该院病人的"局内人"身份,顺利地找到了3名熟悉的"病友",并通过"滚雪球"的方式,对在此进行辅助生殖治疗的26名女性患者进行了访谈。对多数受访者来说,这次访谈是她们第一次向"外人"坦露心迹,访谈在一定程度上起到了帮助她们宣泄情绪和减轻负担的作用。或许正因为如此,多数受访者敞开心扉尽情倾诉,她们的真诚给笔者留下深刻印象。

本文访谈资料主要涉及4个个案,她们都是因自身原因而导致不孕的,基本信息如下:

个案1,娟子,30岁,来自浙江衢州,曾经是一名护士,因为不孕需要治疗辞去工作,目前在家做兼职,无固定收入。三次促排取卵,两次胚胎移植。

个案2,阿华,34岁,来自浙江杭州,事业单位专业技术人员。中医调理三年,试管三年,四次促排取卵,五次胚胎移植。

个案3,小英,33岁,来自云南昭通,家庭旅馆老板。做过宫腔镜、腹腔镜等,三次促排取卵,三次胚胎移植,两次胎停流产。

个案4,妮诺,34岁,来自浙江杭州,自由职业者。三次促排取卵,七次胚胎移植。

三、辅助生殖治疗对不孕妇女的影响分析

（一）身体上的疼痛与失序

人们对自己和世界的了解始于身体[9]，而身体在人患病的时候更易凸显"在场性"。一旦进入治疗场域，无论是在医院还是在日常生活中，施行辅助生殖治疗的女性便开始体验多种身体感受。在受访者对身体感受的描述中，"疼痛"是出现次数最多的一个词。

身体疼痛和不适的感受在辅助生殖治疗过程中非常普遍。频繁的注射、药物带来的副作用以及侵入性的检查和治疗，可能会导致卵巢压痛、腹部肿胀等各种不适。妮诺说起第一次做试管的经历："从降调到促排取卵，大概连续一个月每天都打针，屁股和肚皮都淤青了，每天肚子都是胀痛的感觉。（胚胎）移植前后还要打很多针。最难受的是打黄体酮，它是油性的，不好吸收，我的屁股上应该有100多个针孔了，又硬又肿，要好几个月才能消下去。"因为J院在取卵时不打麻药，多数患者认为取卵过程是最痛的经历。"我躺在床上，忐忑不安，感觉自己就是一只待宰的羔羊。卵泡位置不好，取卵手术比较麻烦，差点疼昏过去，只能用生不如死来形容。下了手术台，腿都在打颤，医院没有供休息的病床，只好在候诊椅上斜躺着休息了半小时。"（个案4，妮诺）

还有被访者谈到治疗产生的副作用。不孕症治疗的生理副作用是最具挑战性的身体压力之一[10]。治疗通常需要使用影响内分泌的药物，容易引发抑郁、恶心、疲劳、头痛、体重增加、易怒以及潮热烦躁反应。"打贝依降调的时候，浑身不舒服，疲倦、燥热、心慌、胸闷、失眠，夜里两小时就要醒一次……总之就是各种难受。"（个案3，小英）

在医院遭遇的各种侵入性检查也让人很尴尬。回忆起做宫腔镜的场景，阿华的眼圈红了。"做宫腔镜手术的是男医生，他是上海有名的专家，有点尴尬，但还可以接受。感受最深的是痛，虽然半麻，但痛不欲生，手术做好后浑身瑟瑟发抖，找旁边一个护工阿姨借了一条床单把自己包起来。闭上眼睛，眼泪就哗啦啦流下来了。这时顾不上旁边有没有人，是不是难为情

了,脑海里只有一个字——'痛'。"(个案2,阿华)

小英谈及自己接受B超检查的感受是尴尬。"当着那么多人的面脱换衣服,旁边是其他等候的女病人,最关键的是医生是男的,一开始我非常不适应,久而久之似乎习惯了。做生殖科的病人,就不能再考虑个人隐私了。"(个案3,小英)在侵入性的检查过程中,女性私密部位被袒露,让她们产生了屈辱的感觉。

与女性需要接受吃药、打针、取卵、植入等复杂治疗及其导致的痛苦形成鲜明对比的是,男性的治疗简单得多,两者的痛苦程度差异非常大。此外,受访者还提到了辅助生殖治疗对夫妻性行为的负面影响。不孕夫妇通常需要根据女性的生理周期严格安排性生活时间。在这里,性关系的重点是怀孕,而不是爱意的表达,性生活被剥夺了享受价值,成了用来实现生育目标的手段。

对不孕妇女来说,身体的"痛楚"令她们饱受煎熬,但这在医生那里似乎因司空见惯而不值一提。J院生殖科患者众多,甚至一度不得不采取限号措施,人多导致就诊环境更加恶劣。在患者眼里,生殖科"永远都是人山人海,连垃圾桶旁都没地方站,生殖科就是流水线工程,患者极少有机会与主治医生直接对话。只有在做B超时才能见到主治医师,如果人很多则会被分给别的医生,你想再找主治医师咨询点什么就不可能了,去了基本就像盲婚哑嫁一样"(个案2,阿华)。"取卵前要注意什么?""什么东西能吃? 什么不能吃?""移植后要不要卧床?"等疑问,很难得到详细回复,尤其是治疗中生活方面的注意事项,大多只能从网络上搜索或向其他病友询问。

在医疗领域,一方面,由于医疗知识差距导致权力结构分化,医生代表权威,主导着整个医疗过程[11],患者在医生面前几乎没有话语权;另一方面,病人规模庞大而无组织,在医生少、病人多的情况下,医生每天需要面对大量病人,一直处在紧张忙碌中,根本没有时间说什么,病人的感受和疑问经常被忽略,即使内心充满疑惑甚至不满,也只能顺从。

(二)心理上的煎熬与失衡

与身体疼痛相对应的是心理上的煎熬与失衡。被访者一致认为身体上的疼痛还是可以承受的,最难熬的是心理上的煎熬和精神痛苦——无奈、慌乱、悲伤、失望、失败感、失控、绝望等。对孩子的渴望促使不孕家庭寻求各种各样的治疗办法,一般先从运动和饮食调理等做起,尝试不成再找中医,这些尝试都无效才转求西医,如果输卵管造影、宫腹腔镜等检查或介入都没怀孕,才抱着最后的希望选择"试管婴儿"辅助生殖治疗。可见,辅助生殖治疗技术是患者最后一线希望所在。[12]

但辅助生殖治疗的结果是不确定的,成功或失败都有可能。因成败难以预定所引发的焦虑水平高达40%。[13]治疗中任何一个步骤的失败都可能导致治疗停止,影响下一步进展,甚至需要重新开始一个治疗周期。阿华将辅助生殖治疗过程描述为爬山,一步一步往上爬,每一步都是痛苦的,一不小心就会从山上跌落,前进的过程伴随着恐惧,感觉自己面临着一个即将到来的死刑判决。"之前觉得走到试管这一步,应该会很快成功的,无非就是多花点钱,没想到两次取卵都没有得到冻胚,难过得想死,感觉人生没有了希望,整个生活都是昏暗的。"(个案1,娟子)娟子才30岁,因为卵巢功能几近衰竭,在生育上几乎被判了"死刑"。她陷入一种深深的哀伤中,郁郁寡欢,"吃不下饭,睡不好觉,心情极其低落"。关于辅助生殖治疗后情绪调整状况的研究发现,治疗失败会明显导致抑郁水平升高[14],产生悲伤、焦虑和沮丧,出现失眠、疲劳、饮食模式改变导致体重减轻或增加等临床抑郁症的症状,甚至感到无助和绝望。治疗失败导致生育目标再次落空,使女性患者的生活进程再度失去控制,产生沉重的失落感和丧失感。[15]

相比于初次进入治疗周期的治疗者,多次治疗失败的患者表现出更高的焦虑和抑郁水平,失败经历和不断增长的年龄让她们感觉生育希望越来越渺茫。也有被访者产生委屈不公的感觉:"憎恨命运的不公,从小到大洁身自好,很喜欢小孩却求而不得。为什么这样的事儿,会发生在我身上呢?"(个案1,娟子)此外,受访女性还谈到了她们的年龄焦虑。年龄是影响女性怀孕的重要因素,年龄越大生育越困难是医学上公认的事实。无论是自然怀孕还是通过辅助生殖技术,女性在35岁之后受孕概率会急剧下降。"七次移植了,每次都充满希望,但老天还是没有眷顾我。一年又一年过得好快,一想到马上就35岁了,就像热锅上的蚂蚁,焦灼不安。也许我这辈子不会有孩子了……"(个案4,妮诺)

对于多数不孕妇女而言,曲折的治疗经历带给她们巨大的精神痛苦,不稳定的心理状况伴随每一次治疗过程如过山车般起起伏伏，等待结果的过程以及希望的破灭都如同把她们的灵魂放在火上烤。

（三）人生进程的破坏与断裂

人们生活在一个由家庭、社会关系网、精神信仰等组成的生活世界中。个人是多重身份的主体，接受辅助生殖治疗的女性，除了患者这一身份，还同时扮演着妻子、儿媳、女儿以及职员等多重角色，这些都有助于她们建立起对世界的归属感。然而，不孕妇女明显感受到治疗对其人生进程的巨大破坏。人生进程的破坏是迈克尔·伯里研究慢性病时提出的一个核心概念，其主要含义为：慢性病是一个破坏性的事件，它破坏了日常生活的结构以及作为其基础的知识形式。[16]辅助生殖治疗具有与慢性病类似的破坏性，会对不孕妇女人生进程产生不同程度的破坏。

不孕是一个"破坏性事件"，进行辅助生殖治疗会进一步影响女人的生命轨迹，使其原先的人生进程发生改变——活动空间和时间受到限制、家庭计划和职业发展规划受到冲击。首先，施行辅助生殖治疗的女性面临着巨大的时间压力。治疗有一套工作程序，前期检查、促排、监测卵泡、取卵、移植等一系列环节，都需要女性多次到医院直接参与，这必然与工作时间发生冲突，影响正常的晋升，甚至可能夺走患者的工作机会。毫无疑问，辅助生殖治疗需要花费大量的时间，这使接受治疗的女性无法全心投入工作，对其正常工作产生较大的干扰，对职业发展和工作稳定有诸多负面影响。

大部分不孕患者的年龄在25—40岁之间，这是个人职业生涯极其重要的阶段，也是事业上升的关键时期。受访者阿华因为做试管放弃了外出进修的机会，她表示"在走上试管之路时，就意味着事业上的牺牲和放弃"。娟子这样描述她在工作上的牺牲："这几年来，医院几乎成了我的家。以前我在医院做血透护士，收入很不错，但经不住经常请假来做试管，最后还是放弃了（工作），就为了一心一意做试管。没了工作，当然就没收入了，跟以前不能比，现在就做做副业，能挣一点是一点。"还有被访者在决定做试管的时候就辞职了。妮诺认为，做试管生育需要经常请假，很容易耽误工作，这样做事对公司不负责，所以选择辞职专心做试管。

如果没有工作，接受不孕治疗的女性大多会面临经济窘境。辅助生殖治疗花费巨大，且未被纳入医疗保险，不孕患者需要自行承担几乎全部的医疗费用，这对于普通家庭来说是一项巨大的经济支出。试管婴儿助孕一个疗程一般也要花3万—5万元。只有少数"孕气"非常好的人能一次成功，多数人需要尝试几个疗程才能成功怀孕，还有的反反复复治疗一直没有成功，投入的费用就更多了。此外，对于多数患者而言，辅助生殖治疗是她们尝试怀孕的最后希望，在此之前，她们往往进行过多种花费不小的治疗或尝试。"之前在杭州治疗花了7万多元；到上海后取卵、宫腔镜、带环，加上移植，花了4万多元；这次移植花了4900元，打蛋白花了5000多元，吃中药花了1000多元，还有妇婴医院做免疫治疗花了2万多元。这三年花了十几万元，我都有做账。一般家庭真的花不起。不知道哪一天是个头，就像无底洞，一直往里面扔钱，不知道要扔到什么时候。"（个案2，阿华）被访者最担心的是经济压力。"做试管生育这几年，花钱真的就如流水，不仅把以前的积蓄都搭进来了，还借了几万元，真怕到最后还是没有成功，竹篮打水一场空。因为治疗花费很高，这几年我没买过一件新衣服，尽量省钱来看病。"（个案3，小英）对于娟子家而言，不孕治疗使他们陷入严重的经济困境。"我们家庭本来积蓄就不多，现在做试管生育的钱都是借来的，三促三移失败，卵子也没有了。重新开始，只能继续借钱，快要崩溃了，压力好大。"（个案1，娟子）因为花费巨大，有的患者给自己定下一个次数期限。比如33岁的小英，打算再给自己两年时间，继续治疗到35岁，如果还不成功就打算放弃了。生育治疗上的巨大经济负担，使一些经济不宽裕的患者被迫停止治疗，放弃做母亲的梦想。

健康女性拥有孕育新生命的特权，不孕患者失去这项特权，不孕对其人生进程造成巨大干扰破坏。认知难题、解释系统和资源动用，是伯里用来研究慢性病对人生进程造成破坏的三个互相作用的部分，这些部分同样适用于不孕症患者。在接受辅助治疗之前，受访者大多经历过受孕路上或大或小的失败，而辅助治疗的开始，意味着她们将真正进入到一个漫长而复杂的治疗周期，需要重新审视她们的身体、心理与意识状况。辅助治疗直接打破她们现有生活的规划与进展，尤其是她们的工作。不孕症促使这些女性开始深思许多问题，对自我价值与身体机能感到不自信，对下一阶段人生历程的方向感到困惑。在这一过程中，容易引发较大的情绪波动，受访者原有的解释系统因此出现紊乱，反思与怀疑成了思想主调。伯里曾指出，慢性病通常会破坏病人的社会网络状况与资源动用的能力。对于患者及其家庭而言,辅助治疗如同一场大型考验。在此过程中,患者可能会为了怀孕被迫脱离社会关系,放弃工作;在面临昂贵的费用时,家庭则需要动用人脉资源进行筹备,夫妻关系也可能因此面临挑战与危机。

四、生活轨迹的调适与重建

辅助生殖治疗使不孕妇女的正常人生进程遭到前所未有的破坏,生活世界的原貌不再。有些研究在结构式批判旨趣下,专注于患者的结构劣势和被动处境,研究不孕带来的消极影响,比如焦虑、抑郁以及其他负性情绪等对患者造成的负性体验,而忽略了患者身上的正性品质与能量。事实上,创伤性事件除了给不孕患者带来消极影响外,正向的积极改变也在发生。[17]笔者发现,在病痛挫折面前,面对生活世界的乱序与失序,受访者并非一味消极面对,而是想方设法积极赋义,采取行动重塑人生秩序。

首先,苦难让她们获得了更多的人生智慧。疾病让不孕妇女调整期望,并采用新的视角对疾病进行解读。她们以"听天由命"的态度让自己平静下来,去接受现实。辅助生殖治疗是一个长期而复杂的过程,可能持续数月甚至数年;治疗成功与否,还存在诸多不确定因素。长期坚持治疗的女性,大多能对过去急于求成的心态进行相应的调整,将治疗失败归于不可控的外因。"怀孕是个巨大的神秘工程,我能做的就是把身体交给医生,把心情交给自己……试管生育就是要历经九九八十一难才能成功……每当快撑不下去的时候,想想多年的努力,告诉自己不要放弃,尽人事、听天命。"(个案1,娟子)这种看似认命的心态,非但不会让患者变得消极,反而让她们开始接纳自我,真正接受现实,以更加坚强的意志来面对繁杂曲折的漫长治疗,帮助她们在不确定和不可控的境遇中获得一种难能可贵的安定。

其次,不孕妇女在治疗中试图重新建立起一种个人权力感,其中虽有诸多痛苦体验,但对未来一直抱有积极的希望。辅助生殖治疗是周期性的,在未宣判失败之前,都有可能成功受孕。即使一个周期失败了,下一个周期仍有成功的可能性。每一个新的周期代表一个新的希望,"失败"只是暂时的,怀孕的希望从未在患者心中破灭。她们坚信,只要坚持下去,终有一天会怀孕生子,成为母亲。怀着这种信念,她们虽有痛苦,但仍满怀希望。"我相信苦尽甘来,昂起头就能看到曙光,我相信终有一天宝宝会到我身边来的。"(个案2,阿华)"想想美好的未来,想想一家三口的幸福生活,值得……"(个案4,妮诺)"无数次独自躲在被窝里号啕大哭,但哭好了,擦干眼泪仍然继续进行治疗,感觉自己就像一个战士一样在勇敢战斗! 只要还有一线希望,我就不会轻言放弃。"(个案1,娟子)在她们的话语里,不孕是暂时的,希望是长久的。她们乐观地等待着每一个治疗周期,哪怕暂时受挫,她们依然对成功怀孕心存向往。想到自己正朝着成为一个"准妈妈"的目标前行,她们便拥有应对生活苦痛的力量。

还有一个积极变化体现在夫妻关系的重建上。施行辅助生殖治疗是夫妻的共同决定,治疗也是夫妻一起承担和经历的一个过程。在此意义上,不孕不育可能成为增加夫妻凝聚力的一个因素[18]。辅助生殖治疗是很艰难的旅程,人在其中会变得更加脆弱,需要夫妻双方分享情感、相互支持,夫妻间可能因此产生一种共渡难关而又牢不可破的"伙伴关系"。"当医生告诉我几乎不可能自然怀孕时,我跟老公说离婚吧! 没想到不善于表达的老公紧紧抱住我说'不能怀孕的话我们就一辈子这样过两人世界吧'。感谢善良的老公,即使可能无法有孩子,他仍对我不离不弃。当我们决定做试管生育的时候,中间经历了种种痛苦。比起治疗的结果,他更关心我的身体疼痛和感受。这让我松了一口气,也让我更加依恋他,更用心经营婚姻。"(个案2,阿华)在一起经历了各种艰难困苦之后,夫妻二人风雨同舟的感觉更加浓厚,夫妻关系经过调整和重塑后变得更加稳固和坚韧。当然,也可能是因为辅助生殖治疗对夫妻关系的考验较大,如果夫妻关系脆弱,可能在女性被诊断为不孕或辅助生殖治疗几次失败后,夫妻感情就破裂了。因此,夫妻感情随着辅助生殖治疗的进展而更加稳定,这可能是一种选择效应,只有那些关系特别牢固的夫妻才能够忍受长期治疗带来的痛苦。

可预见、可持续的秩序感是人类生活意义建构的根基所在[19],然而,不孕以及辅助生殖治疗打破了既有的生活秩序。面对失序和乱序,受访者纷纷表示她们会积极应对治疗对个人生活世界的破坏,调整生活状态,重建生活秩序。

五、结论与讨论

本文从辅助生殖治疗亲历者的角度，考察女性的诊疗体验及其对生活世界的影响。透过受访者的述说，可以看到辅助生殖治疗对她们生理、心理和社会三个方面都产生了巨大影响。在此历程中，不孕妇女体会到刻骨铭心的痛，她们在身体的痛楚、侵入性的检查、不平等的医患关系与心理煎熬中不断被拉扯着。治疗的艰难和结果的不确定让大多数患者感到无奈、慌乱、悲伤、失望、失败感、失去控制、绝望等心理上的煎熬与失衡。同时，治疗也干扰了她们的人生进程，让她们在时间、金钱、职业等方面面临前所未有的挑战。然而，现代女性并不甘于臣服社会的型构，她们是积极能动的行动主体，想方设法对辅助生殖治疗经历赋予积极意义，并采取行动重塑人生轨迹，重建生活秩序，让生活回到"正轨"。她们视不孕为暂时性的状态，并将进行辅助生殖治疗的这段时间视为生命中一段特殊的时空历程。她们满怀信心与希望，积极进行调整和适应，期待通过治疗成功怀孕，再度建立起对生育的主宰权。

生育是女性生命历程中独有的阶段，也是构成女性生命完整性和存在意义的重要时段。"十月怀胎，一朝分娩"，是母子间一段为期不短的具身关系时段。从现象学视角看，这种关系是一种反个人主义的、彼此交融的"我们关系"。这种关系带来的不仅仅是一个新的生命，还为母亲创生了一个崭新的"周围世界"。不可回避的是，现代女性的生育过程往往遭到各种因素的干扰破坏。被延长的教育时间、夜生活、工作压力时长及劳动强度、流产手术、错过最佳育龄等，无不对女性身体和生育能力造成或隐或显的伤害。事实上，我们有必要重新审视生育。也许，只有将生育视为一种选择，才能真正缓解女性为生育承担的沉重压力与焦虑。

此外，在治疗过程中，我们看到，男性在整个生殖系统和话语中基本缺席，而女性的身体则需要持续在场，时刻接受来自社会、家庭以及不同医疗系统的审视、监测与改造。我们也看到，辅助生殖技术建立在生物医学知识之上，这种知识将人体视为不完美的机器，可以由不断完善的科学技术加以改造。女性生育过程也被划分为若干环节,并以试管技术替代其中的授精和胚胎发育环节;在此过程中,女性身体被视为按技术程序宰制的机械,成为医疗专家按机械规程进行检查治疗的生物机体,女性在此过程中深刻体验到的痛苦、羞耻、恐慌、煎熬、绝望等被有意无意地忽略。这是一种替代自然生殖能力的辅助生殖技术,"不孕"也是经由医学诊断而贴上的标签。在一个"医疗化"的社会中,这到底是自然事实还是社会建构的"污名",还有待进一步辨析。随着不孕女性群体规模愈来愈大,有必要在不孕女性的生活世界与现代社会诸要素间的紧张关系上投入更多关注和研究。

参考文献

[1]钟文明,刘晓娟,吴智娟.不孕症女性患者心理状况及生活质量现状调查[J].职业与健康,2015(13).

[2]STEPHEN E H, CHANDRA A, KING R B. Supply of and demand for assisted reproductive technologies in the United States: clinic and population-based data, 1995—2010[J]. Fertil Steril, 2016, 105(2).

[3]GAMEIRO S, BOIVIN J, DOMAR A. Optimal in vitro fertilization in 2020 should reduce treatment burden and enhance care delivery for patients and staff[J]. Fertil steril, 2013, 100(2).

[4]BALK J, CATOV J, HORN B, et al. The relationship between perceived stress, acupuncture, and pregnancy rates among IVF patients: a pilot study[J]. Complementary therapies in clinical practice, 2010,16(3).

[5]HUPPELSCHOTEN A G, VAN DONGEN A J, VERHAAK C M, et al. Differences in quality of life and emotional status between infertile women and their partners[J]. Hum reprod, 2013, 28(8).

[6]席军花.IVF-ET失败不孕妇女心理压力及生活质量[J].实用妇科内分泌杂志,2017(15).

[7]余成普,李宛霖,邓明芬.希望与焦虑:辅助生殖技术中女性患者的具身体验研究[J].社会,2019(4).

[8]赖立里.生殖焦虑与实践理性:试管婴儿技术的人类学观察[J].西南民族大学学报(人文社会科学版),2017(9).

[9]KENANS R. What can narrative theory learn from illness narratives?[J]. Literature and medicine, 2006, 25(2).

[10]MADGE V. Infertility, women and assisted reproductive technologies: an exploratory study in Pune, India [J]. Indian journal of gender studies, 2011, 18(1).

[11]FREIDSON E. Profession of medicine: a study of the sociology of applied knowledge[M]. Chicago: The University of Chicago Press, 1970.

[12]孔琳. 体外受精—胚胎移植患者的心理体验与调适:基于临床及网络的量化与质性研究[D]. 沈阳:中国医科大学,2019.

[13]LAKATOS E, SZIGETI J F, UJMA P P, et al. Anxiety and depression among infertile women: a cross-sectional survey from Hungary[J]. BMC women's health, 2017,17(1).

[14]VERHAAK C M, SMEENKJ, EVERS M J. Women's emotional adjustment to IVF: a systematic review of 25 years of research [J]. Human reproduction update, 2007(13).

[15]QUANT H S, ZAPANTIS A, NIHSEN M, et al. Reproductive implications of psychological distress for couples undergoing IVF[J]. Assist reprod genet, 2013, 30(11).

[16]郇建立. 慢性病与人生进程的破坏:评迈克尔·伯里的一个核心概念[J]. 社会学研究,2009(5).

[17]吴苏. 乳腺癌术后化疗患者心理弹性与生活质量的相关分析及干预研究[D]. 郑州:郑州大学,2015.

[18]GALHARDO A, CUNHA M, PINTO-GOUVEIA J. Psychological aspects in couples with infertility[J]. Sexologies, 2011, 20(4).

[19]LYON, MARGOT L. Order and healing: the concept of order and its importance in the conceptualization of healing [J]. Medical anthropology, 1990(12).

先天性结构畸形患儿家庭中
母亲角色的研究*
——以 F 医院为例

蔡小芳　黄　艳**

摘　要:本研究采用定量与定性相结合的研究方式,旨在研究先天性结构畸形患儿家庭中母亲所承担的角色、发挥的作用和存在的问题,以说明母亲在特殊家庭生活中的独特作用,为新时代母亲研究与实践提供事实依据。研究发现,先天性结构畸形患儿家庭中,母亲主要承担着照护角色、经济辅助角色、沟通纽带角色和心理慰藉角色,各个角色发挥相应作用的时候也面临问题,建议从社会支持、社会文化、社会倡导等三个维度介入,为有需要的先天性结构畸形患儿家庭中的母亲提供帮助。

关键词:先天性结构畸形;患儿家庭;母亲角色

毛泽东在中华人民共和国成立初期曾提出"妇女能顶半边天"的口号,鼓励广大妇女一同投身国家建设。时至今日,男女平等也已成为社会共识。全国妇联和国家统计局2010年第3期中国妇女社会地位的调查结果显示,与2000年的调查结果相比,中国妇女的社会地位呈现出诸多积极的变化。总而言之,随着我国经济平稳快速的发展、各项社会事业的全面发展,妇女在家庭生活和社会生活中的独特作用日益凸显。本文中的"母亲角色"一

* 本文系福建医科大学女性课题研究项目(课题编号:2017FN008)研究成果。
** 蔡小芳,复旦大学在读硕士研究生,研究方向为医务社会工作。黄艳,福建医科大学社会工作系讲师,研究方向为医务社会工作、社会工作督导。

词,侧重点既有妇女,亦有角色。"角色"的概念首次出现于社会学家格奥尔·齐美尔的著作中,在知识理论的不断冲撞中诞生了各类角色理论,文中的"母亲角色"特指与先天性结构畸形患儿家庭中母亲的地位与身份相一致的系列规范与行为模式,表示的是其他家庭成员对母亲的行为期望。

根据2012年我国卫生部发布的《中国出生缺陷防治报告》,我国每年的出生人口约1600万—1800万,其中出生缺陷的总发生率约为5.60%,每年新增出生缺陷约90万例。出生缺陷是指婴儿出生前发生的身体结构、功能或代谢异常、遗传以及行为发育异常。先天性结构畸形是出生缺陷的一个大类,包括脑积水、神经管缺陷、唇腭裂、多指(趾)等常见疾病。先天性结构畸形病种的最主要特点是结构异常,一般会影响外形或者功能,严重的畸形可导致胎儿或新生儿死亡或严重残疾。《中华人民共和国国民经济和社会发展第十三个五年规划纲要》中明确指出,要加强出生缺陷综合防治,建立覆盖城乡居民,涵盖孕前、孕期、新生儿各阶段的出生缺陷防治免费服务制度。在此规划的指导下,各省市陆续开展了结合各自区域特色的出生缺陷介入服务。

笔者在F医院为先天性结构畸形患儿(以下简称"先畸患儿")及其家庭提供专业社会工作服务的过程中,发现母亲的角色不容忽视,不仅是因为母亲对自己孕育的畸形儿怀有的复杂情感以及对治疗所产生的影响,而且因为母亲在病房中出现次数高于父亲,照顾时间长于父亲。对此,本文试图以先畸患儿家庭为对象,分析家庭中的母亲承担着怎样的角色,如何发挥其独特作用,面临怎样的困境,为新时代妇女研究与实践提供事实依据。

一、研究对象与方法

(一)研究对象

本研究的具体研究场域为F医院。F医院是福建省福州市内一所综合性的三甲医院,医院开放床位1500张,有临床和医技科室54个,年门诊量100多万人次,住院病人近4万人次。该医院每年接受8名来自M大学的社会工作专业实习生,派驻内外科中的4个科室,内科派驻科室为放化疗科和血液内科。外科派驻科室为小儿外科和整形外科,共设病床60张,在编医护人员30余人,收治病患中都涉及先天性结构畸形患儿,能为研究提供足够的研究对象。科室的医护人员对社工较为熟悉,能够协助前期关于先畸患儿母亲的问卷调查和访谈,并为后期的服务介入奠定基础。

本文依托 M 大学女性课题组关于"先畸患儿母亲压力探索"的课题,采用偶遇抽样法,对正在住院治疗、未满18周岁、所患疾病符合先天性结构畸形患儿的母亲发放问卷。共发放128份问卷,收回有效问卷104份。在结构式访谈部分,从问卷调查对象中选取具有代表性的10位母亲进行访谈。访谈对象基本资料如表1所示。

表1 访谈对象基本资料

编码	年龄	婚姻状况	文化程度	职业	患儿所患疾病
Y1	31	已婚	初中	无业	尿道下裂
Y2	37	已婚	小学	无业	多指并指
Y3	31	已婚	中专	自由职业	尿道下裂
Y4	27	已婚	中专	幼儿教师	先天性心脏病
Y5	31	已婚	高中	无业	先天性心脏病
Y6	40	已婚	无	无业	先天性心脏病
Y7	26	已婚	高中	技术工人	腭裂
Y8	35	已婚	高中	私企文职	多指并指
Y9	40	已婚	无	无业	唇腭裂
Y10	30	已婚	大专	私企文职	肾积水

(二)研究工具

1. 自编社会学问卷

根据 F 医院的先天性结构畸形患儿家庭的实际情况编制问卷,问卷共设15题,涉及研究对象的人口学基本资料、患儿照护来源及医疗费用来源、患儿母亲自身面临的问题、所获得的支持来源及程度等内容。

2. 结构式访谈问卷

笔者从问卷调查的对象中选取具有代表性的先畸患儿母亲进行深度访谈，访谈提纲共分为9部分，涵盖病情咨询、疾病认知与歧视、家庭关系和谐、医疗费用压力、自身情绪、支持来源、情感支持程度、住院需求、建议与意见等内容。

二、研究结果与分析

（一）患儿母亲承担的角色及发挥的作用

1. 主要照护

笔者根据观察发现，患儿母亲在病房中出现的次数高于父亲，平均照护时间长于父亲。结合问卷的统计结果，在患儿住院期间主要的照护来源中父亲有7人（占比6.70%），母亲有91人（占比87.50%），奶奶有4人（占比3.80%），外婆有1人（占比1%），其他有1人（占比1%），如图1所示。由此可知，患儿母亲在家庭中主要承担了照护的职责。

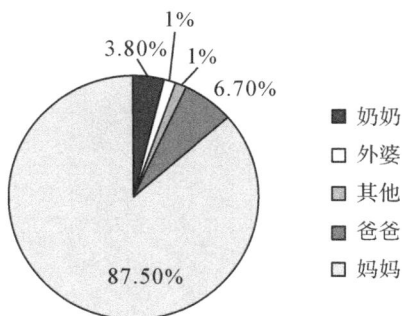

图1　患儿照护来源

妇女角色长期与"贤妻良母"的标签相关联。人们普遍认为，妇女的家庭观念可能比男性重，对家庭是否和谐、美满等方面的责任感强于男性。在有先畸患儿家庭中，患儿母亲出于疼爱子女、对患病子女的愧疚、承担母亲角色和对家庭负责等原因，通常会积极照护患病儿童，关注患儿诊疗中的身心变化，并通过与医护人员的沟通和良性互动来协助诊疗工作的开展，促进患儿的术前诊断、术中治疗和术后疗养,在患儿的治疗和康复过程中,承担着难以替代的照护者角色。

2. 经济辅助

问卷调查结果显示,先畸患儿的医疗费用来自父亲的有80人(占比76.90%),来自母亲的10人(占比9.60%),来自爷爷的12人(占比11.50%),来自外公的1人(占比1%),来自其他的1人(占比1%),如图2所示。父亲在家庭中更多地起到了经济支柱的作用。通过访谈得知,10名研究对象中有5名在患儿住院期间仍在工作,有3名因患儿患病急需照护而选择辞职或停薪留职,有2名于妊娠期听从家人意见选择辞职安胎。由此可见,患儿母亲虽然未能在经济上给予家庭较大帮助,但也竭尽全力承担好经济辅助与财务管理的职责。

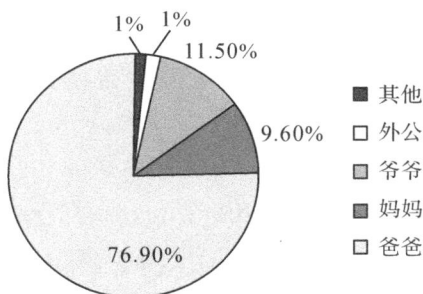

图2　患儿医疗费用来源

在经济社会快速发展的今天,妇女在社会生活中所承担的角色也发生了相应的变化,从封建时代的"男主外、女主内"到新时代的"男女平等参与社会生活",妇女的经济地位也不断提升。先天性结构畸形的诊治,依据病种和病情轻重等会产生相应的医疗费用,一期手术的治疗费用大致在1万元至10万元,病情严重者会进行多期手术,医疗费用是一笔不小的开支。而患儿母亲如果拥有一定劳动收入,就能够在一定程度上缓解医疗费用压力,促进诊疗工作开展。

3. 沟通纽带

医疗诊治过程中医患之间的沟通是十分重要的。近年来,因医患沟通不当而造成的医疗纠纷时有发生。对于先天性结构畸形患儿的治疗更是受到了患儿年幼难以正确描述病情等客观因素的限制,因此患儿母亲更多承担起在生活中积极观察患儿病情变化,并将这些病情症状和变化转告医护人员的工作,以防止由于沟通不畅而贻误治疗。"我是会比较主动地去观察孩子的手术伤口变化,每天早晚各看一次,有什么问题就马上和医生说。"(Y10)

同时,患儿母亲也积极听取家庭成员的意见并及时与医护人员沟通,促进医院与家庭之间的良性互动。一种是内部的沟通,即促进家庭成员间沟通,协助处理患儿照顾、医疗费用筹集、医疗资讯沟通等问题。"我们家现在的情况,我就是要比较辛苦一些,孩子的爷爷不接受这个病,那我还得去说服他,毕竟孩子手术需要钱,也需要人照顾。"(Y5)另一种是针对外部的沟通,即代表家庭与医护人员进行沟通,反馈患儿病情进展,获得有效的病情资讯,并提出疑问、意见和建议。"之前医生说什么序列治疗,其实我不是医生也听不懂,但是你想我老公、公公、婆婆都没念过什么书,更不可能懂了,所以吧,我就会去上网搜啊,多去去医生的办公室,多问总会多知道点。"(Y9)

4. 心理慰藉

在患儿诊治过程中,通过医务环境实地观察与交流,可以发现患儿由于年龄过小的原因,时常出现不配合医务人员诊治、大声哭闹挣扎等状况,这时患儿母亲通常会承担起安抚孩子的责任,协助诊疗工作的开展。"现在孩子年龄小,啥都还不懂的时候,看到护士走过来,自己就要痛一下(伤口换药),久了就知道护士过来是不好的事,后面来了就哭闹,我就得抱着她,哄着才可以。"(Y8)在病房探访中,笔者观察到在多数时间里,是患儿母亲陪伴患儿,对患儿进行鼓励和安抚,帮助舒缓患儿的紧张、恐惧乃至抗拒的情绪。

(二)患儿母亲角色面临的问题

1. 无暇顾及个人情感需求

患儿母亲大多在患儿检查出疾病后,就承担不同程度的压力。随着患儿住院治疗,通常面临医疗费用负担大、对病情不了解、照护压力大、担心遭受歧视等问题,个人所遭受的压力不断积压。但出于照顾患儿的需要,母亲通常会压抑自身需求,使得负面情感无处宣泄。"小孩查出这个病的时候,我就是很担心,住院之后就一直怕小孩的病治不好,很焦虑;但是也没什么办法,还得照顾小孩,自己不开心忍忍就过去了。"(Y10)"入院之前就想着他能快点好起来,每次做手术都担心得不行……焦虑啊,不开心啊,就忍着吧,也没办法,小孩子需要我照顾,我不能垮的啊。"(Y5)此类情绪的积压,最终会造成母亲自身的情绪调控和感知能力弱化,在备感身心压力的情况下,限制了自身潜能的发挥,使得相应角色承担和作用发挥受限。

2. 家庭关系出现矛盾

由于个人文化水平限制、社会对先天性结构畸形病种的科普不足等原因,有部分先畸患儿家庭认为,生育出畸形儿是患儿母亲的错误,这意味着患儿父亲在高压力的医疗费用负担下,会将自身压力、对患儿病情的不理解等负面情绪反馈患儿母亲。"我丈夫都不会来医院帮忙,他在外面挣钱啊,没钱没办法来给孩子治病,他也不理解这个病,弄得压力大,我压力也大,很辛苦的。"(Y1)这种将患病归咎于母亲一人的行为极可能造成两种结果,一种是母亲默默忍受多方压力,家庭矛盾不断积累;另一种则是双方矛盾激化,患儿母亲难以从家庭中获得理解和支持。

3. 部分角色冲突难以发挥作用

由于患儿母亲在患儿诊疗过程中,既承担了照护者的角色,又兼顾经济支持;既是心理慰藉者,又是沟通的纽带。这四重角色使得患儿母亲需要花费大量时间精力去兼顾,发挥角色的最大功效。但就事实而言,患儿母亲难以很好地协调四种角色之间的职责,使得某些角色有时会发生冲突。"真的很难,太苦了,白天上班只能喊我妈过来看一下孩子,然后晚上下班就要赶过来,照顾他一整夜。可是你说我不上班又不行啊,没钱怎么治病啊。"(Y4)这个案例呈现的就是照顾角色与经济角色间的冲突。根据角色理论,当发生角色冲突时,这将影响个人对自身行为的认识和判断,从而抑制角色承担责任,不能正常发挥作用。

三、策略讨论

(一)聚焦微观家庭服务

家庭成员生病住院,尤其是代表着"爱的结晶"和"家的传承"的孩子生病,对于每个家庭来说都是一个应激性事件。患儿母亲在入院初期大多处于焦虑与不知所措的情境中,甚至面临家庭矛盾和角色冲突加剧的困境。在医院人文服务重要性不断被强调的背景下,院内诊疗可以提供人文关怀,并根据情况转介心理咨询或医务社会工作团队。

首先,专业的心理咨询师或医务社会工作者的个案辅导,可聚焦医院环境适应、焦虑情绪缓解等主题,为患儿母亲提供情绪释放通道。其次,住院治疗过程中,患儿母亲大多忙于照料患儿,少有心力去顾及自身的情感需求,医务社会工作者可以组建治疗性小组,帮助患儿母亲舒缓压力、疏导焦虑情绪、改变错误认知。患儿出院后,这个小组能持续发挥作用,患儿母亲不仅可以交流患儿病情、医疗费用补助等问题,还可以为彼此提供情感支持。最后,为有需要的家庭提供定期的家庭关系辅导,可以帮助夫妻双方进行有效沟通,增进双方对疾病的了解,同心协力面对患儿的诊疗过程。

(二)建立社会支持网络

对于先畸患儿母亲,社会支持资源的介入至关重要,相关研究也证实社会支持程度对母亲角色转换及心理状态的影响较大。根据实地环境中的观察以及访谈资料能够看出,患儿母亲由于承担多重角色,大量消耗了自身的精力,这时引入资源为患儿母亲建立社会支持网络显得至关重要。

首先,联结医院内部的资源,通过与医院医务部、医保办、医务社工团队的合作,帮助患儿母亲寻求医疗费用补助的途径,降低医疗费用所带来的经济压力。其次,主动探索医院外的资源,与妇联、儿童基金会、红十字会和专项疾病救助基金合作,获取更多资金为患儿母亲提供多层次、多角度的诊疗期间的人文关怀服务。最后,挖掘志愿者资源,进行志愿服务团队开发和培训,可链接高校大学生以及已治愈的患儿的母亲,组建支持先畸患儿母亲的专项志愿者队伍,提供相应帮助。

(三)进行社会文化倡导

当前,人们对于先天性结构畸形病种的了解尚不全面,甚至有许多不正确的认识和歧视现象存在,这加剧了患儿母亲的被歧视感和被排斥感。因此,社会文化的倡导迫在眉睫。

首先,倡导医院环境下的尊重。先畸患儿母亲由于患儿病情特殊,可能存在自卑自愧的情绪,这种情绪阻碍了患儿母亲积极主动向医护人员了解病情。医护人员可以鼓励患儿母亲,增加彼此的沟通。其次,社区倡导在先天性结构畸形疾病防治过程中也发挥着同等重要的作用。可以链接到社区的居民委员会、卫生服务中心、社会工作站等资源,通过健康讲座、知识宣教等方式,普及先天性结构畸形的出生预防、孕期产检、产后就诊、愈后心理干预等知识,从源头上尽力防止先天性结构畸形的发生,营造社区对于先天性结构畸形病种的无歧视氛围,提高社区对患儿及患儿家庭的接纳度。最后,进行社会大环境的倡导。向政府有关部门提出建议,在减轻患儿家庭经济压力、增加社会对先畸患儿及其母亲的接纳度、立法保障相关权益等方面做出努力。

本研究采用定量与定性相结合的研究方式,旨在研究先天性结构畸形患儿家庭中母亲所承担的角色、发挥的作用和存在的问题,为新时代母亲研究与实践道路提供事实依据。通过对资料进行分析,研究发现先天性结构畸形患儿家庭中,母亲承担着主要照护角色、经济辅助角色、沟通纽带角色和心理慰藉角色。但在各个角色发挥相应作用的同时,先畸患儿母亲也面临着如下问题:无暇顾及个人情感需求;家庭关系出现矛盾;部分角色难以发挥作用。建议可以从社会支持、社会文化、社会倡导三个维度入手,通过聚焦微观家庭服务、建立社会支持网络、进行社会文化倡导三个途径,帮助先畸患儿母亲应对在患儿诊疗过程中面临的问题。

妇女权益与法律保障

家事审判改革背景下人身安全保护令探析

——以Z省为例

李 洁*

摘 要：在家事审判改革的背景下，《中华人民共和国反家庭暴力法》专章阐释了人身安全保护令，并提出了具体的流程要求，强调防治家庭暴力在家事审判改革中的重要性。通过对Z省37份人身安全保护令进行分析，发现人身安全保护令在司法实践中存在缺乏非讼程序的认知、申请难、证据认定标准不一致等问题。该文结合家事审判改革的需求，对人身安全保护令进行探析，并在此基础上提出有针对性的完善路径。

关键词：家事审判；人身安全保护令；家庭暴力；申请；标准

人身安全保护令自产生以来就有了预防和制止家庭暴力的使命，英美法系国家早在20世纪70年代就将其作为专门规制家庭暴力的民事法律救济措施之一。根据全国妇联的统计，家庭暴力的受害者多数为妇女、儿童，甚至有些女性在长期遭受家暴的情况下，最终采取了以暴制暴的手段来反抗。家庭暴力不仅侵害了个体的合法权益，对家庭和谐造成严重破坏，对社会稳定也存在着巨大的隐患，成为必须通过法律加以规制的社会问题。经过20多年的探索和实践总结，《中华人民共和国反家暴法》（以下简称《反家庭暴力法》）于2016年3月1日实施，首次以法律的形式确立了人身安全保护

---

* 李洁，法律硕士，温岭市人民法院审判员、员额法官，研究方向为民商法学。

令,为受害者遭受家庭暴力或者面对家庭暴力现实危险时提供了强有力的救济。2016年5月11日,最高人民法院召开家事审判改革专题会议,其后全国118家法院开展了为期两年的试点,极大地推进了家事审判改革进程,但继续深化家事审判改革势在必行。如何完善人身安全保护令成为家事审判改革中一个极为重要的命题。本文结合家事审判改革的需求,对人身安全保护令进行法条解读,对Z省37份人身安全保护令①进行实证分析,并在此基础上提出有针对性的完善路径。

一、宏观探源:人身安全保护令的本质属性和法条解读

人身安全保护令是《反家庭暴力法》的重大亮点之一,助力家事审判改革背景下家事纠纷处理机制的建立,有利于维持家庭和睦和社会稳定。

(一)本质属性

人身安全保护令本质上属于人身安全保护民事裁定,是为了防止家庭暴力,根据申请,由法院作出裁定,禁止被申请人的行为,如禁止实施家庭暴力、骚扰、跟踪、接触申请人及其近亲属等行为等。就其属性而言,最高人民法院中国应用法研究所在其编制的《涉及家庭暴力婚姻案件审理指南》中,将人身保护令界定为一种依附于婚姻家庭案件的民事强制措施。2012年修订《民事诉讼法》后,法律界较为普遍地认为人身安全保护令属于行为保全的一种,即在家庭暴力侵害等纠纷中,有时需要立即停止一方当事人对另一方当事人实施的可能造成危害的行为。

《反家庭暴力法》虽然未对人身安全保护令的含义明确界定,但与前述的属性相比已发生了实质性的变化。人身安全保护令具有一定的行为保全性质,二者在立法目的、内容、程序启动以及方式等方面具有相通性,但从《反家庭暴力法》对于人身安全保护令的申请条件、方式等规定来看,其既不属于民事强制措施,也不等同于行为保全,而是一种民事救济措施。具体而

---

① 该37份人身安全保护令取自中国裁判文书网,作出时间为2019年1月1日至2020年5月31日。

言,人身安全保护令不依附于离婚诉讼,可单独申请;虽需"下裁定",但法官要在二十四小时至七十二小时内作出判断,由于时间非常紧迫,一般难以通过庭审程序进行,只能审查,至多通过听证使程序更为完善。而民事强制措施为法院依职权裁决,无须当事人申请。行为保全则对诉讼过程及判决结果有双重依附性,尤其是诉前行为保全,申请人若在法院采取保全措施后三十日内不起诉的话,保全就会被解除。综上,人身安全保护令作为家事非讼程序进行构建更为合适。

(二)法条解读

《反家庭暴力法》专章对人身安全保护令进行制度建构。

1. 申请要件

人身安全保护令的申请要件主要包括申请人、申请方式和管辖法院。人身安全保护令原则上应由遭受家庭暴力或者面临家庭暴力的现实危险的当事人本人申请。《反家庭暴力法》第二十三条第二款规定了近亲属、公安机关、妇女联合会、居民委员会、村民委员会、救助管理机构能够代为申请的情形,一种是当事人为无民事行为能力人、限制民事行为能力人,另一种是当事人受到强制、威吓等原因而无法申请的。需要注意的是,在当事人具有民事行为能力且没有受到强制、威吓等情况下,是否需要申请,应尊重当事人的意愿。就申请方式来说,申请人身安全保护令应当以书面的方式提出,若当事人确有困难的可以口头申请,由法院记入笔录。灵活的方式有利于降低申请的门槛,为身处农村地区或文化水平较低的当事人提供便利。法院也可以提供格式化的申请书,简化申请手续。人身安全保护令由申请人或者被申请人居住地、家庭暴力发生地的基层法院管辖,更能体现民事诉讼的"两便原则",即便于当事人诉讼,便于人民法院依法独立、公正和高效行使审判权。

2. 审查机制

根据《反家庭暴力法》,能让法院以裁定的形式作出人身安全保护令应当同时具备三个要件:有明确的被申请人、有具体的请求、有遭受家庭暴力或者面临家庭暴力现实危险的情形。当事人在提交申请时,必须要提供符合上述要件的证据材料。法院在受理后应当在七十二小时内作出人身安保护令或是驳回申请;情况紧急的,应当在二十四小时内作出。就适用程序而言,《反家庭暴力法》并没有作出直接规定。最高人民法院于2016年7月11日公布的《关于人身安全保护令案件相关程序问题的批复》(以下简称《批复》)第三条规定,法院可以比照特别程序进行审理。家事纠纷案件中提出申请的,由审理该纠纷的审判组织作出是否发出的裁定;如果申请人无正在诉讼阶段的家事案件,由法官独任审理。在作出之前是否需要听取被申请人的意见,由法官视情况决定。在该批复中也明确了不服人身安全保护令的救济方法,可由原审判组织进行复议;必要时,法院也可以另行指定审判组织进行复议。但复议程序尚未有完善的规定。

3. 措施类型

《反家庭暴力法》第二十九条将人身安全保护令的措施分为禁止被申请人实施家庭暴力、禁止被申请人骚扰、跟踪、接触申请人及其相关近亲属、责令被申请人迁出申请人住所和保护申请人人身安全的其他措施。其第三十条规定人身安全保护令的有效期不超过六个月,法院可以根据申请撤销、变更或者延长有效期。同时,《反家庭暴力法》也对违反人身安全保护令的行为进行了规制,构成犯罪的追究刑事责任,不构成犯罪的应予以训诫,视情节处1000元以下的罚款或十五日以下拘留。虽有兜底条款,但总体看来,人身安全保护令的禁止范围比较窄,缺少远离令(远离申请人的居所或工作场所)、决定令(暂停监护、探望等)以及财产给付令(支付抚养费等),同时也未从时效的角度进行进一步的划分,如分为临时保护令和长期保护令。

二、实证检视:人身安全保护令的司法实践

做任何研究都是希望能通过调查、研究、分析,进而发现问题、解决问题。为了更加全面地研究人身安全保护令,笔者以Z省37份人身安全保护令为样本,并通过数据分析和调研的方式,对人身安全保护令的运行情况进行分析。

（一）申请数量少且申请率较低

表1　人身安全保护令的类型

单位：件

类　　型	作出保护令	撤回申请	驳回申请	延长申请
数　　量	30	1	2	4

由表1可知，Z省法院于2019年1月1日至2020年5月31日的人身安全保护令有37份，其中作出保护令超过8成，而撤回申请、驳回申请、延长申请的占比分别为2.70%、5.40%和10.80%。从样本中可以看出，法院支持延长申请的原因都是经审查认为申请人继续面临家庭暴力或者是家暴的现实危险，驳回是基于申请人提供的证据尚不能证明其申请的理由。

但从我国遭受家庭暴力的现状以及与2019年全国法院签发人身安全保护令的数量①、Z省同期的婚姻家庭类案件数②对比来看，Z省申请人身安全保护令的人数和核发数量还是较少，而且人身安全保护令并非只出现于诉讼案件中。究其原因：一方面，大家对《反家庭暴力法》关于人身安全保护令的知晓程度可能还不够，导致很多受到家庭暴力或是面临家庭暴力现实危险的群众不知道、不清楚相关的维权途径；另一方面，受"法不入家门""清官难断家务事"等落后思想的影响，一些受害者特别是来自农村的女性不愿意将家庭隐私暴露出来，觉得面子上过不去，反而会引来更加激烈的施暴行为。

（二）"70后"女性是主要申请者

从图1和图2可知，女性申请数量为34份，占到了申请人数的绝大部分；男性申请数量为1份和儿童2份，人数较少。已婚女性因不堪忍受配偶的家暴行为而向法院提出申请，这也是人们根据日常生活经验能够预见的常见情形。女性申请者中"70后"的就有16人，占47.10%；其次是"60后""80后"

---

① 最高人民法院2019年度工作报告中显示，2019年全国法院及时签发人身安全保护令2004份。
② 根据中国裁判文书网的统计，Z省2019年1月1日至2020年5月31日婚姻家庭继承类的案件为615例。

和"90后"，分别为8人、5人和5人，占23.50%、14.70%和14.70%。这些年龄段大多需要兼顾家庭与事业，当事人的生活压力和外部环境的变化相对较大，个人精神需求及外部诱惑会更多，夫妻感情容易变得脆弱疏离。有法院统计在离婚案件中，有4成以上的当事人一方或双方主张对方存在家庭暴力或是婚外情、婚外同居等情形，从某种程度上来说，女方在感情生活中仍然处于相对弱势的地位。

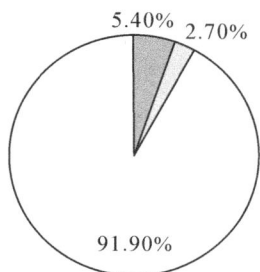

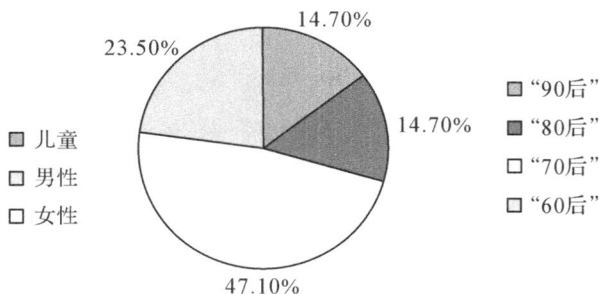

图1　申请主体占比　　　　　图2　女性申请人的年龄

（三）家暴多数发生在家庭成员之间

《最高人民法院关于适用〈中华人民共和国婚姻法〉若干问题的解释（一）》中将家庭暴力定义为发生在家庭成员之间的暴力行为。而《反家庭暴力法》扩大了保护主体的范围，将虽不属于家庭成员关系却共同生活的人，比如事实婚姻、恋爱同居等纳入，使更多家暴受害者的权益有了保障。

从图3可以看出，"一起居住的"（多数为恋人同居、离婚后仍旧一起居住、事实婚姻）仅为2份，数量很少，申请人与被申请人之间的关系主要还是夫妻、近亲属。申请人与被申请人是夫妻关系的，占70.30%；是近亲属的占21.60%。当事人之间关系不明的，亦占2.70%，大多见于申请撤回的案件。准许裁定往往只列明当事人的基本信息，导致能够证实申请人与被申请人之间关系的信息难以获取，且由于法律规定的限制以及规定的不全面，以致一起居住的非家庭成员，比如离异后的配偶一方遭受另一方的骚扰时，面临分手暴力的非家庭成员的权益仍然无法得到有效的保障。

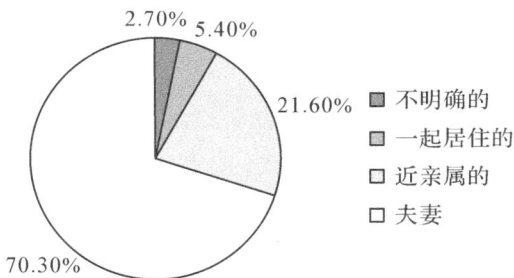

2.70%　5.40%　21.60%　70.30%

■ 不明确的
■ 一起居住的
□ 近亲属的
□ 夫妻

图3　申请人与被申请人之间的关系

（四）身体与精神方面受到侵害是主要的申请原因

《反家庭暴力法》第二条对家庭暴力下了定义，殴打、捆绑、残害、限制人身自由以及经常性谩骂、恐吓等方式实施的身体、精神等侵害行为，均属于家庭暴力。从表2可以看出，直接使用"实施家庭暴力"这个笼统说法的，有20次；"殴打、用言语或行为威胁、恐吓、辱骂申请人及近亲属""骚扰、跟踪、接触"，作为最典型的家暴手段，分别在15份及16份裁定书中被提及。

表2　人身安全保护令的申请原因

原因	实施家庭暴力	殴打、用言语或行为威胁、恐吓、辱骂申请人及近亲属	骚扰、跟踪、接触	破坏、毁损、抢夺私人物品、车辆、家庭共有财产等财物	进入申请人及近亲属的住所及工作场所
出现的次数	20	15	16	1	1

《反家庭暴力法》保护的是家庭暴力受害者身体和精神上的权益。有人认为该法的保护面太窄，限制了当事人可行使的保护权益，应当将性暴力、受害人财产方面的权益融合进去。财产暴力多指剥夺生活必需品、不给生活费或是限制、阻止家庭成员行使财产权利等，从而达到控制受害人的目的；性暴力主要是对受害人的性自主等权利进行侵害。虽然世界各国由于社会习俗、法律传统等不同，规定了不同的家暴类型，但很多国家已将上述暴力行为纳入保护的范围。然而，《反家庭暴力法》未将上述家暴行为纳入其中，且从表2反映出的情况来看，申请原因集中在传统的家暴方式上，比如殴打、谩骂等。笔者认为，是否要将其他暴力方式纳入家暴保护范围的问题

还需进一步商榷。

(五)证据认定标准不一致

从表3可以看出,法院在出具裁定书时未提及申请人提交了何种证据,仅以"经审理,申请符合作出人身安全保护令条件……"或是"经审查认为,危险情况属于……"这样来表述,共有33份,占了绝大多数,主动列举证据的较少。

表3 证据类别明细

类型	申请人举示的证据及其他情形	数量(份)
未说明	没有提及申请人提交何种证据	33
照片	伤情照片	1
报警材料	接处警工作登记表、出警照片、警单详情、结案单、行政处罚决定书等	1
其他证据	公安出具的《家庭暴力告诫书》	2

在审理人身安全保护令案件时,申请人就正在遭受家庭暴力或者有面临家庭暴力的现实危险进行举证,以及法院是否签发人身安全保护令、对于遭受家庭暴力或者面临家庭暴力危险的现实情况如何认定是核心环节。

通过以上分析,我们可以看到,一方面,法院对于申请人身安全保护令的证据要求高,而现实中家庭暴力的举证较困难。一是家庭暴力往往发生在较隐秘的空间里,外人很难了解真实情形。二是轻微的暴力行为、精神暴力,比如打耳光、辱骂等,除非有意地固定证据,否则证据固定会很难。三是受害人对于限制其人身自由的举证也很难。从民事裁定书载明的证据来看,主要是报警材料和照片。对于报警材料,申请人必须在发生家庭暴力后及时报警,且并非"一报了之"。法院要结合公安的相关记录材料来了解当时发生的情况以及判断是否符合作出保护令的条件,受落后思想的影响,很多受害人没有报警意识,伤情照片等也需要受害人在遭遇家庭暴力的第一时间及时固定证据。然而,在现实生活中,很多受害人往往对证据要及时留存、固定下来的意识比较淡薄。另外,法律对证据具体要达到什么样的标准没有规定,《反家庭暴力法》只规定了法院可以根据报警材料、家庭暴力告诫书等证据来认定[①]。有些法院将此条中认定家庭暴力的事实条件直接等同于是否符合签发人身安全保护令的认定条件。从法院驳回申请的文书中也可以看出,驳回的理由大多为无证据或者是证据不足。

另一方面,对于家暴证据的认定,各个法院的审理标准也不一样。虽然各法院对申请人身安全保护令的证据认定普遍很严格,但对必须达到什么标准并没有统一的说法。通过研究裁判文书中的案例,并结合家暴本身的性质,法官在个案中主要审查申请人提交的证据,结合调查、询问以及自身的生活经验来综合判断是否存在家庭暴力或是否面临家庭暴力的现实危险,这个过程需要发挥法官的主观能动性。法律规定的不明确、相关实施办法或是司法解释的空白,以及法官认定存在着主观性等因素,导致各个法院的审理标准不一致。

(六)民事裁定书的内容不规范

《反家庭暴力法》第三十条规定:人身保护令的有效期不超过六个月。在上述34份作出人身安全保护令和支持延长申请的民事裁定书中,88.20%的裁定书注明六个月有效期,11.80%的注明三个月。

《反家庭暴力法》要求法院在受理申请后七十二小时内作出人身安全保护令或者驳回申请;情况紧急的,应当在二十四小时内作出。法院在人身安全保护令生效前,根据申请人的申请来判断是否需要延长。根据图4,除了4份申请延期的,对于其余的,法院在超过七十二小时作出裁定;除了1份未告知立案时间外,24份在二十四小时之内作出,5份在二十四至四十八小时内作出。

另外,从上述统计中也发现部分文书不严谨,有些还出现两个以上表述不清楚的地方,比如未写明立案的时间有1份,未写明申请人与被申请人是什么关系的有10份,未说明申请人举了什么证据的有33份。

---

① 《反家庭暴力法》第二十条规定:人民法院审理涉及家庭暴力的案件,可以根据公安机关出警记录、告诫书、伤情鉴定意见等证据,认定家庭暴力事实。

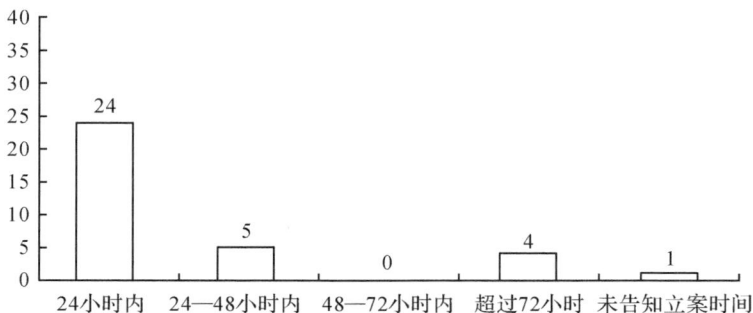

图4　作出人身安全保护令及支持延长裁定书申请所需的时间

三、解决路径：完善人身安全保护令的建议

根据人身安全保护令的运行实践，对存在的问题进行探究和剖析，且现阶段家事审判改革中家事案件办理的价值和理念不断凸显，笔者认为可以从以下几个方面对人身安全保护令进行再完善。

（一）加强规范人身安全保护令的顶层设计

人身安全保护令并非我国首创，而是舶来品，在司法实践中难免会"水土不服"，因而需要进行本土化改造，特别是在《反家庭暴力法》实施后，要对制度设计、运行程序以及配套措施等进行顶层设计，方能保障人身安全保护令规范有序地运行。

1. 完善人身安全保护令的适用程序

最高人民法院规定，对于人身安全保护令，法院可以比照特别程序进行审理。但《中华人民共和国民事诉讼法》中缺乏人身安全保护令相对应的程序，因此亟待完善。从立法的科学合理性、民事诉讼法律体系中的逻辑关系来看，人身安全保护令不该参照行为保全的程序进行，而是作为民事诉讼法中的一个特别程序进行专章建构，必要时还应对家事审判的程序进行专门规定。

2. 扩充规范人身安全保护令的依据

人身安全保护令的规范依据不仅要有宪法的依据，以及《中华人民共和国民法典》《中华人民共和国妇女权益保障法》《中华人民共和国未成年人保护法》《反家庭暴力法》等实体法的依据,还应有《中华人民共和国民事诉讼法》等程序法的规定,来综合确定人身安全保护令,甚至家事审判的流程规则。此外,对于司法实践中存在的尚待解决的问题要深入调研,总结各地的经验做法,制定细致可操作的规程,待条件成熟后再制作专门的司法解释或者修改相关的法律。

3. 名称建议采用人身安全保护令

在翻查文献资料时发现,对于人身安全保护令有多种表述,比如人身保护令、民事保护令、人身安全保护令等。笔者认为,使用人身安全保护令这个名称,表述更精准,更有威慑力,也不会与其他领域中类似的举措进行混淆。此外,还需对人身安全保护令中相关的概念,如对家庭暴力、面临家庭暴力的现实危险等进行明晰界定,才能保证人身安全保护令的良性运行。

4. 丰富人身安全保护令的内容和种类

人身安全保护令的运行需要内容广、措施多、惩罚合理的规范凭据。除《反家庭暴力法》规定的种类外,还可分为临时性和长期性保护令,并赋予不同的审查和证据标准。《反家庭暴力法》将人身安全保护令的有效期规定为不超过六个月;笔者认为可视情况适当加以延长,且"禁止实施家庭暴力"和"禁止骚扰、跟踪、接触申请人及近亲属"等行为不宜设置有效期。相比之下,申请长期保护令的审查要更为严格,应采用高度盖然性的标准;作出临时保护令可适当放宽证据标准,尤其是对"有面临家庭暴力现实危险"等紧急情形的,证明标准不宜过高,初步能认定即可。另外,人身安全保护令还可以设置经济类的禁止令,保障申请人及其近亲属的必要生活。

(二)探索符合家事审判特质的人身安全保护令的举证规则

证据是认定案件法律事实的基础。家暴受害者收集证据的能力较弱,且这些证据也比较难收集,再加上家庭情感伦理等传统观念的束缚,使得证据收集难上加难。基于家事案件的特殊性,应建立符合人身安全保护令特有的举证规则。

第一,细化举证标准。在申请人身安全保护令的过程中,在举证方面需要注意的就是对发生家庭暴力的可能性与不可能性进行对比,如果发生家庭暴力的可能性更大的话,可以促成申请一方完成举证责任。另外,只要存在家庭暴力的可能性,就没有必要来证明其存在。《反家庭暴力法》只是对现有不同类型的家庭暴力问题提出一些具体的应用举措,但各个地区的认定标准不同,所以在确保法律的适用以外,还要尽可能地满足申请人的个性化合理要求。

第二,法官加强释明。在司法实践中,当事人提起诉讼或提出申请,法院都会有一份《举证通知书》交给当事人,规定了举证的权利和义务。鉴于家事案件举证难的实际情况,法院要强化个案的释明功能,由法官根据案件的具体情况,对当事人提交的证据进行梳理并告知举证不力的后果,以此来加强法官对申请人身安全保护令的举证引导。

第三,创设疏明规则。人身安全保护令最主要的功能是预防再次遭受家庭暴力,即使该保护令的载体——民事裁定书存在着一定的瑕疵,也不会对被申请人造成实质性的损害。因此,在审查申请时可适当放宽证明标准。在审查时,当事人如果能提供公安机关的接处警单、家庭暴力告诫书等,初步证明存在家庭暴力或是面临家庭暴力的现实危险,就可以核发人身安全保护令。如果作出对被申请人的实体权利会造成严重影响的长期保护令,仍应采用高度盖然性的证据标准。

第四,完善家事调查。由于家事案件具有高度的隐秘性,有些案件事实很难查清,对最后是否作出人身安全保护令增加了难度。最高人民法院在家事改革意见中明确提出要完善家事调查制度。家事调查需要由社会调查员去完成。社会调查员可以利用社会购买服务的方式设立,也可以从妇联工作人员、村居干部、人民陪审员和人民调解员中产生,通过实地走访与申请人或被申请人开展面对面的交流,了解家庭暴力产生的原因、他们的性格、身心状况以及法院需要调查的其他特定事项等,形成书面的调查报告。家事调查要与民事诉讼的证据规则进行有机衔接,明确家事调查报告作为法院是否作出人身安全保护令的依据,并起到证据的效力。

(三)构建人身安全保护令的审理程序

家事审判不同于传统的民事诉讼,具有特殊的情感伦理特点,更加需要亲情来修复和化解,努力救治家庭和婚姻。人身安全保护令的审查属于家事非讼程序,应根据其自身特点来设计审理流程。

其一,要设立单独的审查程序。人身安全保护令虽然与行为保全、民事强制措施有一定的交叉,但从根本属性来看,两者毕竟有所区别。因而,人身安全保护令应采用一种独立的、专门的审查程序,包括证明标准、管辖、裁决的方式、执行主体等内容。

其二,要完善家事审判的配套程序。设立人身安全保护令的单独程序,在很大程度上受制于家事审判程序的完善。因此,在充分认识到家事审判特殊性的基础上,应积极推动专门的家事审判程序的建立和立法。家事审判强调"谁是谁非",强调判决和调解的深度融合,重视对当事人进行家庭伦理教育和心理疏导。在家事审判程序中,可以设置相当于家庭会议的制度,把与案件有密切关系的非当事人纳入,强化亲情感召、当事人、非当事人之间的柔性交流在家事审判中的运用。

其三,要明确人身安全保护令与离婚诉讼并无直接关联。《涉及家庭暴力婚姻案件审理指南》把申请人身安全保护令与提起离婚诉讼紧密地联系起来,核发之后的十五日内没有提起离婚诉讼的,人身安全保护令自动失效。这一规定,很容易产生必须提起离婚诉讼才可申请人身安全保护令的误解。加之在司法实践中,很多受害人申请人身安全保护令并不是为了离婚,因而有必要通过立法来强调申请人身安全保护令独立于离婚诉讼。

其四,要畅通被申请人的救济渠道。申请人身安全保护令具有非讼的属性,审查不会过分关注被申请人是否已经参与进来,其到不到庭并不影响法官的判断。为了畅通被申请人的救济渠道,可以提升其在复议程序中的参与度,比如完善复议程序中的听证制度,保障被申请人的陈述和申辩的权利等。

(四)完善人身安全保护令的执行制度

《反家庭暴力法》第三十二条规定,人身安全保护令由法院执行,公安机关、村(居)委员会等应当协助执行。该法条意味着人身安全保护令的执行机关是法院。从样本来看,人身安全保护令均由各基层法院作出,由此相应的执行也由各基层法院来完成,执行法官可以直接被看作整个执行过程中的总负责人,整体的流程、执行事宜等均由其来主导和决定。

　　人身安全保护令具有威慑力,且大多是对受害者人身安全的保护。因此公安机关、村(居)委员会协助执行符合我国制约家庭暴力的司法实践。但法院对于规制家庭暴力的触角毕竟有限,人身安全保护令可以尝试由法院与公安机关共同执行,民政、妇联、村(居)委员会协同执行。在执行人身安全保护令时赋予公安机关非财产部分的职能,明确公安机关在执行时操作规程,并充分发挥公安机关在限制违法公民人身权利和保护受害者合法权益方面所拥有的快速、威严的优势。

　　如这种共同执行的模式能够建立,公安机关除了非财产内容的执行外,也起到监督人身安全保护令的执行和遵守的作用。与此同时,也要求公安机关在接警后及时处理受害者关于停止家庭暴力的求助,进行调查取证或者采取紧急措施,并对受伤的受害者进行伤情鉴定。对于违反《治安管理处罚法》的施暴者进行拘留或罚款,构成犯罪的依法追究其刑事责任;对于虐待受害者或者受害者有证据证明的轻微刑事案件等告诉才处理,或者刑事自诉案件,应当告知受害者或近亲属、法定代理人可依法向法院提起诉讼,公安机关配合提供相关证据材料。同时,还应明确如果公安机关或是其工作人员怠于履职或者是执法有瑕疵时的法律责任。法院应负责人身安全保护令中财产方面的执行,并联合当地党委、政府、村(居)等组成人身安全保护令的执行网络。

多元化纠纷解决机制在家事审判中的应用探析

——以 P 法院家事审判改革为例

吴蓓蓓*

摘　要:家事纠纷因其主体特殊性而不同于普通民事纠纷,在其解决机制上也具有相应的特殊性。在司法实践中,人民法院整合行政机关、社会组织、企事业单位等多方力量,探索建立了包含家事"三大员"、调解前置、婚姻教育、心理干预、审执兼顾等制度在内的多元化纠纷解决机制,但家事立法滞后、配套机制不完善等因素限制了家事改革的进程。应着手健全审判制度,完善多元化纠纷解决机制,实现家事审判制度和专业化队伍建设全面提升。

关键词:家事审判;多元化纠纷解决机制;立法完善;配套机制

《最高人民法院关于深化人民法院司法体制综合配套改革的意见——人民法院第五个五年改革纲要(2019—2023)》(以下简称《"五五"改革纲要》)指出,要深化多元化纠纷解决机制改革。创新发展新时代"枫桥经验",完善"诉源治理"机制,坚持把非诉讼纠纷解决机制挺在前面,推动从源头上减少诉讼增量。完善调解、仲裁、行政裁决、行政复议、诉讼等有机衔接、相互协调的多元化纠纷解决体系,促进共建共治共享的社会治理新格局建设。多元化纠纷解决机制是指由各种性质、功能、程序、形式不同的纠纷解决机

---

*　吴蓓蓓,浙江省平阳县人民法院法官助理,研究方向为家事法实务。

制共同构成的一个系统。在这个系统中,各种制度独立运行,功能互补,以满足社会和当事人的多元化需求。在家事审判改革中应用多元化纠纷解决机制,并非仅仅是出于解决诉讼爆炸、案多人少的诉讼压力的考虑,更多的是通过多元力量的介入对特殊主体之间进行利益平衡、情感修复、子女保护的考量,发挥家事审判对婚姻、家庭关系的"诊断、修复、治疗"功能,实现家事审判司法功能和社会功能的有机结合。2016年4月5日,最高人民法院召开专题会议研究部署家事审判方式和工作机制改革,P法院在浙江省率先成立首个家事审判庭,建立司法力量、行政力量和社会力量相结合的多元化纠纷解决机制。

一、多元化纠纷解决机制在家事审判中的理论价值和实践意义

人民法院通过坚持和发展"枫桥经验",建立了家事纠纷多元化解机制,这一机制具有丰富的内涵,具有重要的理论价值和实践意义。

一是坚持发展"枫桥经验"的必然要求。在新时代"枫桥经验"精神指引下,通过强化顶层设计,完善理论政策,构建科学体系,可以充分发挥基层自治组织、行业组织、社会团体、律师队伍等社会力量的作用,在家事审判中最大程度地"依靠群众,就地解决矛盾"。

二是符合推进司法改革的精神要义。《最高人民法院关于全面深化人民法院改革的意见——人民法院第四个五年改革纲要(2014—2018)》《"五五"改革纲要》和《最高人民法院关于开展家事审判方式和工作机制改革试点工作的意见》均提出"要健全、完善多元化纠纷解决机制"。建立家事纠纷多元化解机制,不仅是顺应家事纠纷内在规律的应然之举,也是家事改革的现实所需。

三是参与基层社会治理的生动实践。婚姻家庭纠纷化解工作,不仅是人民法院执法为民的体现,也是人民法院创新发展"枫桥经验"、参与社会治理的体现。这一创新方法,可以预防一般性家事纠纷转化为治安案件、刑事案件,推动纠纷化解在基层,助力社会平安建设。

四是保障纠纷解决方式的选择自由。人们在解决纠纷时有一种典型的实用主义逻辑:哪种方式对其更有效用、成本更低、更便利、更快捷,就会被选择。[1]非诉讼方式具有程序灵活性、过程平等性、形式民间化等优势,与诉讼方式形成互补。与普通的财产契约纠纷相比,家事纠纷更青睐于用非诉讼方式处理,当事人可以根据纠纷的特点、自身的情况来选择调解、仲裁、和解等方式。

二、多元化纠纷解决机制在家事审判中的实践运用——以P法院为例

建立家事纠纷多元化解机制,需要人民法院统筹社会各界力量。实践中,P法院采取了一系列举措:推动县委宣传部、县综治办、县检察院、县公安局、县民政局、县财政局、县教育局、县妇联、县残联、县关工委等单位成立家事案件多元化纠纷解决机制领导小组,定期召开联席会议,联合县综治办、县妇联建立家事调解员、调查员、观护员(以下简称"三大员"),与高校、医院、心理服务机构合作引入心理疏导机制,设置婚姻家庭纠纷调解工作站,邀请人大代表、政协委员参与调解,进行家庭教育授课等。

(一)建立诉调对接机制,探索调解前置程序

调解作为有效解决民事纠纷的一种方式应在立案阶段就被启动,最高人民法院有关司法解释也规定将调解前置。2009年《最高人民法院关于建立健全诉讼与非诉讼相衔接的矛盾纠纷解决机制的若干意见》、2012年《最高人民法院关于扩大诉讼与非诉讼相衔接的矛盾纠纷解决机制改革试点总体方案》均规定探索立案前委派调解员组织调解。在家事审判庭设置婚姻家庭纠纷调解工作站、婚姻家庭个人调解工作室,并邀请调解员、人大代表、政协委员等依照家事案件诉前调解流程在立案阶段参与调解,可以遏制矛盾升级,促成案结事了。经统计,P法院于2016—2018年期间共引导诉前调解1275件,其中525件调解或撤诉,调撤率达41.18%。在法院内部实行法院主导、由社会调解力量共同加入、调审分离并将调解前置的调解,更能发挥

民间调解力量,保证调解协议效力,在审前解决大量纠纷,减轻法院负担。[2]

（二）建立家事"三大员"制度,充分借助基层力量

在日本、澳大利亚、美国等国,多元主体参与家事纠纷解决发展得相当成熟。有鉴于国外的制度与做法,人民法院根据行政管理制度,充分利用村、居、妇联组织、法律工作者等基层力量,形成覆盖县级、乡镇、村居的"三大员"网格团队,预防化解诉前纠纷。对诉中纠纷起因、夫妻感情、子女情况等方面进行调查并出具报告。对诉后当事人生活、子女抚养、亲情修复情况进行回访。形成诉前预防化解、诉中调查调解、案后观护回访的纠纷多元化解模式,有效促进案件妥善处理。实践中,P法院分别联合县综治办选任的652人和县妇联选任的100人,组成"三大员"队伍,对181起案件进行调查,对300多起案件进行调解,对269起案件进行回访,经回访的案件自动履行率达100%。

（三）引入心理干预机制,促进案结事了人和

家事案件当事人的心结大多在诉讼前早已累积深重。家事法官除查清事实、适用法律之外,还要注重主体之间的利益平衡和情感修复。坚持"调解不预设立场,劝离劝和相结合"的原则,引入心理疏导和干预机制。邀请心理咨询师参与案件处理,发挥心理疏导机制让人情绪冷却、心理安抚和修复创伤的功能,帮助当事人打开心结。实践中,P法院与高校、医院、心理服务机构建立合作关系,成立外部专家团队,在161起家事案件中运用心理疏导机制,其中110件调解或撤诉,调撤率达68.32%,调解结案的案件自动履行率达100%,51件经判决的案件执行零申请,未发生1例结案后骚扰法官的事件。

（四）建立婚姻家庭教育制度,源头化解家庭矛盾

家事纠纷预防制度的完善,能从根源上杜绝家事纠纷的发生。美国设有婚姻教育计划,我国虽未建立相关制度,但多处法院,如山东新泰市人民法院、福建德化县人民法院等,都在积极落实《最高人民法院关于开展家事审判方式和工作机制改革试点工作的意见》的精神,开设幸福讲堂。2018

年,《温州市中级人民法院家事审判方式和工作机制改革示范法院工作指引（试行）》明确规定,要开展婚姻家庭日常教育工作。早在温州市中级人民法院印发该指引之前,P法院就已经联合县妇联开设家事讲坛,由家事法官、律师、家事"三大员"、心理咨询师、大学教授等组成讲师团,以讲座、座谈、模拟法庭等形式,对婚姻家庭知识有需求的群众进行法律知识、家庭关系处理、保健知识等相关培训,将婚姻家庭教育制度的功效扩展到纠纷解决、家庭决策、子女教育等方面。

（五）执行引入家事团队,助力破解执行难

如果说"无救济则无权利"的法律谚语彰显了司法救济的重要性,那么有效的执行体系则是司法救济的生命之所在。探视权、抚养权等案件因其涉及人身权、亲情血缘等诸多因素,在执行中应有别于合同类、金融类等纯经济纠纷案件,审慎适用强制措施,仅以财产给付不足以真正实现家事案件的"人和"效果。穷尽措施和最后救济原则是探视权、抚养权执行中所应当坚持的基本原则。针对此类案件,人民法院可以在执行中引入心理疏导。家事女法官借助其对案情及当事人的了解和性别优势,联合心理咨询师、家事调解员,采用心理疏导的方式,缓解被执行人的敌对情绪,减轻强制执行的影响,引导被执行人从有利于未成年子女健康成长的角度出发,消除对立情绪,达成执行和解协议,有效督促其履行义务。在执行阶段引入家事团队协助执行,可以有效延续家事审判阶段的调解程序,化解家事案件执行难问题,亦可巩固家事案件审判质量。

三、家事审判多元化纠纷解决机制在实践运用中的不足

（一）尚无对心理评估报告证明效力认定的法律依据

现行法律中,只有《最高人民法院关于适用〈中华人民共和国刑事诉讼法〉的解释》（以下简称《刑诉法解释》）对心理疏导及心理测评进行了规定。该规定仅限对刑事案件的未成年人适用心理疏导。除此之外,没有法律就心理咨询师、心理测评机制、心理评估报告是否有证明力及证明力大小进行

规范,致使大部分心理咨询师在案件处理完毕后,顾及责任承担的问题而未出具书面心理评估报告,仅口头传达当事人身心状况;即便形成心理评估报告,法官在裁判时也难以直接将该报告作为定案的依据。

(二)缺乏对家事调查员报告采信效力认定的法律依据

我国大陆司法实践中有推行家事调查员制度的规定,由法院指派调查员对各方当事人或关系人的性格、经历、身心状况、家庭情况、夫妻关系、财产状况、教育程度、工作情况等事项展开调查,并出具书面调查报告交由法庭进行质证,但并未对此予以立法规定。对于被告未到庭的案件,只能视为被告放弃质证权利,尽管程序上没有错误,但是在实体上仍因家事调查报告无法律支撑而略显不足。

(三)现行法律尚未设定家事强制调解程序

关于家事调解的强制性,各国或地区的具体做法或实现方式有所不同,如日本设立专门的家事法院负责调解、审理家事纠纷。我国现行民事诉讼法规定,人民法院组织调解,必须双方同意才能进行。而在许多案件中,当事人会拒不到庭或者拒绝调解,调解工作难以开展。家事案件不同于其他民商事案件,其主体具有特殊性,或是家庭成员,或有血缘关系,或有多年共同生活的关系。如果在处理过程中仅冷冰冰地适用判决方式结案,会引发当事人的情绪不满、骚扰跟踪等严重后果。

(四)缺乏家事考核制度,降低家事法官积极性

在多数法院,家事审判庭并未单独设置,而是与民事审判庭合并设立,甚至仅在民事审判庭内挂上"家事审判庭"的牌子。在机构尚不能独立设置的情况下,对于制定不同于其他民事案件的绩效考核制度更是不切实际。在案多人少状况愈加严重的势态下,家事法官不仅要处理法律关系复杂的家事案件,防范家事案件当事人案后纠缠,还要兼顾其他民事案件及行政事务,这直接影响了家事法官办理家事案件的积极性,也降低了非家事法官转型做家事法官的意愿,影响家事审判专业化建设。

（五）缺乏家事专项资金，法院主导力度不足

调解员、心理咨询师、法律工作者、人大代表等参与案件处理后，法院应当支付报酬。此外，应当聘请全职心理医师常驻法院。但是资金的缺乏也是不可忽视的问题。当前，由于资金不足，法院谋求与其他单位合作，由他们提供资金，法院提供司法服务。如P法院、妇联、心理咨询团队的关系就是由妇联向社会购买心理咨询服务，由法院享用心理咨询服务。自P法院2016年成立家事纠纷心理干预团队以来，虽在161件家事案件中适用心理疏导机制，但该类案件仅占家事案件审结数的4.13%。究其原因，主要系缺乏专项基金，法院主导力度不足。

四、在实践中不断完善家事审判多元化纠纷解决机制

（一）完善法律制度

一是规范心理测评报告证明力。虽然在《刑诉法解释》中仅有两条规定涉及心理疏导、心理测评的内容，且规定较为原则，但是将心理疏导机制引入诉讼程序中是大势所趋，2018年出台的《最高人民法院关于进一步深化家事审判方式和工作机制改革的意见（试行）》就在此方面作出了初步的规定。司法实践中可以参照司法鉴定体系法律法规出台有关心理疏导的法律法规，对心理疏导的启动程序和适用对象、心理咨询师的选任和身份定位、心理机构与人员资质评定、心理评估报告的性质和运用等进行规范。

二是明确调查员报告的采信力。家事案件不仅要调查"法律上的事实"，还应关注"生活上的事实"；不仅要调查"要件事实"，还要调查"心理上的事实"。主要事实及间接事实的审理通常为法官力所能及；相反，心理上的事实则需要由掌握心理学等专门知识的调查官或拥有专门知识的调停委员来调查更为合适。[3]《最高人民法院关于进一步深化家事审判方式和工作机制改革的意见（试行）》在家事调查方面已经作出了初步的规定。可以参照日本等国家家事调查官制度，出台家事调查员相关法律，将调查人员选任、程序启动、时间限制、调查报告格式等都纳入该立法中，使之形成完备的

法律系统。

三是探索建立强制调解程序。所谓调解的强制性，是指必须经过调解程序方能进入审判程序解决纠纷的强制性。即将调解程序前置于审判程序，调解程序是家事案件所必经的程序，调解与审判互为不同的纠纷处理阶段。因此，家事调解此时具有了法律上的强制性。[4]世界上不少国家对家事调解有类似的专门规定。我国立法机构可以参考其他国家及地区的法律，结合国情，将立案程序前的调解适用对象、范围、期限等作出专门规定与解释，以改变家事调解内容简单、过于原则的现状，增强家事调解实务工作机制的系统性和可操作性。

（二）完善配套机制

一是建立家事审判执行业务线，实现家事审判专职化。实践中，家事纠纷的处理不仅涉及审判业务，也涉及执行业务。家事审判执行的专门化，不仅是一种理念，还是立法和实践层面的一项制度，这一制度对我国家事审判制度的形成和发展，也具有一定的启迪意义和借鉴价值。在美国、日本等国家均设有家事法院，专门处理家事纠纷案件。我国家事审判改革尚在起步阶段，还没有建立专门的家事法院，但是各法院内部均设立了家事法庭。有必要借鉴域外家事审判机构专门化的做法，在内设机构改革的过程中，建立家事审判执行业务线，解除捆绑在家事法官身上的其他类型案件的枷锁，家事法官专办家事案件，由家事法官对案件的审理、调解、执行、回访全程跟踪，有利于家事纠纷的诉前预防、诉中息诉、案后服务。

二是设立家事考核机制，加大人员政策激励。人员管理离不开合理的考核制度，建立有效的激励机制可以激发人员的潜能，充分调动人员的积极性和主动性。家事案件的特殊性需要家事法官花费大量的时间和精力做心理疏导和调解工作。可以参照现行的法院人员管理制度建立家事审判执行业务线单独管理制度，并制定专门的考核机制。比如，将家事案件以1:3或1:4折算案件审结总数量，审限计算时扣除婚姻冷静期、调解期限等。[4]定期对家事审判改革工作突出的集体和家事法官、家事调解员进行专项考核表彰。

三是加大人力物力支持，建立长效工作制度。设立专项资金，配备全职心理咨询师,建立多元主体团队,健全人员管理机制。建立申领、指派相结合机制。设立微信工作群,法官在群里发布案情简介(隐去当事人真实姓名以保护隐私),由心理咨询师依据自己擅长的领域申领案件,若无人申领或申领冲突则由家事法官直接指派。建立专业知识培训机制。对家事法官及辅助人员开展法律知识、调解技巧、心理学知识专业培训,使团队成员更专业化、职业化。推行"法官＋心理师＋三大员"团队模式。组队后,工作人员可以根据当事人的生活情况、心理状态、诉讼请求等,有针对性地从法律、情理、心理等多方面进行疏导、调解,尽量促进息诉。

　　家庭是社会的细胞,是生产、消费的基本组成单位。近年来,婚姻家庭出现的不稳定状态,离婚人数和家事纠纷案件不断增长的趋势,引起了政府和社会的持久关注。党的十九大报告指出,要深化司法体制综合配套改革,全面落实司法责任制,努力让人民群众在每一个司法案件中感受到公平正义。处理好家事纠纷,不仅能让人民群众感受到公平正义,还能让其感受司法温情与人文关怀。"枫桥经验"告诉我们,家事纠纷的化解离不开多方联动。在家事审判改革中,要践行多元化解理念,激发社会活力,调动社会各界力量参与纠纷化解,妥善处理家事纠纷,促进婚姻家庭和睦,维护社会和谐稳定。

参考文献

[1]徐昕.论私力救济[M].北京:中国政法大学出版社,2005.

[2]张艳丽.法院调解前置模式选择:民事审前调解[J].法学杂志,2011(10).

[3]陈爱武.论家事审判机构之专门化:以家事法院(庭)为中心的比较分析[J].法律科学(西北政法大学学报),2012(1).

[4]陈群峰.我国应当建立家事诉讼纠纷调解前置程序[J].人民司法,2008(13).

彩礼返还法律适用问题研究

熊　俏　应俊伟[*]

摘　要：2003年《最高人民法院关于适用〈中华人民共和国婚姻法〉若干问题的解释（二）》颁布，其中第十条明确规定了关于彩礼返还的三种情形。该司法解释的出台填补了处理该类纠纷的法律空缺，使得司法实务在处理彩礼返还纠纷时有了可操作性的法律依据，在一定程度上解决了司法裁判不一致的问题，但由于婚姻家庭生活问题纷繁复杂，该规定在实际应用中暴露出诸多问题。笔者由亲历案件引发思考，基于对我国彩礼返还制度的司法实践进行分析，提出完善彩礼返还制度的立法建议，希望能完善彩礼返还纠纷的裁判及立法。

关键词：彩礼返还；共同生活；生活困难；返还比例；过错原则

彩礼给付制度是我国一项非常重要的民间习俗，并经历了历朝历代法律形式的调整。在现实生活中，通过给付财物而订立婚约的习俗，在我国广大农村地区及一部分城市依然盛行。一旦解除婚约，随之而来的彩礼返还纠纷就难以避免，甚至导致刑事案件的发生，严重影响了人民的正常生活，不利于社会的和谐稳定。《最高人民法院关于适用〈中华人民共和国婚姻法〉若干问题的解释（二）》一度填补了该类案件处理的立法缺失，但因为该规定过于简单，彩礼返还在司法适用中还是存在很多疑难问题。下面，笔者将从

---

* 熊俏，温岭市人民法院法官助理，研究方向为民事诉讼法。应俊伟，温岭市人民法院法官助理，研究方向为民事诉讼法。

协助处理过的案件出发,分析我国彩礼返还制度的法律适用问题。

一、问题的提出:两个案件引发的思考

案例一:2015年6月15日,周某与方某订婚,周某委托媒人向方某送去聘金及聘礼,方某收取了68000元现金及金手镯等首饰。2015年3月至2016年6月,周某与方某共同生活,双方至今未办理结婚登记手续。方某收取的金银首饰等均留在周某家中。周某起诉要求法院判决方某返还聘礼,法院酌情判决方某返还周某34000元。

案例二:2015年11月23日,阮某与林某订婚,阮某送去聘金88800元。2017年1月15日,阮某与林某举办了婚礼,双方从当日共同生活至2018年3月24日,至今未办理结婚登记手续。法院酌情判决林某返还给阮某26000元。

上述两个案件,均系2015年浙江温岭市人民法院审理。对于基本相同的案情,该法院在彩礼返还比例上作出了额度不等的判决。是法官对该类案件法律规范的理解存在个体差异,还是对案件事实的认定存在差别,抑或是法官对自由裁量权的把握尺度不一?仔细翻阅相关证据并查看庭审直播视频,笔者发现,两个案件的承办法官认定案件事实正确,适用的《最高人民法院关于适用〈中华人民共和国婚姻法〉若干问题的解释(二)》第十条规定也不存在问题,造成同案不同判的主要原因是相关规定过于笼统,在确定彩礼返还比例上赋予了法官极大的自由裁量权。

二、我国彩礼返还制度的现状

《最高人民法院关于适用〈中华人民共和国婚姻法〉若干问题的解释(二)》将彩礼返还分为三种情形,即双方未办理结婚登记手续的、双方办理登记手续但确未共同生活的以及婚前给付导致给付人生活困难的。在司法实践中,三种情形的彩礼返还比例各不相同。

(一)双方未办理结婚登记手续

2016年至2019年6月,在温岭市人民法院审理的92件彩礼返还案件中,未办理结婚登记手续的彩礼返还案件共85件,约占彩礼返还案件总数的93%;已办理结婚登记手续但确未共同生活的共3件,约占彩礼返还案件总数的3%;婚前给付导致给付人生活困难的共4件,约占彩礼返还案件总数的4%。(见图1)

图1　温岭市人民法院审理的彩礼返还案件类型比率

图1显示,未办理结婚登记手续而要求返还彩礼的案件占了全部彩礼返还案件的绝大多数。对于这类案件,司法判决中存在的主要争议不是返还与否的问题,而是返还多少的问题,是应当全额返还还是应当按比例返还的问题。

案例三:河南省温县人民法院曾于2014年审理过这样一个案件,石某与朱某经人介绍认识,其后双方按照农村风俗订立婚约,石某委托媒人给朱某送去了50000元现金及金项链、金戒指等彩礼;后因琐事发生矛盾,二人解除婚约;石某向法院提起诉讼,要求判令朱某返还全部彩礼。温县人民法院接收案件,酌情判定朱某返还25000元。石某不服一审判决,提出上诉,认为法院只要查明双方确未办理结婚登记手续,接收彩礼方应当返还全部彩礼,不存在由办案人员酌定的问题,原判酌情返还,没有法律依据。上诉法院认为,双方已订婚且已共同生活过一段时间,一审法院根据当事人生活时间长短等情况判决当事人返还部分彩礼并无不当,应予维持。

案例三中的石某要求返还全部彩礼的观点是不成立的。在司法实务中,即使是因为某一种相同情形要求返还彩礼的,也存在个案的特殊性,若法院一刀切地判决全额返还的话,既不利于保护当事人的合法权益,又不利于维护社会的公平正义。《最高人民法院关于适用〈中华人民共和国婚姻法〉若干问题的解释(二)》第十条中的"应当予以支持",是指对于彩礼返还案件,法院首先应当考虑是否需要返还彩礼,在这一基础上,再根据案件具体情况考虑应当返还多少彩礼。《最高人民法院关于印发〈全国民事审判工作会议纪要〉的通知》对于《最高人民法院关于适用〈中华人民共和国婚姻法〉若干问题的解释(二)》第十条第一种情况进行了补充规定,未办理结婚登记手续但已实际共同生活的,法院应当根据双方生活的时间、当地风俗等因素来确定是否返还彩礼及返还彩礼的数额。最高人民法院的该项补充规定是对是否应当返还彩礼的情形进行的规定,至于应当返还多少,则需要根据具体情况综合考量。在该种情形下,全国绝大多数法院判定采取返还部分彩礼的方式。有些法院还根据当地习俗对如何确定彩礼返还数额作出了相关规定,如上海市高级人民法院、江苏省泰州市姜堰区人民法院、河南省周口市中级人民法院、安徽省亳州市中级人民法院。浙江省温岭市人民法院于2016年至2019年6月已判决结案的22个彩礼返还案件中,法院认定应予返还彩礼的案件共21件,其中全额返还的仅为1件,部分返还的为20件。

(二)双方办理了结婚登记手续但确未共同生活

《最高人民法院关于适用〈中华人民共和国婚姻法〉若干问题的解释(二)》第十条第二项规定,若男女双方仅办理了结婚登记手续但确未共同生活,则给付彩礼方要求返还彩礼的请求应当得到支持。对于结婚后没有共同生活就"闪离"的,毋庸置疑,应当认定为未"共同生活"。对于居住在同一住所、过着夫妻生活的,应认定为"共同生活"。但现实生活往往没有这么简单。两地分居,偶尔有性生活,算不算共同生活?没有共同居所,仅有精神上的夫妻生活,算不算共同生活?下面笔者将通过案例分析来判断什么是"共同生活"。

案例四:秦某与韦某于2013年5月经人介绍后相恋。秦某按当地习俗给付被告彩礼钱39900元、价值4946元的金首饰及被子等。双方于2014年2月13日开始同居生活,于2014年4月1日办理结婚登记手续。在结婚登记时,双方进行了婚前医学检查。2014年4月18日,秦某在领取婚检证明后发现韦某患有乙肝。秦某不满韦某隐瞒其患有乙肝的事实，与韦某分居至今。

案例五：李某系某地方部队的战士，2015年3月经人介绍与张某确立了恋爱关系，随后，李某委托媒人向张某送去彩礼80000元。2015年4月，二人登记结婚。婚假结束后，李某按规定回部队，平时只能通过电话与张某沟通，后李某联系不到张某，打听后得知张某已离家到外地打工。二人只在李某休婚假期间短暂共同生活过。

案例六：高某与郭某结婚1年，其间两人从未发生过性关系，高某无法忍受这种名存实亡的婚姻，故起诉要求与郭某离婚。庭审中，郭某承认从未与高某发生性关系，但郭某称这都是高某的过错，因为高某从结婚当天起便天天晚上玩电脑游戏至深夜，自己无法忍受便搬至另外的小屋居住，故没有性生活是因为两人作息时间不一致，并不是郭某的过错。郭某同意离婚，但要求高某返还结婚时给付的彩礼100000元。高某表示，二人办理了结婚登记手续，共同生活1年之久，且未因给付彩礼而导致生活困难，不符合返还彩礼的法律规定，不同意返还彩礼。

法律及司法建议对于何为"共同生活"没有明确规定，学理上也很少对其进行解释。但通过对《中华人民共和国婚姻法》基本原理、夫妻双方的权利义务关系、社会传统伦理观念进行分析，共同生活主要包括以下几个方面：（1）夫妻间的共同住所；（2）夫妻间的性生活；（3）夫妻间共同的精神生活；（4）夫妻相互扶助的义务；（5）夫妻共同承担的其他家庭义务。按照上述对"共同生活"的解读，夫妻有无共同生活，既要看主观意愿又要看客观行为，即男女双方是否愿意长期共同生活，男女双方是否有共同居所，能否维持夫妻生活履行权利义务。[1]基于此，案例四中的秦某与韦某登记结婚十几天后，因为韦某患有不影响婚姻生活的疾病而与韦某分居，显然是没有与韦某长期共同生活的意愿，尚谈不上共同履行夫妻义务，更不用说实际意义上的共同生活，故短时间的同居生活不足以认定为"共同生活"，韦某要求返还彩礼的诉讼请求应当得到支持。案例五中的李某因为工作需要，在与张某结婚后共同生活十几日便返回部队，而后张某不辞而别。笔者认为双方未能长久、持续的共同生活，责任不在张某，但张某在未告知李某的情况下，离家出走且下落不明，该行为表示其不想与李某共同生活的主观意愿，因此李某要求张某返还彩礼的诉求应当得到支持。案例六中的高某与郭某从未有过性生活,应当认为"未共同生活",法院应当按照双方过错程度确定返还彩礼的比例。

(三)婚前给付并导致给付人生活困难

该情形需要注意两点:婚前给付及生活困难。对于婚前给付,从字面意思上来看,就是指办理结婚登记手续前给付彩礼,但笔者认为不应只局限于办理结婚登记手续前给付。全国各地风俗不一:有些地区系订婚时全部给付;有些地区是订婚时给付一部分,举行婚礼时再给付剩余部分;有些地区是先登记结婚,再订婚,在订婚时给付彩礼。故对于"婚前"这一概念应做扩大解释,只要是为了订婚而给付彩礼都应认定为婚前给付。"生活困难"应如何理解呢?笔者在中国裁判文书网上通过检索关键词"生活困难""彩礼返还",发现浙江省法院系统于2012—2019年审理的离婚纠纷中,因生活困难而要求返还彩礼的案件共13件,其中法院认定符合生活困难的有4件。(见表1)

表1 浙江省法院审理的因生活困难而要求返还彩礼的案件情况

案件	判决结果	原因
倪某与孙某离婚纠纷	返还彩礼	彩礼给付人劳动能力明显低于普通人,收入较低,且其家庭为普通农村家庭,原本经济条件一般,为给付彩礼背负借款债务,造成生活困难
过某与俞某离婚纠纷	返还彩礼	彩礼给付人所给付的彩礼金额较大,对其家庭经济带来一定影响,且共同生活时间较短
王某与何某离婚纠纷	返还彩礼	彩礼给付人父亲因车祸致残,导致其家庭生活困难,且共同生活时间短
黄某与何某离婚纠纷	返还彩礼	彩礼给付人及其父母均为残疾人,且根据彩礼给付人所在村村民委员会出具的证明,可认定彩礼给付人确系生活困难,依靠个人财产及离婚时分得的财产无法维持当地基本生活水平

通过上述数据分析可以看出,浙江省大部分法院对于"生活困难"的认定是较为谨慎的,对于当事人未提供证据证明给付彩礼的行为导致生活困难或提供的证据不足以证明生活困难的,其要求返还彩礼的请求一般不会得到支持。法院判定"生活困难"的标准是什么?一般来说,"生活困难"有

两种理解:一种是绝对困难,指依靠自己的力量无法维持当地最基本的生活水平;另一种是相对困难,指与给付彩礼前的生活条件相比,现在的生活出现一定程度的困难。《最高人民法院关于适用〈中华人民共和国婚姻法〉若干问题的解释(一)》第二十七条对"生活困难"的解释是"依靠个人财产和离婚时分得的财产无法维持当地基本生活水平",通过对法条的理解可知,这里的"生活困难"是指绝对困难。只有当给付彩礼导致给付人及其家庭的生活出现绝对困难,无法维持当地最基本的生活水平时,彩礼给付人要求返还彩礼的诉讼请求才应得到支持。对于表1中的过某与俞某离婚纠纷及王某与何某离婚纠纷,笔者对法院的认定有不同理解。过某与俞某离婚纠纷,虽然过某给付的彩礼数额较大,且给付彩礼对其生活造成一定的影响,但过某及其家庭并未无法维持当地最基本的生活水平,故过某的情况不符合法律规定的返还彩礼的情形。王某与何某离婚纠纷,王某确系向何某给付彩礼,且王某及其家庭生活确系达到绝对困难,但王某生活困难并非是其给付彩礼的行为造成的,故亦不符合法律规定的返还彩礼的情形。

三、彩礼返还的相关问题

(一)彩礼返还案件中的特别情形

1. 婚约一方当事人死亡导致解除婚约

案例七:甘肃省定西市中级人民法院审理过一起案件,婚礼当晚男方因煤气中毒当场死亡,后男方母亲以给付彩礼造成家庭生活困难为由起诉,要求女方返还彩礼。法院考虑到男方家庭经济情况、彩礼金额、男方身亡给女方造成的精神伤害,酌情判决由女方返还彩礼数额的70%。这一案件中,男女双方仅按照风俗办理传统婚礼,未办理结婚登记手续,属于《最高人民法院关于适用〈中华人民共和国婚姻法〉若干问题的解释(二)》规定的返还彩礼的情形,故根据现有法律来看,法院的上述判决是合理合法的。我国法律法规未对因意外事件而返还彩礼的情形作出相关规定。欧洲某些国家在这方面有明确法律规定,可以借鉴。《德国民法典》第一千三百零一条规定:"如果婚姻未成,则每一方订婚皆可依照有关返还不当得利的规定而要求返还所赠礼物或作为不当得利的规定而要求对方返还所赠礼物或作为订婚标志所给之物。在订婚因一方订婚人死亡而解除的情形,倘有疑义,推定返还请求被排除。"《瑞典民法典》第九十四条第三项规定:"因婚约的一方死亡而解除婚约的,不得要求返还赠与物。"归纳起来就是,在无过失或者无过错的情况下,一方死亡而导致婚约解除的,不得要求返还赠与物,因为此类意外对双方家庭来说都是不幸的,若此时双方还要因彩礼问题进行诉讼,无疑对双方造成的心理伤害大于金钱的损失。虽然婚约解除,给付彩礼的目的未实现,但接收彩礼方并未因此获得利益,因为精神创伤无法用金钱衡量,故以不当得利为由要求接收彩礼方返还彩礼不成立[2]。对于此类不因存在任何一方过错或过失的意外事件导致婚约解除的,建议各地法院结合当地风俗出具相应的指导意见。

2. 已办理结婚登记手续并共同生活,因接收彩礼一方严重过错导致离婚

案例八:梁某与金某于2016年下半年开始交往。2017年5月,两人在民政局办理结婚登记手续。2017年9月,金某产下一名男孩。2018年2月,梁某与金某举行订婚仪式,金某收取梁某266800元聘金及物品。后经鉴定,梁某并非男孩的亲生父亲。2018年5月,梁某起诉至法院,要求与金某离婚并要求金某退还聘金及物品。法院认为梁某与金某已登记结婚且已共同生活一年左右,不符合《最高人民法院关于适用〈中华人民共和国婚姻法〉若干问题的解释(二)》第十条规定的任何一种情形,故依法驳回了梁某彩礼返还的诉讼请求。后梁某不服判决,上诉至中级人民法院。经中级人民法院调解,金某返还给梁某彩礼100000元。本案中,婚姻关系解除的主要原因在于女方存在重大过错,一审法院的判决虽然符合法律规定但与民众朴素的价值观相悖,很难得到当事人的认可,不仅未使得双方当事人息争止诉,反而造成男方家庭的不满。二审法院采取了"变通性"的裁判方式,积极联系双方当事人,晓之以理、动之以情,最终达成双方满意的调解协议,以调解方式结案。为了避免情法不符的情况再次发生,应考虑在彩礼返还的法律规定中设置过错原则等作为兜底,以便法官在处理特殊情况案件时能有法可依。

(二)彩礼返还制度的基本原则

现行法律对于彩礼返还的规定较为笼统,我国各地婚嫁习俗也各不相

同,统一的法律规则在司法实践中难以落实。因此,需要概括性和伸缩性的法律原则来规范彩礼返还问题,既能兼顾个案特殊性,又能为法官提供一定的裁判标准,以便更好地平衡双方当事人的利益。

1. 考虑过错原则

现行法律对彩礼返还未做过错约定,因男方过错导致婚约解除的,在符合法律规定的返还条件下,男方主张彩礼的诉讼请求应予支持,并无主观过错的考虑。《最高人民法院关于适用〈中华人民共和国婚姻法〉若干问题的解释(二)》第十条后两款均是在离婚的前提下论述彩礼返还问题。我国婚姻法规定了过错离婚和无过错离婚两种情形,过错程度直接影响夫妻共同财产的分割;同理,在彩礼返还制度上应引入过错原则,根据过错原则确定返还数额。

2. 尊重善良风俗原则

彩礼制度最早可以追溯至父系社会,在我国已存在了几千年,至今仍然是我国广大农村地区及大部分城市订婚的必要程序。在我国广大农村地区和大部分城市,在处理婚姻、家庭关系方面,调整人们行为的规范,除了法律,更多是世代传承的风俗习惯。因此,法官在审理彩礼返还案件中,除了依照法律,还应尊重社会善良风俗,做到情与理的结合,以达到案结事了。

3. 利益均衡原则

综合各种因素,平衡各方面利益,是圆满解决纠纷的关键,也是提升司法公信力的必然要求。在当事人看来,法律是用来保护自身利益、确认自身权益的工具,他们将自己的那些家长里短、风俗人情都拿到法庭上来,目的就是希望法律能给他们一个公平公正的说法。男女平等原则是《中华人民共和国婚姻法》的基本原则之一,利益均衡原则是男女平等原则在彩礼返还制度中的体现。

四、彩礼返还制度的立法建议

近年来,随着经济发展速度的不断提升,求新求快的风气也逐渐蔓延开来。从近几年浙江省温岭市人民法院审理的离婚纠纷案件来看,"闪婚""闪离"数量不断增加,相关彩礼返还纠纷也呈井喷式增长趋势。2011—2016年,在中国裁判文书网上通过关键词"彩礼返还""民事判决"搜索到的案件数可以看出,由2012年的346件至2013年的1599件,彩礼返还案件数已呈倍数增长,到2014年案件数量更是暴增至7745件(见图2)。《最高人民法院关于适用〈中华人民共和国婚姻法〉若干问题的解释(二)》设立了彩礼返还制度,弥补了立法漏洞,有利于在解决大量的彩礼返还纠纷时有章可循。但正如上文分析的,我国法律对于彩礼返还制度的规定过于简单概括,在司法实践过程中标准不统一,同案不同判的司法现象普遍存在,严重影响法律权威。笔者认为,可以从以下几个方面完善彩礼返还制度。

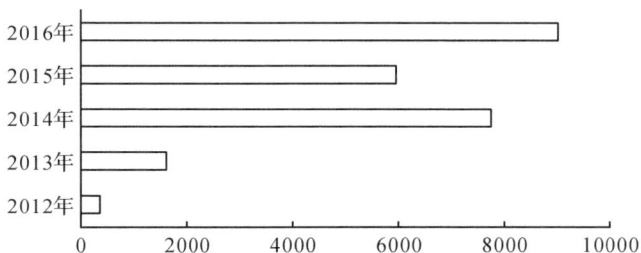

图2 中国裁判文书网彩礼返还案件数量(单位:件)

(一)增补彩礼返还相关立法

我国法律规定了三种彩礼返还的情形,只有符合这三种情形,当事人彩礼返还的请求才会得到支持。但在司法实践中,婚姻家庭关系中出现的情况往往较为复杂,对这些复杂的彩礼返还纠纷如何处理找不到依据,且即便法律如何详尽,也囊括不了所有类型的纠纷。故有必要在彩礼返还制度中设置一个指导原则作为兜底,以便法院在处理应当返还彩礼的案件时可以依据指导原则作出裁判,避免裁判于法无据。

(二)明确共同生活、生活困难的标准

我国现行法律对于"共同生活"没有明确规定,使得如何认定"共同生活"成为诉讼争议中的焦点。关于共同生活的标准的认定,笔者认为既要看双方是否愿意长期共同生活,男女双方是否有共同居所,又要看能否共同维持夫妻生活履行权利义务。具体来说,即同居超过六个月的、女方曾经怀孕

或流产的、一方承担了为家庭提供经济来源或照顾家庭成员的,若有上述任一情形的可以认定属于共同生活。关于生活困难的认定,则可以采取《最高人民法院关于适用〈中华人民共和国婚姻法〉若干问题的解释(一)》第二十七条第一款的规定,当给付彩礼一方在给付彩礼后无法维持当时正常生活水平即应被认定为"生活困难"。

(三)引入过错原则

《最高人民法院关于适用〈中华人民共和国婚姻法〉若干问题的解释(二)》仅规定了三种应返还彩礼的情形,未考虑过错原则,显然不合情理,有违公平正义。在实际生活中,除了个别因双方性格不合、感情不深等解除婚约返还彩礼的,大多数解除婚约系因一方有家庭暴力、赌博、吸毒、好吃懒做、与其他异性有不正当交往、隐瞒婚史等过错,若在判决时不考虑一方的主观过错显然不合情理,有违公平正义原则。我国现行婚姻法中规定了离婚损害赔偿制度,对重婚的、有配偶者与他人同居的、实施家庭暴力的、虐待或遗弃家庭成员的,无过错方在离婚时有权请求过错方承担赔偿责任。彩礼返还也可参照此法,根据过错方过错程度确定返还比例。笔者认为,可以主要考虑以下几种过错:(1)已订立婚约但未登记结婚,因一方具有重婚、与异性有不正当关系等违反忠贞义务的;(2)一方具有家庭暴力、赌博、吸毒等情况的;(3)一方明知其婚前有重大疾病却不如实告知的;(4)其他因一方过错导致婚约解除或离婚的。[3]

(四)结合习俗,量化返还比例

笔者浏览了浙江省温岭市人民法院审理的已判决结案的彩礼返还案件,其中绝大多数案件都为部分返还,但比例各不相同。如上文案例一、案例二,案情基本相同,一个案件返还比例为50%,另一比例却仅为30%。为避免同案不同判的现象再次发生,各地法院应当结合当地风俗习惯,综合考虑各种因素,出台彩礼返还纠纷案件裁判规则,将彩礼返还比例具体化,以确保地方法院在审理这类案件时能有明确、一致的裁判依据,避免司法混乱现象,维护社会稳定。

江苏省泰州市姜堰区人民法院、河南省周口市中级人民法院及安徽省亳州市中级人民法院均对彩礼返还比例作出了较为详细的规定。为直观对比三地对彩礼返还比例的规定,笔者将其整理成表2—表4。

表2　姜堰区人民法院彩礼返还比例表

解除婚约方	彩礼价值	返还比例
接受彩礼方	<2000元	0
	2000—10000元	80%
	10000—20000元	90%
	>20000元	100%
给付彩礼方	<2000元	0
	2000—10000元	60%
	10000—20000元	70%
	>20000元	100%

表3　周口市中级人民法院彩礼返还比例表

基本情况	共同生活时间	返还比例	其他情形
未办理结婚登记手续/婚前给付并导致给付人生活困难	<3个月	70%	因给付彩礼一方原因导致婚约解除及在共同生活期间女方怀孕或流产的,可在此基础上减少5%—20%
	3个月—1年	50%	
	1—2年	30%	
	>2年	0	

表4　亳州市中级人民法院彩礼返还比例表

基本情况	共同生活时间	返还比例	其他情形
未办理结婚登记手续	未共同生活	100%	因彩礼给付方原因导致婚约解除的,返还数额不低于70%
	<1年	40%	因彩礼给付方/彩礼接受方原因导致婚约解除的,返还彩礼的数额可比照上款规定的数额适当减少/增加,但减少/增加数额不超过彩礼总额的10%
			双方对于婚约解除均有过错的,一方过错明显大于另一方的,可比照上款规定的数额适当增加/减少返还数额,但增加/减少数额不超过彩礼总额的5%

续　表

基本情况	共同生活时间	返还比例	其他情形
未办理结婚登记手续	1—2年	20%	女方怀孕或流产,返还数额可适当减少,但多次减少数额一般不超过15%
	>2年	0	
婚前给付导致给付人生活困难的	<1年	50%	因彩礼给付方/彩礼接受方原因导致婚约解除的,返还彩礼的数额可比照上款规定的数额适当减少/增加,但减少/增加数额不超过彩礼总额的10%
	1—2年	30%	双方对于婚约解除均有过错的,一方过错明显大于另一方的,可比照上款规定的数额适当增加/减少返还数额,但增加/减少数额不超过彩礼总额的5%
	>2年	0	

由上述表格可知,法院在制定返还比例规则时,主要考虑双方共同生活时间长短、双方过错程度、女方是否存在怀孕或流产等情形。立法者在规定可操作的返还比例时,可以区分不考虑过错因素和考虑过错因素两种情况。首先是不考虑过错因素的情况。(1)双方未办理结婚登记手续,以双方有无共同生活及共同生活时间长短来确定返还比例:未共同生活的,返还80%—90%;共同生活时间不足一年的,返还30%—80%;共同生活时间一年以上不满两年的,返还10%—30%;共同生活两年以上且无其他情形的,不予返还;若女方在共同生活期间有怀孕、流产等情况的,返还比例按同档次额度减少10%。(2)双方已办理结婚登记手续但未共同生活的,返还50%—70%。(3)返还婚前给付彩礼导致给付人生活困难的,综合考虑双方经济条件及婚姻存续时间长短,返还10%—50%;若婚姻存续期间两年以上且无其他情形的,不予返还。其次是考虑过错因素的情况。(1)针对过错责任的返还比例,若一方或双方存在上文引入过错原则中阐述的第一种过错的,返还比例为10%—30%;存在第二种过错的,返还10%—15%;存在第三种过错的,返还30%—50%;存在第四种过错的,结合具体情况确定返还比例。(2)若存在两种或以上过错的,以最高返还比例不超过90%为原则,综合考量确定返还比例。(3)若双方均有过错,给付彩礼方过错明显大于接收彩礼方的,返还比例可根据上述比例进行扣减,接收彩礼方过错明显大于给付彩礼方的,返还比

例可根据上述比例进行增加。制定返还比例,使得司法实践中有相对统一的裁判标准,又给了法官一定的自由裁量权。

作为古代婚姻制度的重要内容,彩礼给付制度至今已有数千年历史了,在民间婚姻嫁娶中一直扮演着重要角色。近年来,由于人们思想观念的转变、人口流动性增强及彩礼金额较大等因素,彩礼纠纷案件数量居高不下。《最高人民法院关于适用〈中华人民共和国婚姻法〉若干问题的解释(二)》的出台为彩礼纠纷的处理提供了一定的法律依据,然而仅仅依靠该司法解释来解决彩礼纠纷问题还远远不够,与彩礼返还相关的法律法规需要进一步细化和完善。希望对彩礼返还问题的研究能够引起更多重视,以推动彩礼返还立法的完善,为解决彩礼返还纠纷提供更可靠的法律依据。

参考文献

[1]邹宇婷.彩礼返还制度中的利益平衡问题研究[D].长春:吉林大学,2018.

[2]佴家毅.彩礼返还法律适用问题研究[D].上海:华东政法大学,2017.

[3]严樱.彩礼返还的法律分析及立法完善建议[D].上海:华东政法大学,2013.

基于民法典视角的夫妻共同债务研究

楼雨凡[*]

摘　要：自 1950 年的《中华人民共和国婚姻法》到如今的《中华人民共和国民法典》，我国的夫妻共同债务的认定与清偿规则随着社会经济文化的发展而日益完善。然而，从《中华人民共和国民法典》的相关条文来看，夫妻共同债务制度仍有待完善。夫妻共同债务的实质是妥善平衡社会利益和家庭利益，具体表现为婚姻当事人财产权益与债务人财产权益的制衡。因此，我国应当建立以夫妻共同意思表示和家庭利益为核心的二元夫妻共同债务认定规则，并合理分配举证责任。此外，还应当区分债务的产生原因，以不同的方式清偿债务。通过完善认定标准、合理分配举证责任、区分债务类型清偿三位一体的方式保护债权人的合法权益及负债一方尤其是配偶的合法权益。

关键词：民法典；夫妻共同债务；家庭利益；举证责任；清偿

一、问题的提出

2020 年 5 月 28 日第十三届全国人民代表大会第三次会议通过了《中华人民共和国民法典》（以下简称《民法典》），其有关夫妻共同债务的规定大量采纳了《最高人民法院关于审理涉及夫妻债务纠纷案件适用法律有关问题的解释》（以下简称《新解释》）的观点，统一了夫妻共同债务认定与清偿规

---

*　楼雨凡，浙江理工大学法政学院法学系本科生，研究方向为民商法。

则,并首次在立法层面确立了"日常家事代理权"制度,这解决了以往困扰司法界的一些核心问题。然而,一方面,《民法典》对日常家事代理权的范围以及何为"共同生活、共同生产经营"仍缺乏界定;另一方面,《民法典》着重解决了债务属性的认定问题,忽视了对共同债务的清偿规范,分配给债权人过重的举证责任。因此,本文基于《民法典》现有之规定,在夫妻采用婚后财产共同制的前提下,提出完善我国夫妻共同债务制度的建议。

二、夫妻共同债务的界定

(一)夫妻共同债务的法律概念

根据《民法典》,夫妻共同债务是指在婚姻关系存续期间,夫妻双方共同签名或者夫妻一方事后追认等共同意思表示所负的债务、夫妻一方以个人名义为家庭日常生活需要所负的债务,以及其他用于夫妻共同生活共同生产经营的债务。值得注意的是,不应将"在婚姻关系存续期间"狭义理解为"发生于婚姻关系存续期间"。夫妻共同债务也包括在婚姻关系存续期间转化为夫妻共同债务的债务,如一方婚前为婚后共同生活购买婚房而负的债务。

(二)夫妻共同债务的性质

作为厘定夫妻共同债务清偿规则的下层基础,夫妻共同债务性质的准确认定至关重要。对此,当下理论界主要有连带债务论和共同债务论两种基本观点。连带债务论认为,首先,在夫妻婚后所得共有制下,夫妻双方对消极共同财产——债务,应当不分份额地连带清偿;其次,婚姻的缔结,其效力相当于一份双向的代理合同,即夫妻一方的意思表示相当于夫妻二人的共同意思表示,因此对外所欠的债务为典型的基于共同意思表示的连带债务。[1]共同债务论认为,夫妻共同债务是夫妻整体不分份额的共同负担的单个债务,要优先以夫妻共同财产清偿。

笔者认为,共同债务论更契合夫妻共同债务的本质。第一,虽然《最高人民法院关于适用〈中华人民共和国婚姻法〉若干问题的解释(二)》明确规定夫妻共同债务适用连带清偿规则,但承担连带责任,并不当然决定债务性质,共同债务的清偿也能适用连带清偿规则。夫妻对共同债务承担连带责任,实质是准用连带债务规则的结果。[2]第二,夫妻共同债务是夫妻组成的家庭整体对外的负债,仅存在一个共同的意思表示,构成唯一的债权债务关系,债权人只得向多个债务人整体请求债务的履行。可见,夫妻共同债务不是要求存在复数债之关系的连带债务。第三,在法定财产制下,夫妻对家庭财产是不按份的共同共有,《民法典》已确立共同共有之规则。若仍按照连带债务的清偿规则处理夫妻共同债务,这意味着受请求的一方可以对夫妻共同共有的财产进行单独处分,且效力可以及于另一方,这违背了现行规则,会造成民法逻辑体系上的自相矛盾。反之,对其适用共同债务清偿规则,债权人唯有向夫妻整体为履行债务的请求,这符合民法体系化要求。

另外,学界还有合伙债务论、特殊连带债务论、共同债务分别论和结合论等学说,但都是以上两大基本学说的衍生观点,本文不再赘述。

三、我国夫妻共同债务的认定和清偿规则的演化

1950年我国第一部《中华人民共和国婚姻法》第二十四条首次确立了"用于共同生活"的夫妻共同债务认定标准,夫妻共同债务以共同财产偿还,不足部分由男方承担连带责任。"由男方偿付"的清偿规则的确立是鉴于当时普遍的"男主外、女主内"家庭模式。女性很少有独立的收入来源,要求其偿付债务有违公平。

1980年《中华人民共和国婚姻法》第三十二条在沿袭了上部法律确立的"用于共同生活"标准外,增加了夫妻共同债务发生在"婚姻关系存续期间"的限制,并与时俱进地改变了清偿方式,给予夫妻自由协议清偿的权利,协议不成再由人民法院判决。但在改革开放后,市场经济快速发展,仅关注了家庭消费属性的《中华人民共和国婚姻法》无法规范因生产经营行为产生的夫妻共同债务。因此,1988年施行的《最高人民法院关于贯彻执行〈中华人民共和国民法通则〉若干问题的意见(试行)》第四十三条、第四十四条将夫妻关系存续期间,一方或家庭为个体工商户或农村承包经营户,其经营所得

为家庭财产的,所负债务认定为夫妻共同债务。

2001年修订后的《中华人民共和国婚姻法》第四十一条仍沿袭了"用于共同生活"的立法精神,但将夫妻共同债务的偿还方式暧昧地由"以共同财产偿还"改变为"共同偿还"。如此既不明确责任财产的范围,也不明确清偿责任的措辞,导致实践中往往将夫妻共同债务误认为是连带债务。

《中华人民共和国婚姻法》(含1950年、1980年及2001年修订后的)主张以举债用于家庭共同生活之目的作为认定夫妻共同债务的标准,体现了法注重维护婚姻共同体,保护婚姻当事人合法财产权益的价值理念。[3]但由于其过于维护婚姻共同体,在大量司法案件中,债权人通常难以举证借款用于夫妻共同生活,致使其合法财产权益无法实现。因此,2003年《最高人民法院关于适用〈中华人民共和国婚姻法〉若干问题的解释(二)》出台,其第二十四条规定只要债务发生于婚姻关系存续期间,便可被推定为夫妻共同债务。而第二十五条和第二十六条明确指出:夫妻对共同债务"承担连带责任",即使婚姻关系解除,举债方配偶也无法免除责任。这完全跳脱了《中华人民共和国婚姻法》所确认的认定标准。为了区别两个互相冲突的认定标准,学者们将前者称为"目的论",将后者称为"推定论"。因为"推定论"举证便捷、适用简单,实践中法官通常机械套用《最高人民法院关于适用〈中华人民共和国婚姻法〉若干问题的解释(二)》第二十四条的内容。[4]

另外,"推定论"为举债方配偶设置的举证除外情形极为苛刻,致使绝大多数债务被认定为夫妻共同债务。虽然"推定论"遏制了之前夫妻双方联合恶意损害第三人合法财产权益的现象,有效地维护了市场交易安全,却忽视了举债方配偶的合法权益,致使举债方配偶在完全不知情的状态下"被负债"。"推定论"饱受社会各界批评。众多学者认为,以"推定论"取代"目的论"有司法解释僭越法律之嫌,建议"最高院应因时制宜,立即废除该第二十四条"[5]。

基于社会各界对夫妻共同债务问题的诸多质疑。2018年《新解释》将夫妻共同债务划分为因夫妻共同意思表示所负的债务、夫妻一方以个人名义为家庭日常生活需要所负的债务和其他用于夫妻共同生活共同生产经营的债务三类。其实质是对"推定论"的摒弃,重新以"目的论"为皈依进一步细化和完善了夫妻共同债务认定标准。

2020年《民法典》正式颁布,其第一千零六十四条实际上便是对《新解释》内容的制度化确认。第一千零八十九条规定夫妻共同债务在离婚时优先以共同财产清偿,不足的由双方协议清偿,明确了夫妻共同债务的共同债务性质。

四、我国夫妻共同债务的认定和清偿规则的漏洞

(一)家庭日常生活需要的范围界定不明

根据我国法律对共同共有之规定,采取共同财产制的夫妻对共同财产的处置应征求另一方的意见。但在共同生活中多是些衣、食、住、行等重复琐碎的事务,若事事都要寻求对方同意,夫妻将如连体婴一般不自由。所以《新解释》引入"家庭日常生活需要"一词对夫妻共同债务认定规则进行设计,方便夫妻共同生活,提高日常生活的效率。"家庭日常生活需要"并不是一个新的概念,其实质上就是传统民法学理论中的"日常家事"[6]。在"日常家事"的范围内,夫妻一方对外所为的法律行为推定另一方亦予同意,行为的效力及于夫妻二人,这被称为"日常家事代理权"。新出台的《民法典》第一千零六十条首次将"日常家事代理权"作为制度在立法层面予以确认,但我国法律和司法解释均未明确日常家事的范围,以至于在实践中法官没有参照标准,这容易造成差异化判决,有损司法公正性。故须严格明确和限制日常家事代理权的权限范围。

(二)夫妻共同债务的范围依旧缺乏合理的界定

在经历大量的实践经验积累后,对于存在夫妻合意的债务和满足家庭日常生活需要的债务的界定已无太多的争议,但就其他用于"共同生活、共同生产经营"的夫妻共同债务的范围仍未得到清晰厘定,这容易导致在实践中产生歧义。首先,在字面意义上,"夫妻共同生活"容易与"家庭日常生活需要"相混淆。最高人民法院民一庭就曾混淆二者的概念,将"夫妻共同生活"等同于"家庭日常生活需要",认为"推定论"既能够减轻财产交易的成本,又符合日常家事代理权的基本法理。[7]可以毫不夸张地说,"推定论"就是

混淆二者概念的结果。其次,将是否用于"共同生活、共同生产经营"作为夫妻共同债务的认定标准有可能扩大夫妻共同债务的范围。比如,夫妻因共同生活需要计划购置一辆代步车,而丈夫却负债购置了一辆豪车。豪车确实满足了代步之需求,但让家庭负担了不必要的债务。显然,购置豪车的行为是为了满足丈夫的一己私欲,若让妻子负担购车所负的债务显然不合理。所以应以一种更为清晰的表述方式界定夫妻共同债务的范围。

(三)举证责任分配不均衡

根据"谁主张""谁举证"的原则,可以推知,《民法典》第一千零六十四条第一款将债务存在夫妻合意及债务用于家庭日常生活需要的举证责任分配给了债权人。其第二款明确规定债权人应当举证证明债务用于夫妻共同生活或共同生产经营。这样的规定让债权人负担过重的举证责任,尤其是对于不存在夫妻合意的债务,债权人往往会因为家庭生活私密性而难以举证,只能吞下举证不能的苦果。

(四)夫妻债务清偿规则存在的不足

《民法典》生效后,其第一千零八十九条将成为我国夫妻共同债务清偿的唯一规则。虽然《民法典》确认了夫妻共同债务的共同债务性质,规定由共同财产共同清偿,但仍未明确当夫妻共同财产不足以清偿债务时,不足部分应由何种责任财产清偿。在实践中,法院往往不区分共同债务的类型判决夫妻承担连带责任,这是对并无举债意愿的举债方配偶的财产权益的侵犯。

五、关于完善夫妻共同债务制度的思考

(一)明确"家庭日常生活需要"的范围

家事代理权的范围会因夫妻双方社会地位、职业收入、消费层次等因素而有所不同,同时也受居住地习惯的影响。[8]所以对"家庭日常生活需要"的范围进行详细列举难以覆盖多元化的现实境况。较为可行的方案是立足于

普通大众的社会理念及其生活习惯,合理借鉴域外法的经验,从目的以及达到目的的手段两方面进行设置,清晰厘定其范围。

首先,日常家事代理权的行使目的应当为:旨在维持家庭成员的日常生活、娱乐教育及接受医疗服务等。更具体的类型,可以参考我国统计局统计的居民消费支出类目。

其次,实现目的的手段应当具备适当性,即满足日常家事需要的支出在类型和规模方面必须与相同社会条件下家庭的平均消费水平一致。比如,子女的教育支出是符合家庭日常生活需要的,但出国留学深造对于家庭经济状况较差的家庭是不适当的,对于能轻松负担的家庭来说又是适当的。

(二)建立以共同意思表示和家庭利益为核心的二元夫妻共同债务认定规则

夫妻共同债务的认定问题,本质是平衡保护婚姻当事人与债务人的合法权益。所以夫妻共同债务认定规则需要调整好以下两方面的内容。

第一,对外的市场方面。家庭作为消费和生产单位,不可避免地与市场产生联系,然而市场有市场的规则,即为以意思表示为核心、以信赖正当性为补充的财产法规则。当夫妻因为作出了相同的意思表示,进而负担了债务,此种债务就应当为夫妻共同债务。夫妻共同债务制度当然需要尊重意思自治原则,保护市场交易安全,维护市场利益。

第二,对内的家庭方面。黑格尔在《法哲学原理》中指出,组建家庭的目的是在保证当下生活条件的基础上谋求家庭整体的发展和进步。[9] 所以,夫妻一方所负的债务,若要成为夫妻共同债务,应当符合家庭进步、发展之目的,即家庭利益。法律的本质是决断利益冲突的规定,共同债务与个人债务的划分,在法律上表达为夫妻团体利益与个体利益的冲突与协调。[10] 将是否用于夫妻"共同生活、共同生产经营"作为夫妻共同债务的认定标准,并不能清晰划分夫妻团体利益与个人利益。所以,相比于"共同生活、共同生产经营"的表述,使用"家庭利益"作为夫妻共同债务的标准更契合法律规定的本质,并且不容易与"家庭日常生活需要"产生混淆。

夫妻共同债务的认定应当平衡社会利益和家庭利益。据此可以建立共同债务二元认定标准。(见图1)

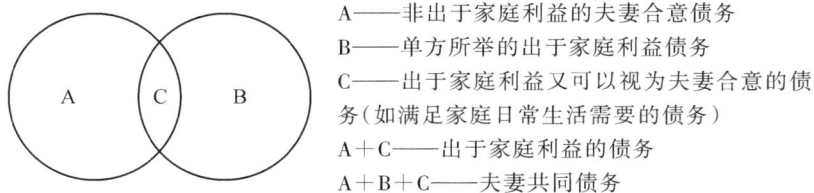

A——非出于家庭利益的夫妻合意债务
B——单方所举的出于家庭利益债务
C——出于家庭利益又可以视为夫妻合意的债务（如满足家庭日常生活需要的债务）
A＋C——出于家庭利益的债务
A＋B＋C——夫妻共同债务

图1　共同债务二元认定标准

（三）合理分配举证责任

对于存在夫妻合意及一方事后追认的债务，虽然此类债务披着夫妻共同债务的外衣，但更像是通过共同借款合同产生的连带债务。债权人，在此时，相对于举债方配偶处于优势地位，应当承担举证责任。如向法院提供有夫妻双方签名的借条或者能证明另一方意愿的电话录音或短信。

对于满足家庭利益所负债务的举证责任，实际上，不论如何配置举证责任，所能实现的充其量只是将原有的不公结果从非举债一方配偶的肩头转移到债权人一方，而无法从根本上消除这种不公。[11]（见表1）笔者以为应当通过构建新的清偿、追偿制度来平衡分配举证责任的公正性。可以将此种债务的责任财产限定为夫妻共同财产和债务人个人财产，在保障了举债方配偶部分财产权益的基础上，将举证责任分配给举债方配偶。这不仅体现了家庭"财产共享风险共担"的理念，有利于夫妻间感情的维护，还降低了市场交易成本。

表1　对于满足家庭利益所负债务的举证责任

债务实际用途	债务人证明的用途	配偶负举证责任的情况			债务人负举证责任的情况		
		配偶能否证明债务用于个人利益	判决结果	判决是否公正	债务人能否证明债务用于家庭利益	判决结果	判决是否公正
家庭利益	家庭利益	难以证明	共同债务	是	能够证明	共同债务	是
家庭利益	拒绝说明	难以证明	共同债务	是	难以证明	个人债务	否
家庭利益	个人利益	能够证明	个人债务	否	难以证明	个人债务	否

续　表

债务实际用途	债务人证明的用途	配偶负举证责任的情况			债务人负举证责任的情况		
		配偶能否证明债务用于个人利益	判决结果	判决是否公正	债务人能否证明债务用于家庭利益	判决结果	判决是否公正
个人利益	家庭利益	难以证明	共同债务	否	能够证明	共同债务	否
个人利益	拒绝说明	难以证明	共同债务	否	难以证明	个人债务	是
个人利益	个人利益	能够证明	个人债务	是	难以证明债务用于家庭利益	个人债务	是

　　当债务被认定为是满足家庭利益所负的债务后,债权人若进一步主张债务用于家庭日常生活需要,债务人需举证证明其有充足的理由相信债务人将债务用于家庭日常生活需要,如提供债务人声称债务用于日常家庭需要的借条、通话录音或短信记录等。举债方配偶可以举证证明债务确未用于家庭日常生活需要进行抗辩。

(四)完善夫妻共同债务清偿追偿规则

　　上文明确了在日常家庭生活需要的范围内,夫妻一方代表家庭所负的债务,可以视为夫妻共同的意思表示,即在效力上等同于夫妻双方合意的债务。其清偿规则应当与存在夫妻合意的债务相同。而存在夫妻合意的债务虽然披着共同债务的外衣,但在本质上它与普通连带债务相似,其责任财产应当包括夫妻共同财产和夫妻个人财产。所以对于存在夫妻合一的债务和满足家庭日常生活需要的债务应当优先以夫妻共同财产清偿,不足部分由夫妻双方个人财产承担连带清偿责任。

　　对于夫妻一方负担旨在满足日常家庭生活需要外的家庭利益的债务,当共同财产不足以偿还时,笔者认为剩余部分应当以举债人个人财产为限清偿。理由有:(1)根据合同的相对性,债权人无法从夫妻一方负担的债务中推出其配偶将以个人财产为此清偿的承诺。[12](2)夫妻共同生活的特征是双方的相互照顾,故举债方配偶会无法避免地享受债务带来的利益,但配偶在共同生活的范围内所享受的利益与其个人财产不存在关联。(3)举债方没有给予配偶知情权、选择权,没有遵循夫妻双方对共同财产有平等的处理权的规定,理应承担不利的后果。

六、结 论

正如《尔雅》中记载的:"妇之言服也,服事于夫也。"在我国传统的家庭观念中,男性家长应当代表着整个家庭参与社会经济活动,而女性负责家庭内部的后勤工作。在我国社会经济相对不发达,家庭参与的经济活动主要满足家庭日常生活需要的背景下,法院不区分婚后发生的债务类型,一律判决夫妻共同债务由夫妻承担连带清偿责任是合乎情理的。然而随着我国社会经济文化的快速发展,这样的做法逐渐失去了经济基础和思想基础。如今,超过95%的中国城市女性有自己的收入[13],夫妻的收入总和普遍远超出家庭日常生活需要。再加之,个人主义的勃兴,人们对个人财产自由支配的需求变得空前强烈。对夫妻共同债务的不合理认定与清偿,将损害夫妻的个人财产。因此,最高人民法院应当尽快出台相关司法解释,适时完善夫妻共同债务的认定与清偿规则,这不仅有利于维护债权人的合法权益,还有利于维护家庭的和谐稳定。

参考文献

[1]秦伟.夫妻共同债务认定的司法解释研究[D].北京:中国政法大学,2017.

[2]张驰,翟冠慧.我国夫妻共同债务的界定与清偿论[J].政治与法律,2012(6).

[3]姜大伟.我国夫妻共同债务认定规则的反思与重构[J].西南政法大学学报,2013(4).

[4]李洪祥.我国夫妻共同债务构成依据的反思[J].江汉论坛,2018(7).

[5]叶名怡.《婚姻法司法解释(二)》第二十四条废除论[J].法学,2017(6).

[6]范世英.夫妻共同债务的认定标准及其诉讼问题研究[D].上海:华东政

法大学,2018.

[7]最高人民法院民事审判第一庭. 最高人民法院婚姻法司法解释(二)的理解与适用[M]. 北京:人民法院出版社,2015.

[8]史尚宽. 亲属法论[M]. 北京:中国政法大学出版社,2000.

[9]黑格尔. 法哲学原理[M]. 范扬,张企泰,译. 北京:商务印书馆,1961.

[10]冉克平. 夫妻团体债务的认定及清偿[J]. 中国法学,2017(5).

[11]李贝. 夫妻共同债务的立法困局与出路:以"新解释"为考察对象[J]. 东方法学,2019(1).

[12]何丽新. 论非举债方以夫妻共同财产为限清偿夫妻共同债务[J]. 政法论丛,2017(6).

[13]韩湘景. 中国女性生活状况报告[M]. 北京:社会科学文献出版社,2018.

妇女解放与女性发展

传承弘扬千鹤妇女精神 为展现"重要窗口"的"头雁风采"贡献巾帼力量

阮　英*

摘　要:形成于中华人民共和国成立初期的千鹤妇女精神,集中反映着千鹤妇女自强奋斗、创新创业、忠诚奉献的可贵品质,生动诠释了妇联组织一心向党、实干担当、为民服务的初心使命。毛泽东同志为此写下了512个字的按语,成为"半边天"思想的重要来源,激励着无数妇女走出家门、在各行各业与男子齐头并进。新时代赋予千鹤妇女精神新的内涵,传承弘扬好千鹤妇女精神,对推动经济社会发展具有重要而深远的现实意义,也为妇联工作和妇联改革明确了新的努力方向。

关键词:千鹤妇女;重要窗口;头雁风采;精神力量;践行路径

　　20世纪50年代,杭州市建德县千鹤自然村的妇女在党的领导和妇联组织的带领下,打破传统旧俗,投身农业生产,倡导男女同工同酬,树立了妇女参加集体劳动的典范,孕育了"千鹤妇女精神"。1955年,毛泽东同志为此写下了512个字的按语,提出了"中国的妇女是一种伟大的人力资源"这一重要论断,为后来"妇女能顶半边天"响彻中国大地提供了丰厚的思想养料和实践素材。杭州因此成为中国共产党关于妇女"半边天"思想的重要萌发地和实践地。习近平总书记在任浙江省委书记期间曾指出:"妇女是人类社会的'半边天',与男子一样,同是社会物质财富、精神财富的创造者,同是人类历

---

* 阮英,杭州市妇联党组书记、主席,研究方向为女性发展。

史的推动者。"党的十八大以来，习近平总书记从党和国家事业全局的战略高度就做好妇女工作作出一系列重要论述。2020年10月1日，习近平总书记在联合国大会纪念北京世界妇女大会25周年高级别会议上发表重要讲话时指出："妇女是人类文明的开创者、社会进步的推动者，在各行各业书写着不平凡的成就。"这既是对妇女"半边天"思想的一脉相承和丰富发展，更为做好新时代妇女工作提供了根本遵循。

千鹤妇女精神跨越时代，历久弥新。新时代，千鹤妇女精神的内涵就是"自强奋斗撑起半边天、创新创业敢为天下先、忠诚奉献共圆家国梦"。当前，浙江正在努力建设新时代全面展示中国特色社会主义制度优越性的重要窗口。杭州作为省会城市，要在传承弘扬千鹤妇女精神的同时，将其有效地转化为推动妇女事业进步发展的不竭动力，成为激励妇女展现"重要窗口"的"头雁风采"、发挥"半边天"作用的强大精神力量。

一、牢牢把握千鹤妇女精神的丰富内涵

（一）坚持党的领导、党建带妇建，是千鹤妇女精神的灵魂，是妇女工作永不变色的政治根本

中国共产党的领导是中国特色社会主义妇女发展道路的显著特征和最大优势。千鹤妇女听党话、跟党走，在党组织的发动下破天荒地参与劳动生产，自己动手建设家园，体现了一心向党、忠诚于党的可贵品格。在千鹤按语中，毛泽东同志将马克思主义妇女观与中国妇女解放运动的实际相结合，充分肯定了千鹤妇女的实践经验，并深刻阐述了中国妇女在社会主义改造以及今后建设中的作用会愈来愈大。习近平总书记进一步发展了这一论述，强调要加强党对妇女工作、妇联工作的领导，指出"做好党的妇女工作，关系到团结凝聚占我国人口半数的妇女，关系到为党和人民事业发展提供强大力量""妇女事业始终是党和人民事业的重要组成部分""世界的发展需要进入更加平等、包容、可持续的轨道""妇女事业是衡量的重要标尺""保障妇女权益必须上升为国家意志"。如今的千鹤妇女正在党的领导下，在基层社会治理和乡村振兴中充分发挥"半边天"作用，使忠诚奉献、紧跟党走的信

念在建功立业的实践中进一步锤炼和升华。

（二）坚持大胆创新、敢为人先，是千鹤妇女精神的核心，是妇女事业不断发展的实践源泉

千鹤妇女敢于冲破封建思想束缚，走向田间地头，创造性地实行男女同工同酬、试办托儿组，开设全国首批、全县首个农村幼儿班，组建全杭州唯一的女子基干民兵连。这些行动展现出创业精神和巨大勇气，引领着千鹤妇女大胆创新、先人一步。诚如习近平总书记对浙江"干在实处永无止境、走在前列要谋新篇、勇立潮头方显担当"的新期望，新时代的千鹤妇女组建千鹤巾帼志愿者队伍、重建千鹤女子民兵连、召集老女子民兵队伍，三支队伍共同引领妇女积极投身基层社会治理；开创千鹤妇女试验田、发展智慧农业；开辟民宿、饭店等产业振兴实践点，通过"千鹤嫂直播间"推介销售农产品，成立千鹤乡村旅游发展公司、千鹤园林养护公司，帮助村民在家门口就业增收；创办千鹤女子学堂，提升女性素质。在千鹤妇女精神的感召下，建德涌现出潘秋梅、许建茹等一大批自强奋斗、创新创业的新时代千鹤妇女"领头雁"。

（三）坚持问题导向、实事求是，是千鹤妇女精神的精髓，是做好妇女工作的重要法宝

毛泽东同志说："我们讨论问题，应当从实际出发，不是从定义出发。"千鹤妇女投入劳动生产的过程始终体现着以问题为导向、重视调查研究、一切从实际出发的务实精神。如针对妇女思想实际，通过干群同算"三本账"，有效推进思想解放；农村托儿组根据孩子年龄不同进行分类施策，精准确定合理报酬；在创办幼儿班时首先对教养员、男女社员分别进行深入调研；等等。这些工作方法至今依然值得每一位党员干部学习。习近平总书记说："本本……不能成为研究问题和作决策的出发点，出发点只能是客观实际。""只有重视调查研究，才能真正做到一切从实际出发、理论联系实际、实事求是。"近年来，千鹤以"大学习大调研大抓落实"为契机，在党委政府的重视支持下，解决了拆除违章建筑等许多长期想解决而没解决的难题，办成了打造美丽庭院等许多过去想办而没办成的实事，靠的就是坚持问题导向和实践观点,秉持实事求是的作风,与时俱进地推进经济社会全面发展。

(四)坚持群众路线、为民情怀,是千鹤妇女精神的基因,是做好妇女工作的出发点和落脚点

千鹤经验是妇联组织践行宗旨,从群众中来、到群众中去,一切为了妇女、紧紧依靠妇女、密切联系妇女的一个生动案例。当年,建德县妇联主任胡采薇深入千鹤蹲点,秉持"工作要上去,干部要下去""滚一身泥巴,炼一颗红心"的工作作风,和农村妇女同吃同住同劳动,挨家挨户上门谈心,告诉大家"女人的地位不是男人给的、不是政策定的,而是靠自己奋斗出来的"。从中所体现的浓浓鱼水情,所反映的妇联干部优良作风,仍然是我们最宝贵的精神财富。习近平总书记明确指出:"人民对美好生活的向往,就是我们的奋斗目标。"如今,千鹤建起了妇女之家、妇女微家,挂牌了妇联执委工作站,深入妇女群众开展"四必访",了解妇情民意,想方设法帮助解决实际问题,真正把党的妇女工作做到每家每户,深入到每一个"田间地头"。

二、深刻认识传承弘扬千鹤妇女精神的时代价值

(一)传承弘扬千鹤妇女精神,为展现"重要窗口"的"头雁风采"提供强大的妇女人力资源

近年来,我国人口结构性、素质性问题开始显现,广大妇女积极投身巾帼建功、创新创业,在国家经济社会发展进程中发挥了巨大作用,女性成为"大众创业、万众创新"的重要力量。习近平总书记指出:"在21世纪的今天,开创美好生活离不开妇女事业全面进步,也需要广大妇女贡献更大智慧和力量。"传承弘扬千鹤妇女精神,有助于破除阻碍妇女作用发挥的思想和制度障碍,进一步动员广大妇女积极投身改革和建设,在社会劳动中维护自身权利、实现自身价值。同时,也将为在全省乃至全国更好地发动妇女这一重要的人力资源和伟大的人才资源在新时代建功创业提供宝贵的"杭州经验"。

（二）传承弘扬千鹤妇女精神，为展现"重要窗口"的"头雁风采"创造有效的妇女工作载体

党的十九届四中全会通过了《中共中央关于坚持和完善中国特色社会主义制度、推进国家治理体系和治理能力现代化若干重大问题的决定》。妇联是党的群团组织，在新的历史时期杭州妇联将更加有效地发挥独特功能和桥梁纽带作用，以党建带妇建、妇建服务党建，紧紧围绕党委政府中心，通过多种载体组织妇女参与基层社会治理、乡村振兴、脱贫攻坚、创业创新等火热实践，推动形成促进妇女工作落细落实的长效机制，进一步增强政治性、先进性、群众性，从而为全省乃至全国的妇女工作不断创新发展，提供生动的"杭州素材"。

（三）传承弘扬千鹤妇女精神，为展现"重要窗口"的"头雁风采"探索崭新的妇女发展道路

妇女的解放和发展是国际妇女运动的重要命题，性别平等和妇女赋权已成为《联合国2030年可持续发展议程》的重要目标。自北京世界妇女大会召开以来，中国妇女社会地位显著提高，"半边天"作用日益彰显。中国建立了包括100多部法律法规在内的全面保障妇女权益的法律体系，被世界卫生组织列为妇幼健康高绩效的10个国家之一，基本消除义务教育性别差距，全社会就业人员女性占比超过4成，互联网领域创业者中女性更是超过一半。传承弘扬千鹤妇女精神，有利于彰显"四个自信"，让世界透过杭州的妇女工作，充分领略中国特色社会主义制度的显著优势和无穷魅力，为全球妇女解放运动和妇女发展之路提供鲜活的"杭州样本"。

三、在展现"重要窗口""头雁风采"的道路上传承弘扬千鹤妇女精神

习近平总书记赋予浙江"努力成为新时代全面展示中国特色社会主义制度优越性的重要窗口"的新目标新定位。杭州理应成为"窗口中的窗口"

"标杆中的标杆";杭州的妇女工作必须锚定"头雁"标准,精准把握特色优势,加大先行探索力度,努力为展现"重要窗口"的"头雁风采"提供妇女工作的实践范例。

(一)在妇女思想政治引领方面提供实践范例

提高站位、丰富内涵,把千鹤妇女精神教育基地打造成高站位高标准的爱国主义教育基地、女性文化教育基地、党员干部作风建设教育基地;广泛开展千鹤巾帼大宣讲,发动千鹤题材文艺创作,用妇女群众读得懂的语言、听得进的声音、记得住的故事,推动妇女思想政治工作往深里走、往实里走、往妇女群众心里走;加强网上思想政治引领,发挥全国首个互联网作家领域妇联组织——中国网络作家村妇联的作用,通过杭州女性融媒体联盟集结一批有影响力的自媒体人,加强对女性网民特别是年轻女性的思想引领,弘扬网上正能量、争做巾帼好网民。

(二)在妇女工作创新方面提供实践范例

推进数字化赋能,探索建立杭州数字经济妇联,在互联网、红人电商等"四新"领域中多形式建立妇女组织,促进实现女性人才"近悦远来"的窗口,激发女性创业创新活力,引导她们在"双循环"新发展格局中抓住机遇、互利共赢,为高质量发展增添动能;放大后峰会效应、释放前亚运红利,以促进岗位建功成才为重点,支持和帮助妇女享有出彩人生;深化家庭家教家风建设,实施"家家幸福安康工程",推进社会主义核心价值观在家庭落地生根;以做好"十三五"妇女儿童"两规"收官、启动"十四五""两规"起草为契机,全面促进妇女儿童与社会经济同步协调发展;通过"走亲连心三服务"、执委工作站等机制,在解决妇女急难愁盼问题上精准发力,让幸福写在妇女儿童脸上、直抵人心。

(三)在加强妇联自身建设方面提供实践范例

作为千鹤妇女精神的诞生地,杭州妇联要沿着奋力展现"重要窗口"的"头雁风采"路线图,锻造一流巾帼施工队。全面落实新时代党的建设总要求,把党的全面领导贯穿妇联工作全过程各方面,推动妇联系统党的建设和妇女工作深度融合、相互促进，让"党有号召、妇联有行动"的红色基因薪火相传；加强妇联班子建设，强化争先意识，拉高工作标杆争当"头雁"；增强妇联干部政治能力、管理能力、创新能力、国际思维能力，把妇联人才资源集聚到建设"重要窗口"的各项事业上，持续激发干事创业热情和队伍整体活力，让千鹤妇女精神永放光芒。

为新时代千鹤妇女精神注入垦荒之力

王跃军*

中国特色社会主义进入了新时代,我们正向实现中华民族伟大复兴的目标迈进。实现这一伟大目标,绝不是轻轻松松、敲锣打鼓就能实现的,需要凝聚每一个人的共识、汇聚每一个人的力量,用共同理想信念凝聚克难攻坚的民族意志,用中国精神激发砥砺奋进的中国力量。而在浙江大地上孕育出的"千鹤妇女精神"和"大陈岛垦荒精神",都是中国精神的一部分,两种精神相融相通,指引着一代代浙江妇女勇立潮头。当前,如何弘扬新时代千鹤妇女精神和大陈岛垦荒精神,引领浙江妇女发展,如何在浙江"重要窗口"建设中迸发出妇女的精神伟力,成为摆在我们面前的课题。

一、千鹤妇女精神和大陈岛垦荒精神一脉相承、相融贯通

千鹤妇女精神和大陈岛垦荒精神都是浙江精神的重要组成部分,两者一脉相承,激励着一代代浙江儿女砥砺前行。

(一)两种精神内涵丰富,是浙江儿女实践积淀的闪光印记

千鹤妇女精神是千鹤自然村妇女在中华人民共和国成立之初,践行男女同工同酬政策,主动投身劳动生产,孕育出"自强奋斗撑起半边天,创新创

---

* 王跃军,台州市椒江区政协党组书记,研究方向为女性发展。

业敢为天下先,忠诚奉献共圆家国梦"的妇女精神。大陈岛垦荒精神是来自温台地区的青年垦荒队员,在20世纪50年代,他们先后登上满目疮痍的大陈岛,开展战天斗海的垦荒事业,培育的"艰苦奋斗、奋发图强、无私奉献、开拓创新"的垦荒精神。两者都是浙江儿女在长期实践中孕育出的精神瑰宝,渗透着先辈的历史性贡献,具有鲜明的群体性和不息的感召力。

(二)两种精神一脉相承,是浙江儿女薪火相传的红色基因

千鹤妇女精神和大陈岛垦荒精神中所蕴含的"自强、奋斗、奉献、创新"的精神内核高度一致、契合相通,本质都是以爱国主义为核心的民族精神和以改革创新为核心的时代精神的生动体现。毛泽东同志曾批示"中国的妇女是一种伟大的人力资源";习近平总书记"一次登岛、两次回信",倡导继承和发扬大陈岛垦荒精神。这两种精神是浙江儿女实干创新的精神宝库,成为当代浙江精神的有机组成部分和社会主义先进文化的重要基因,承载着一代代浙江儿女的奋斗梦想,必将薪火相传、生生不息。

(三)两种精神历久弥新,是浙江儿女持续奋进的力量源泉

千鹤妇女精神和大陈岛垦荒精神在六十多年的积淀和淬炼中,越发具有实践性、完整性和指引性,成为新时代贯彻中央"大力学习弘扬'红船精神'用伟大精神推动伟大实践"指示的重要载体。当前,全省上下大力弘扬和传承千鹤妇女精神,大陈岛垦荒精神作为台州城市精神已融入社会发展各个方面。尽管时代在变、环境在变,这两种精神散发的魅力和光彩却没有变,并随着时代发展不断融汇新的精神内涵、绽放新的价值光芒,为浙江妇女的拼搏奋进提供源源不断的精神力量。

二、以千鹤妇女精神和大陈岛垦荒精神引领浙江妇女发展,意义重大

我们要深入挖掘千鹤妇女精神和大陈岛垦荒精神这两座精神宝库,准确把握它们的时代价值和现实意义。

（一）立足浙江"重要窗口"建设大局，大力传承千鹤妇女精神，是学习贯彻习近平总书记重要讲话精神的重要之举

2020年，习总书记在浙江视察时赋予浙江"努力成为新时代全面展示中国特色社会主义制度优越性的重要窗口"的新目标新定位。要贯彻落实好习总书记重要讲话精神，就要充分发挥精神的力量，以精神聚魂、以精神引路、以精神破浪，使千鹤妇女精神这一发轫于浙江、彰显浙江妇女特性的红色精神，真正成为新时代妇女助力乡村振兴、推进社会治理的澎湃动力，成为浙江"重要窗口"的闪光印记。

（二）立足妇女精神文明建设图谱，结合弘扬大陈岛垦荒精神，是推动新时代千鹤妇女精神落地基层的有力之策

大陈岛垦荒精神是根植于台州的红色精神，是代代相传的优良品格，与千鹤妇女精神一脉相承，两者包含的精神内核是高度一致、相融相通的。把大力弘扬千鹤妇女精神与大陈岛垦荒精神相结合，有利于广大基层妇女和家庭更快更好地理解、接受和传播千鹤妇女精神，推动千鹤妇女精神走进千家万户、走入基层最末梢，让新时代妇女精神文明建设的台州图谱更加充实，让伟大精神在基层大地更加明亮。

（三）聚焦台州民营经济高质量发展强市建设现实，充分汲取两大精神内核，是激发妇女群众创业创新热情的关键之举

当前，台州上下为"打好疫情防控总体战，打赢经济发展翻身仗"的目标拼搏进取。非常之期更需非常之力。我们传承和弘扬千鹤妇女精神和大陈岛垦荒精神，就是发挥其认同功能、实现其引领作用。通过加强研究和探索，逐层深入，充分汲取两大精神关于"自强、奋斗、奉献、创新"的精神内核，找到符合大众心理需求、适应时代发展的传承路径，以此激发广大妇女鼓足逆势奋进、化危为机的勇气和信心，为台州民营经济高质量发展释放出更大的灵性和活力。

三、台州市传承和弘扬千鹤妇女精神和大陈岛
垦荒精神基础扎实

台州市妇联在传承弘扬大陈岛垦荒精神方面做了大量工作,为接下来进一步传承和弘扬千鹤妇女精神奠定了扎实基础。

(一)做强"主题工程"宣传圈,深入妇女人心

以"弘扬垦荒精神 争创巾帼业绩"为主题,大力实施"巾帼引领力工程"。线上依托"两网两组两微"新媒体矩阵,通过开展"致敬英雄·助力发展"网络视频展示等活动,让垦荒精神见人见事。线下开展"我与祖国共成长""巾帼添彩'重要窗口'红船女儿说"等宣讲活动,单场直播达8万人次,引领新时代新垦荒。2020年以来,台州市妇联相关工作获省政府副省长王文序等省市领导批示10次。全市妇联系统各项工作被省级以上和市级媒体分别报道795篇和528篇。

(二)做深"家庭平台"宣传圈,融入和合家风

深刻认识垦荒精神润泽于台州千年和合文化,启动"和合传万家"家庭建设行动。把垦荒精神作为新时代文明家风建设的重要内容,举办"和合家庭文化节",在城镇开展"乐享邻里幸福家"系列活动,在农村开展"千村万户亮家风"主题活动,推动垦荒精神在家庭落细落小落实。深入开展"垦荒精神伴成长"家教指导实践活动,依托"家教微课堂""家教大讲堂"线上线下平台开展红色教育,引导未成年人培养家国情怀,帮助其扣好人生"第一粒扣子"。

(三)做亮"阵地联盟"宣传圈,引领美好生活

建立陆岛联动的"巾帼垦荒学院",开辟巾帼垦荒路线、开展菜单式培训、举办"巾帼垦荒说"论坛;特色培育203个女性红色教育、素养提升、美好生活实践等"三大基地",推动垦荒精神学习实践入"三大基地",引领妇女自

我发展、自我提升。大陈岛垦荒是全国青年志愿垦荒的一个缩影，打造"和合姊妹"巾帼志愿者联盟，用垦荒精神激励全市6.8万名"和合姊妹"投身公益服务。实施小红书巾帼博主孵化行动，登上大陈岛举办"追着阳光去台州"主题活动，打造巾帼文旅系列精品路线，让新时代的垦荒精神成色更亮。

四、大力弘扬新时代千鹤妇女精神和大陈岛垦荒精神，凝聚共识

我们要不断寻找传承路径，以此激发广大妇女为当好浙江"重要窗口"建设者、维护者和展示者担当作为。

（一）加强顶层设计，构建传承弘扬"大格局"

传承和弘扬千鹤妇女精神是一项系统性、全局性工程，因此要不断强化传承弘扬的整体布局，统筹推进。一方面，加强对千鹤妇女精神的研究阐释，积极发动社科理论界人士、高校智库等广大专家学者，高质量召开理论研讨会，深入研究丰富内涵和时代价值，推动千鹤妇女精神向更深层次、更高站位、更大范围地研究宣传展示。另一方面，加强与大陈岛垦荒精神等精神的融入融合，提高其区域性共鸣度，推动千鹤妇女精神的创新理论真正落到实地。

（二）引领宣传热潮，奏响主流舆论"最强音"

充分发挥融媒体时代的聚合优势，统筹开展线上线下宣传，积极营造传承弘扬千鹤妇女精神和垦荒精神的良好舆论氛围。聚焦新时代巾帼创业创新业绩，大力挖掘妇女身边的先进典型，在全社会树立一批"自强、奋斗、奉献、创新"的典型标杆，激发妇女群众崇德向善、见贤思齐的榜样力量。大力实施标志打造行动，打造"千鹤妇女"相关的文创产品形象，加强文艺精品创作，推进千鹤妇女精神物化具体化，结合台州垦荒城市精神，融入城市形象美化、城市公益广告等，形成随处可见的浓厚氛围。

（三）发挥工作优势，融入世代相传"好家风"

充分发挥妇联组织贴近家庭的工作优势，把千鹤妇女精神和垦荒精神作为新时代文明家庭家风建设的重要内容，依托家庭建设综合平台，结合"乐享邻里幸福家""千村万户亮家风"等活动，推动千鹤妇女精神和垦荒精神融入家风家训、薪火相传。结合家庭教育指导服务体系建设，依托线上"家教微课堂"、线下"家教大讲堂"等平台，围绕千鹤妇女精神和垦荒精神开展形式多样的家教指导实践活动，引导未成年人传承和发扬优良传统美德。

（四）注重实践养成，培育担当有为"娘子军"

把千鹤妇女精神和大陈岛垦荒精神贯穿经济社会文化发展之中。推动千鹤妇女精神和垦荒精神教育实践进女性"三大基地""巾帼垦荒学院""和合女子学院"等阵地，引领广大妇女提升发展能力、共建美好生活。加强与小红书、哔哩哔哩等文化品牌的合作交流，深化"追着阳光去台州"等特色活动，推出一批巾帼文旅路线，推进文旅深度融合。将弘扬千鹤妇女精神、垦荒精神与弘扬企业家精神、工匠精神有机融合，积极培树"美食巧女""女红巧手"、女企业家和巾帼文明岗等典型，引导各条战线的女性为台州全面建设新时代民营经济高质量发展强市、为浙江建设"重要窗口"建功立业、添砖加瓦。

民主革命时期中国共产党对妇女解放问题的探索[*]

陈正辉[**]

摘　要:民主革命时期,中国共产党对妇女解放问题进行了科学的理论与实践探索。这一时期,中国共产党澄明了妇女的独立人格,剖析了妇女在阶级社会中的工具性地位,厘清了受压迫妇女被剥削的实质,并对中国妇女群体的民族性特点做出了正确的判断。为推进妇女解放,中国共产党要求保障妇女权益、建立妇女组织、动员妇女参加革命和融入国际共产主义运动。中国探索妇女解放问题,推进了马克思主义妇女解放理论的中国化历程,明确了中国共产党对妇女解放工作的领导地位,促进了中国妇女群体社会地位的提高,也动员了广大妇女群体参与到革命当中。

关键词:民主革命时期;中国共产党;妇女解放;探索

妇女解放问题是中国共产党自始至终都极为关注的问题。民主革命时期,中国共产党对妇女解放问题进行了伟大的探索,形成了一系列兼具理论价值和实践意义的科学论断。梳理这一时期中国共产党对妇女解放问题的认识历程,有助于为学界关于中国共产党妇女运动史的研究提供可能的理论借鉴。

---

[*] 本文系国家社会科学基金一般项目"民主革命时期中共社会整合与新型民族国家构建研究"(项目编号:16BDJ041)阶段性研究成果。

[**] 陈正辉,安徽师范大学马克思主义学院硕士研究生,研究方向为中共党史。

一、民主革命时期中国共产党对国内妇女群体的中国化定位

中国共产党成立后，一直极为重视问题妇女解放问题，以毛泽东为代表的中国共产党人在民族革命与阶级革命的大背景下，对我国饱受压迫的广大劳动妇女群体进行了科学的定位。

（一）驳封建观：中国共产党对妇女人格独立的澄明

所谓封建观，就是以封建文化与立场看待社会问题的价值观念。封建主义妇女观将妇女的独立人格进行了物化解读，认为妇女是男性的私有物品，《礼记·郊特牲》中的"妇人，从人者也，幼从父兄，嫁从夫，夫死从子"[1]这一表述，集中体现了妇女群体在封建价值观中的社会定位。在民主革命时期的中国，蔑视妇女人格的封建主义妇女观已经落后于时代的发展，对中国文化仍产生着不可忽视的负面影响。正如毛泽东在1939年分析中国革命形势时指出的那样，"中国自从脱离奴隶制度进到封建制度以后，其经济、政治、文化的发展，就长期地陷在发展迟缓的状态中"[2]。究其价值观念方面的原因，就在于封建观是不利于社会进一步发展的。

中国共产党历届领导人均对封建主义妇女观进行了严厉的抨击。如陈独秀指出："夫为妻纲，则妻于夫为附属品，而无独立之人格。率天下之男女、为臣、为子、为妻，而不见有一独立自主之人者。"[3]毛泽东也在《祭母文》中感叹"恨偏所在，三纲之末"[4]。

20世纪初的中国妇女被普遍认为是没有独立人格的。针对这一情况，中国共产党创建之初，就表现出了对妇女之平等人格的尊重，并在中国共产党第一个纲领中郑重宣告："凡承认本党纲领和政策，并愿成为忠实党员的人，经党员一人介绍，不分性别、国籍，均可接收为党员，成为我们的同志。"[5]即承认了中国妇女与男性具有平等的人格。在此后中共所规定的入党条件中，均未对性别条件进行歧视性设置，彰显了妇女群体在中国共产党人眼里的平等人格。

(二)去工具化:中国共产党对资产阶级女权思想中妇女仍是私有财产的实质的剖析

《共产党宣言》中指出:"资产者是把自己的妻子看作单纯的生产工具的。"[6]而在共产主义价值观中,妇女群体的社会定位则需要被"去工具化"认识。

在20世纪20年代,北洋政府也提出过若干涉及保护女子权益的主张。但归根结底,这些主张仍然是资产阶级女权主义思潮影响的产物,并没有摆脱将妇女工具化看待的思想桎梏。向警予对"工人罢工破坏会章"的观点提出了质问:"请问上海丝茧工会是工人的,还是资本家的?"并强调"资本家与工人是两个天然敌对的阶级"[7]209。向警予还提出:"其实少数妇女做官做议员的运动,只能叫个人活动,并说不上女权运动。"[7]214这是因为,当妇女运动仅限于少数上层妇女获得参政权时,广大劳动妇女群体的工具性地位完全不能得到改变。

在资本主义制度下,妇女的实质仍然是资产阶级的私有财产。蔡畅认为:"妇女的一切痛苦,均是因为现在私有制度。"[8]319中国共产党的终极奋斗目标是要实现共产主义,而妇女群体之"去工具化"是共产主义价值观中的应有之义。中国共产党作为一个马克思主义政党,当然要以马克思主义的世界观和方法论来看待和分析妇女解放问题,推动妇女解放是中国共产党的使命和责任所在。

而有学者也提出这样一个观点:"中国妇女解放运动的重要特点就是它从来不是妇女群体自发争取自身权利的运动,而是由一群先知先觉的男性知识分子出于国家富强的目的而推动的。"[9]76这一观点有一定的道理,在民主革命时期,妇女群体由于整体素养不高、缺乏自主运动,只能在先进的无产阶级政党领导下开展各项妇女解放运动。

(三)扬阶级性:中国共产党对广大受压迫妇女的被剥削阶级地位的厘清

基于资产阶级的自身意识存在局限性,解决妇女受歧视问题、保障妇女正当权益的任务自然落到了代表广大无产阶级劳动群众利益的中国共产党身上。[10]中国共产党对妇女解放问题的认识之一,就在于厘清了中国妇女广受压迫的阶级原因。

一方面,妇女解放的实质,是广大劳动妇女的翻身解放,而非上层资产阶级妇女的自由参政。王碧华在答《时报》记者谈话时提出一个观点,即女子应参加国会秘书厅,而不应重立法;向警予反驳认为,假如王碧华被选为浙江省议员,"这种运动成功了,马上就有普遍资产妇女全体的利益",假如失败了,"也可引起资产妇女全体的同情和愤恨";但实际上,"试看各国热衷做官的妇女,简直是与妇女群众风马牛不相及"[7]131。这体现了中国共产党善于厘清资产阶级妇女和无产阶级妇女及其运动的区别,从阶级分析的方法论出发认识妇女解放问题,这也是中国共产党探索妇女解放的一个基本原则。

另一方面,中国的妇女所受到的阶级压迫也有其特殊性。首先,在半殖民地半封建社会,中国妇女受到了剥削阶级的压迫。毛泽东分析中国妇女所受的阶级压迫时指出:"这四种权力——政权、族权、神权、夫权,代表了全部封建宗法的思想和制度,是束缚中国人民特别是农民的四条极大的绳索。"[11]其次,在农民占绝大多数的近现代中国,农村妇女占中国妇女群体的绝大多数,因而农村旧文化中的愚昧性部分对妇女参与到阶级解放中造成了极大的困难。

(四)重民族性:中国共产党对民族革命背景下中国妇女特点的判断

马克思主义者当然是具有国际主义精神的,但正如列宁在1914年所指出的,"在印度和中国,觉悟的无产者也只能走民族的道路,因为他们的国家还没有形成为民族国家"[12]。在民主革命时期的中国,重视中国妇女群体的民族性,也是中国共产党科学认识妇女解放问题的关键。

一方面,在民族革命背景下,中国妇女群体的第一属性就是民族性。抗日战争时期,中国共产党提出:"现在是我们民族争生存的最后关头,一切不愿做亡国奴的姊妹们,请都快起来","上前线乃是我们唯一的出路","爱国妇女同胞,请都快快起来吧!"[13]19陕甘宁边区妇女第一次代表大会宣言更是明确指出:"我们知道要争取妇女的彻底的自由解放,首先要争得民族的自由与解放,因为妇女问题是整个社会的问题。"[13]88这体现了中国共产党在探索妇女解放问题进程中的一个重要观点:妇女群体若要寻求解放,则必须以民族解放为前提。这就体现了中国妇女群体的民族性特征。

另一方面,在民族革命背景下,中国要达成妇女解放的目标,必须要在中国共产党的领导下才能实现。这一观点发轫于建党初期,发展于十年内战时期,成熟于全面抗战时期和解放战争时期。党的二大、三大、四大,都提出了关于妇女运动的决议案;在中共走向"武装夺取政权、农村包围城市"道路时,中共对妇女群众的政治动员工作也越发重视;与之相对应的,中共也在开展妇女工作时,"在党的系统中,共产党亦选拔一些妇女担任相当的职务"[14]113,以强化党的领导与妇女运动之间的联系;全面抗战时期,在党的领导下,广大农村妇女群体被动员投入到土地革命的历史浪潮中,促使中国的社会结构和妇女群体自身的社会地位发生变革与转向;解放战争时期,中共领导下的妇女组织蓬勃发展;尤其在1949年初,中国妇女第一次全国代表大会的召开,表明中共妇女工作进入了大一统时期。[14]360

二、民主革命时期中共对我国妇女解放路径的革命化设计

资产阶级政党是无法实现真正的妇女解放的,正如列宁在《资本主义和妇女劳动》一文中所提到的,"改变的只是剥削形式,剥削依然存在"。民主革命时期,中共对妇女解放路径自上而下式的设计丰富了马克思主义妇女解放理论中国化的实践经验。

(一)在保障妇女权益中推进妇女解放

恩格斯在其经典著作《家庭、私有制和国家的起源》一文中,对妇女的社会地位演变史进行了唯物主义的分析,并对资本主义被消灭后的妇女婚姻权益状况进行了展望:"这一代男子一生中将永远不会用金钱或其他社会权力手段去买得妇女的献身;而这一代妇女除真正的爱情以外,也永远不会再出于其他某种考虑而委身于男子,或者由于担心经济后果而拒绝委身于她

所爱的男子。"[15]恩格斯在给考茨基的信中也谈到了保障妇女权益的具体内容："禁止妇女做夜工,孕妇产前至少休息四个星期、产后休息六个星期"等[16]。

在婚姻自由权利方面,毛泽东在《寻乌调查》一文中对青年男女自由恋爱进行了赞扬,认为这是无法制止的"民主制度代替封建制度的潮流"[17]。苏区出台的各项有关保障妇女婚姻自由权益的法案,如《湘赣苏区婚姻条例》(1932年)、《陕甘宁边区婚姻条例》(1939年)、《晋冀鲁豫边区婚姻暂行条例》(1942年)及《晋绥边区婚姻暂行条例》(1943年)等,都致力保障妇女的结婚、离婚自由权利。当苏区出现婚姻纠纷问题时,以蔡畅为代表的党领导下的中国妇女运动先驱"坚决为妇女撑腰",且"支持妇女获得婚姻自由的权利"[18]85。

在政治权利方面,中国共产党号召妇女能真正参与到政治生活中去。向警予就指出:"妇女与男子不过性的区别,而其国民的身份则无二致,故妇女之参加国民会议,当然是不成问题的"。[8]211民主革命时期,在中国共产党的领导下,各地妇女组织相继成立,开始了有组织的争取参政权的斗争;到1949年3月,中华全国妇女联合会正式成立,并在中国妇女"一大"宣告:"本会宗旨在于团结全国各阶层各民族妇女大众,和全国人民一起,为彻底反对帝国主义、摧毁封建主义及官僚资本主义,为建设统一的人民民主共和国而奋斗。"[19]这集中体现了中国共产党领导下的妇女组织在政治生活中扮演着不可或缺的重要角色。

在受教育权利方面,中国共产党认为妇女应当拥有与男性平等的受教育权。向警予认为,如果不能保障妇女的受教育权,那么"社会进化的两车轮将永远不能得着均齐协调的发展"[7]180。为培养妇女人才,东北局创办的东北军政大学、东北民主建设学院等院校,都招收大批女学员。[18]143抗战时期,中共中央妇女运动委员会也提出,"要动员妇女抗战,要达到妇女解放,必须提高她们的文化水准、政治觉悟和培养她们的工作能力"[13]138,即要求保障妇女的受教育权利。

在劳动权利和经济权利方面,中国共产党"一方面,正视了妇女在小农家庭生产分工中的相对次要性;另一方面,鼓励妇女在经济领域承担更为积极的角色,以妇女经济权能的提升逐渐消弭男女在政治上、文化上的差异"[20],鼓励妇女以劳动的形式参与到革命斗争当中去，并保障妇女的劳动权利与经济权利。

（二）将妇女群体组织起来推进妇女解放

妇女解放运动要取得预期的成效，单靠盲目的个别运动是无法实现的，必须要依靠工人阶级政党的领导和组织。1871年，马克思所起草的《国际工人协会的共同章程和组织条例》提出，"建议在工人阶级当中成立妇女支部"[21]。而在20世纪上半叶，中国共产党对妇女解放的路径也进行了组织层面的思考和实践。

中国共产党创建不到两个月，陈独秀就在《中国共产党中央局通告》中强调："关于青年及妇女运动，请各区切实注意；'青年团'及'女界联合会'改造宣言及章程日内即寄上，望依新章从速进行。"[22]紧接着，无产阶级革命家陈谭秋也在党刊《武汉星期评论》上署文呼吁要尽快组织女性者底言论机关。在向警予、邓颖超等妇女先驱的努力下，上海女界国民会议促成会和天津妇女国民会议促成会于1924年相继成立，于这一年份正式入党的杨之华在《妇女周报》上也对中国共产党所期冀的妇女参政情况进行了解释："我们所需要的、所希望的国民会议，不是军阀官僚所组织的，是人民团体所组织的。"[8]230在党的六大召开之前，党内对妇女运动较为关切的党员干部已经认识到了妇女要获得解放，必先组织起来。

党的六大则将妇女组织的对象转向了占中国妇女人口绝大多数的农妇身上。六大上《妇女运动决议案》提出："党的最大任务，是认定农民妇女乃最积极的革命的参加者，而尽量地吸收到一切农民的组织中来，尤其是农民协会及苏维埃。"[23]这是中国共产党探索妇女解放问题的过程中的一次重大转变，象征着中共对妇女组织问题观点的全面群众化转向。

中国共产党在将妇女组织起来的过程中，也渐渐认识到妇女不仅是亟待解放的"被组织者"，也能成为革命事业的"组织者"。全面抗日战争时期，在中共中央关于各抗日根据地妇女工作方针的决定文件中，既提出了要"从深入农村中去组织妇女生产"，也提出妇女经过学习，能"真正成为农村群众生产的组织者与领导者"[24]9。解放战争胜利前夕，中共中央也提出"目前解放区农村妇女工作的方针，仍应以动员和组织广大妇女群众参加生产作为妇女工作的基本环节"[24]15。将妇女组织起来,形成一股既能支援革命、又有利于促进生产的团结力量,在这个过程中保障妇女的劳动权利和社会地位,是中国共产党推动马克思主义妇女解放理论中国化的一大实践探索。

(三)动员妇女支援革命以推进妇女解放

民主革命时期,中国共产党面临着阶级革命和民族革命的双重任务。在这两种革命历程中,也涌现出了一大批勇于献身中国革命的巾帼英雄。从中国共产党领导人或党的妇女解放运动先驱对革命女英雄的纪念及宣传话语可以看出,中国共产党将妇女在革命中的作用和妇女解放的目标联系了起来,这是对马克思主义妇女解放理论中国化的重要探索。

如觉悟社的创始人之一郭林一,在青岛工人区开展革命工作时被国民党反动军阀逮捕,最终不幸牺牲。邓颖超在纪念郭林一的文章中谈道:"在她一生的革命工作中,都证明着她是一个坚决勇敢、不顾一切、专诚不懈的奋斗者",无论遭遇什么压迫,"一个坚强忠诚的革命女战士,始终在战斗着"[25]25-26。郭林一为革命而牺牲的英雄形象正表明了:反革命的国民党是无法达成妇女解放的历史任务的,唯有投身于阶级革命的历史潮流中,才能为争取妇女解放做出贡献。又如,被邓颖超称赞为"中国妇女光辉的旗帜"的沈骊英,在为祖国农业发展而进行科学试验的探索中不幸牺牲。为鼓励广大妇女继续为支援革命而努力,邓颖超呼吁:"一个沈骊英倒下去了,广大的农业改进不已!""沈骊英女士虽死,她的事业是长存永生的!"[25]31即对以沈骊英为代表的为支援中国革命事业而在不同岗位上做出切实贡献的妇女群体的价值进行了高度肯定。

从中国共产党政治动员运动中对妇女支援革命重要性的认识,可以看出妇女解放和革命胜利的目标被同质化构建,这成为民主革命时期马克思主义妇女解放理论中国化的一大鲜明特色。

在解放战争胜利的前夕,陕甘宁边区妇联强调,"土改初期,尤其是在发动与组织群众诉苦清算斗争运动中,妇女所起的作用是相当大的"[26]264;时任陕甘宁边区妇联副主任赵烽也提出,"中国解放区的妇女,在抗日战争和人民解放战争的两个时期中,积极支援了战争""其贡献之大,尤为前所未有"[26]343。

总体来看,中国共产党在动员广大妇女群体支援革命的过程中,对妇女群体社会地位的提高和自我价值的实现起到了积极的推动作用。

三、民主革命时期中国共产党探索妇女解放问题的历史成绩

民主革命时期,随着中国共产党对妇女问题认识的不断深入和自身力量的不断壮大,党的妇女工作也取得了光辉的历史成绩。

首先,推进了马克思主义妇女解放理论的中国化历程。中国共产党对妇女解放问题的认识不断深入的过程,就是将马克思主义妇女解放理论与中国妇女问题实际不断结合的过程;中国共产党在认识妇女解放问题过程中所提出的一系列科学论述,就是马克思主义妇女解放理论中国化的成果展现。毛泽东妇女解放思想就是在中国共产党对妇女解放问题的认识不断深入的过程中形成的,随着第一代中国共产党领导集体尤其是毛泽东的马克思主义理论素养不断提高,对中国社会性质的认识不断深入,毛泽东妇女解放思想的科学内涵得以不断完善。毫无疑问,马克思主义妇女解放理论中国化是马克思主义中国化的一个重要组成部分,中国共产党探索妇女解放问题的实践过程就是马克思主义妇女解放理论中国化的发展过程。

其次,促进了中国妇女群体社会地位的提高。前文谈到,中国共产党通过保障妇女权益来推进妇女解放,而在这一过程中,中国妇女群体因中国共产党所颁布并施行的各类保护性法案条例,其社会地位得到前所未有的提高。在婚姻自由方面,苏区的妇女不仅结婚、离婚自由,而且在选择离婚之后,中国共产党给予其不受原夫家欺辱的保护。在劳动权利和经济权利方面,中国共产党不仅支持妇女参与到劳动当中,还在土地革命过程中,尤其是在《五四指示》颁布之后,支持妇女获得与男性平等的福利保障,妇女在经济上逐渐站起来了。此外,随着中国共产党对妇女教育问题的一贯重视,相当一部分妇女群体的文化素养得到了一定程度的提高,这也促进了妇女群体社会地位的提高。

最后,动员了广大妇女群体参与到革命当中。妇女群体占全部人口的

半数,具有不可忽视的待激发的革命能量。中国共产党通过经济、政治和教育等方式保障了妇女权益,推动妇女走向解放,使得广大劳动妇女群体对中国共产党产生了极强的向心力,因此在中共的政治动员过程中,妇女群体报之以热烈的革命热情和强大的支援力量。从中共和妇女群体的互动关系上看,中共探索妇女解放问题的过程,也就是广大农村妇女群体逐渐加大对中共革命支持力度的过程。

四、余 论

在认识中国探索妇女解放问题时,只有坚持马克思主义的世界观和方法论,才能正确描绘中国共产党始终不忘初心、牢记使命的光辉形象,才能深刻阐释中国共产党推进马克思主义妇女解放理论中国化的伟大成果,才能科学总结中共促进妇女解放的历史成绩。

参考文献

[1]王文锦.礼记译解[M].北京:中华书局,2001.

[2]毛泽东.毛泽东选集:第2卷[M].北京:人民出版社,1991.

[3]陈独秀.陈独秀文章选编(上)[M].北京:生活·读书·新知三联书店,1984.

[4]中共中央文献研究室中共湖南省委《毛泽东早期文稿》编辑组.毛泽东早期文稿(1912.6—1920.11)[M].长沙:湖南人民出版社,2008.

[5]中央档案馆.中共中央文件选集:第一册[M].北京:中共中央党校出版社,1989.

[6]马克思,恩格斯.马克思恩格斯选集:第一卷[M].北京:人民出版社,2012.

[7]向警予.向警予文集[M].北京:人民出版社,2011.

[8]中华全国妇女联合会妇女运动历史研究室.中国妇女运动历史资料(1921—1927)[M].北京:人民出版社,1986.

[9]王涛.世界社会主义视阈下的中国妇女解放[M].北京:中国社会科学

出版社,2015.

[10]陈正辉. 刍议中共二大对马克思主义妇女解放理论的探索[J]. 世纪桥,2019(12).

[11]毛泽东. 毛泽东选集:第1卷[M]. 北京:人民出版社,1991.

[12]列宁. 列宁全集:第23卷[M]. 2版. 北京:人民出版社,2017.

[13]中华全国妇女联合会妇女运动历史研究室. 中国妇女运动历史资料(1937—1945)[M]. 北京:中国妇女出版社,1991.

[14]耿化敏. 中国共产党妇女工作史(1921—1949)[M]. 北京:社会科学文献出版社,2015.

[15]马克思,恩格斯. 马克思恩格斯选集:第四卷[M]. 北京:人民出版社,2012.

[16]马克思,恩格斯. 马克思恩格斯全集:第三十八卷[M]. 北京:人民出版社,1963.

[17]毛泽东. 毛泽东农村调查文集[M]. 北京:人民出版社,1982.

[18]苏平. 蔡畅传[M]. 北京:中国妇女出版社,1990.

[19]全国妇联办公厅. 中华全国妇女联合会四十年(1949—1989)[M]. 北京:中国妇女出版社,1991.

[20]程文侠,李慧. 革命目标的裂变与群众路线的转向:20世纪40年代中共妇女政策的温和化[J]. 社会,2019,39(3).

[21]马克思,恩格斯. 马克思恩格斯全集:第十七卷[M]. 北京:人民出版社,1963.

[22]中国人民解放军政治学院党史教研室. 中共党史参考资料:第二册[M]. 北京:人民出版社,1979.

[23]中央档案馆. 中共中央文献选集:第4册[M]. 北京:中央党校出版社,1989.

[24]中华全国妇女联合会. 中国妇女运动重要文献[M]. 北京:人民出版社,1979.

[25]中共中央文献研究室.邓颖超文集[M]. 北京:人民出版社,1994.

[26]中华全国妇女联合会妇女运动历史研究室. 中国妇女运动历史资料(1945—1949)[M]. 北京:中国妇女出版社,1991.

网格化融合在乡村社会治理中的实践与启示

——以南昌市高新开发区昌东镇阳门村女性参与为例

凌　云*

摘　要：坚持和完善共建共治共享的社会治理制度，是中共十九届四中全会提出的奋斗目标。南昌市高新区昌东镇阳门村坚持学习贯彻党的十九大精神，从网格化融合试点工作入手，推动社会治理和服务重心向基层下移，积极引导妇女参与，通过"划网格、立规矩、建队伍、明责任、抓落实、强监督"等做法，构建基层社会治理新格局。该文对网格化融合试点工作的背景、做法、成效进行了"解剖麻雀式"的分析，并对健全和完善网格化融合工作提出了建议。

关键词：网格化融合试点；基层社会治理；做法；启示

一、事件与背景

2019年10月31日，中国共产党第十九届中央委员会第四次全体会议通过的《中共中央关于坚持和完善中国特色社会主义制度 推进国家治理体系和治理能力现代化若干重大问题的决定》指出，要"坚持和完善共建共治共

---

* 凌云，江西省妇女儿童中心副主任，中国妇女研究会第五届理事，研究方向为马克思主义妇女理论、妇女工作和女性文学。

享的社会治理制度,保持社会稳定、维护国家安全""构建基层社会治理新格局"。

阳门村地处南昌市东郊瑶湖之畔,距离市中心12千米。该村下属18个自然村,占地面积13800亩,居民有11262人,其中男性5978人、女性5284人;60岁以上1407人;育龄妇女2103人;儿童2778人。村民有31个姓氏,其中29个姓氏由其他地区搬迁而来。设村党总支1个,下属4个党支部,有正式党员190人。村党总支、村民委员会"两委"干部8人,村聘干部13人,干部合计21人,村民理事会代表88人。

2018年前,阳门村处于规划开发阶段,安置小区与原始村落并存,外来人口与本村村民混居,群众利益诉求不同,社会治安状况不稳,各类案件发生频率高,居民安全指数较低,是一个案件频发、矛盾重重的农村村落。自2018年引入乡村社会治理网格化融合试点工作以来,阳门村没有发生过一例刑事案件,群众平安调查指数连续两年位居江西省前列。

二、做法与成效

习近平总书记在党的十九大报告中要求"打造共建共治共享的社会治理格局",为阳门村开展社会治理网格化融合试点工作指明了努力方向,照亮了前进道路,增强了工作干劲。

2018年8月,阳门村被确定为南昌市社会治理网格化融合试点村之一。成为网格化融合试点村之后,阳门村建立健全党组织领导的乡村基层社会治理体系,推行多网融合管理和服务,发挥群团组织、社会组织的有效作用;推动社会治理和服务重心向基层下移,把更多资源下沉到基层,为村民提供精准化、精细化服务;积极引导妇女参与,注重发挥家庭家教家风在基层社会治理中的重要作用,通过"划网格、立规矩、建队伍、明责任、抓落实、强监督"等做法,形成了"村民喊要、网格吹哨、部门报到"的工作模式。

(一)划网建格,定规立矩

基层社会治理的目的是让群众得实惠、普受惠、常受惠,提升安全感、幸福感和获得感。阳门村成立了村级综治中心,构建全村网格化融合管理的"神经中枢"。根据人口分布的实际情况,全村划分为12个网格,每个网格平均约1000人。同时,在全村主要路口、主要建筑、村民聚居区域和重点防控地段布设了60个高清摄像头,完成升级了侦码设备,为全面推行网格化融合试点工作奠定了坚实的基础,编织了一张看不见、摸不着但又能实实在在连万家人、知万家情、解万家忧、暖万家心的"网格"。

目标是工作的导向,制度是工作的保障。阳门村根据多网融合网格化工作要求,制定《基层社会治理网格化管理融合工作目标管理考核实施细则》《网格信息分析研判通报制度》等,发布《关于组建网格化管理融合试点村矛盾纠纷调解团队的通知》,明确了网格化管理的工作职责、工作内容、工作流程、队伍建设、考核办法,为网格化融合试点工作定了"标"、立了"规"、提了"劲",用制度管人、管事,推进社会治理规范化、科学化、制度化、长效化运转。

(二)建立队伍,明确责任

中共十九届四中全会通过的《中共中央关于坚持和完善中国特色社会主义制度 推进国家治理体系和治理能力现代化若干重大问题的决定》强调:"健全基层党组织领导的基层群众自治机制,在城乡社区治理、基层公共事务和公益事业中广泛实行群众自我管理、自我服务、自我教育、自我监督。"阳门村多网融合就是实现群众广泛参与的一项社会实践。

阳门村网格化融合试点以"网格定人"实现基层社会治理常态化,女性成为专职网格员的主力军。多网融合实行"一格多员、部门下沉"的网格管理模式,即一个网格配备1名网格长(村"两委"干部或聘用干部)、1名网格指导员(乡镇机关党员干部)、1名社区警务助理、1名交通安全宣传员、1名市场监督管理员、2—4名综合执法队员和多名专职网格员。村党总支书记担任多网融合总负责人,村"两委"干部或聘用干部担任网格长,村民小组长、村民理事会代表或热心群众任专职网格员。在组建网格员队伍时,注重发挥女性亲和力强、信息灵通、工作细致等优势,鼓励女性积极参与村级社会事务管理。在该村第一批36名专职网格员中,有19名妇女村民,占网格员总数的52.78%。同时,根据网格化工作内容,聘请了高新区城管、环保、公安、应急、救援、市监、民政、工会、团委、妇联等部门工作人员担任兼职网格员,进一步拓展和完善了群众参与基层社会治理的渠道,整合了110、120、96119、12315、12338等多股资源力量,实行联络一张网、工作一条线,形成了强大的工作合力。

阳门村网格化融合试点以"工作定事"实现基层社会治理制度化,女性在工作中彰显了性别优势。阳门村网格员上任以后,实行"一日一主题、一周一循环"的工作方法,周一排查安全隐患,周二清理环境卫生,周三开展关爱服务,周四维持社会治安,周五进行文明劝导,深入村中每一个楼栋,实地走访每一户家庭,面对面联系每一个群众,宣传党的政策,摸清社情民意,关心群众冷暖,传播文明新风。19名女性专职网格员,很快成了村民的"万能管家"。她们利用村中新时代文明实践站,积极宣传党的路线、方针、政策及国家法律法规,及时了解群众的思想情况和舆论情况,主动上门入户了解和掌握本网格内的人口、家庭、驻村单位的基本情况,建立居民信息档案和驻区单位档案;她们借助"幸福大舞台"的场地,积极组织开展各项志愿服务活动,团结村民践行村规民约,开展"我为母亲送一枝花""家教格言进万家""红色家书"朗诵比赛、"清凉夏日'粽'情万家"等喜闻乐见的群众性活动,传播新时代优良家风,以良好家风带动文明社风;她们积极开展矛盾排查调解,对群众中出现的纠纷及时进行了解和劝说,让"小矛盾不出家门、大纠纷不出村子";她们关爱留守儿童、流动儿童和困难儿童,组织大学生志愿者在"米糖坊"等地开展心理疏导、课外伴读、亲子游戏、"护蕾行动"等,向儿童传播现代科技知识、优秀传统文化,为困难儿童营造健康快乐的成长环境;她们关心空巢老人、失独家庭,上门为老人打扫卫生、理发洗衣、共度生日等,让老人们度过幸福晚年;她们为村民热心服务的同时,也带领居民进入"道德讲堂""法律讲堂"和"舒心家园"等场所,引导大家参与"献爱马路天使、共建美丽家园""无偿献血、点亮心灯""我为百家宴送上一道拿手菜""垃圾分类新时尚"等公益活动,培育村民爱护家园、热心公益、乐于奉献的人生追求和社会主义核心价值观。"从细节上让百姓满意,从心底里让群众舒畅"成为女性网格员工作的响亮口号,她们以春风化雨、润物无声的熏陶浸染方式,为打造和谐家园、和谐村庄、和谐社会发挥了"半边天"作用。

阳门村网格化融合试点以"办理订单"推动基层社会治理高效化,女性网格员迅速架起党和政府与基层群众的沟通"桥梁"。该村充分发挥南昌市社会治理App功能,构建微信群,开发小程序,推行网格管理订单式办理模式,限时处理问题,提高信息收集、处理、反馈、评价的时效性,实现多网融合后网格治理更加高效便捷。阳门村在每一个网格都建立了网格长、专职网格员、社区警务助理、市管员、执法队员、交通安全宣传员、村民代表共同参与的网格微信群。很多女性网格员成为网格微信群管理员,她们把相关政策、村里活动和日常管理情况及时发布在微信群内,居民也把村里的各种问题、家庭矛盾及工作建议通过微信群反馈给专职网格员。根据网格化融合试点工作要求,无论何时何地,群众只要有诉求,大到打架斗殴刑事案件,小到开门换锁电路故障,网格员都必须在5分钟之内受理,第一时间反馈给村综治中心,中心再联络相关部门,有关部门在30分钟之内给予回应。能够在本村解决的由本村及时处理,无法在本村(社区)解决的及时报送上级部门处理,处理结果也发布到微信群,实现"群众发现问题—事件流转处理—群众验收成效"的闭环管理。2018年8月至今,阳门村共处理居民各类问题、化解矛盾纠纷520起,刑事案件发生率迅速下降为零。其中,由女性网格员流转和参与处理的事件达到300起以上,其中包括消除治安隐患、火灾隐患、救助老人、寻回走失儿童、食品安全监督、社区垃圾清运、老年病患者急救等,群众的满意率达到100%。

(三)狠抓落实,强化监督

当然,阳门村网格员并非真的万能,居民的诉求能够及时解决,村里的矛盾能够及时得到化解,得益于在网格化融合试点工作的背后有一套标准化网格管理长效机制,有一支及时回应群众诉求的专业队伍,有一组可精细化传导信息的技术支撑。《网格化管理服务各类人员工作职责》《网格化管理融合试点工作范围》《基层社会治理网格化管理融合工作流程》《基层社会治理网格化管理融合工作目标管理考核实施细则》《阳门村社会治理融合工作差异化考核办法》《网格信息分析研判通报制度》等规范性文件,为阳门村多网融合工作提供了坚强的制度保障。

阳门村社会治理网格化融合工作,主要考核内容包括网格基础信息、日常工作要求、特色亮点和一票否决。根据规定,专职网格员每月登录网格管理平台不少于20次；每月走访巡查信息采集量不少于40条，其中居民走访、矛盾纠纷、民生服务、群众安全等信息不少于10条；对流动人口要做到"人来登记、人走注销"；重点做好青少年、留守妇女、老年人、失独家庭关爱帮扶等工作。网格工作考核注重实际业绩，突出量化标准，充分激发网格长、专职网格员的工作积极性，真正做到第一时间回应民生诉求、第一时间化解群众矛盾。阳门村成立了网格化融合试点工作考核小组，小组成员包括村"两委"干部（网格长）、专兼职网格员代表、群众代表，按季度评选表彰优秀网格长和优秀专职网格员。据统计，自试行多网融合网格化管理工作以来，阳门村获评优秀专职网格员的大多为女性。

三、启示与建议

党中央、国务院高度重视乡村社会治理工作。习近平总书记在党的十九大报告中指出，要加强社会治理制度建设，完善健全党委领导、政府负责、社会协同、公众参与、法治保障的现代社会治理体制，提高社会治理社会化、法治化、智能化、专业化水平。要健全自治、法治、德治相结合的乡村治理体系，让农村社会既充满活力又和谐有序。

乡村社会治理，以和谐平安为基础。阳门村实行多网融合网格化管理，加强和创新基层社会治理，把政策信息及时传达到千家万户，把群众诉求及时传递给党委政府，把温暖关怀及时送到群众心中，把矛盾纠纷及时扼杀在萌芽状态，为打造共建共治共享的基层社会治理新格局提供了实践样板，探索了有益经验。乡村治理是一个综合性的社会建设问题，涉及农村政治、经济、文化、生态、生活等多个方面。在农村推广多网融合网格化管理，需要在完善长效机制、增强女性力量、加强技术支撑等方面付出更多努力。

（一）建立和完善标准化网格管理长效机制

推进国家治理体系和治理能力现代化，就是要适应时代变化，既改革不适应实践发展要求的体制机制、法律法规，又不断构建新的体制机制、法律法规，使各方面制度更加科学、更加完善，实现党、国家、社会各项事务治理制度化、规范化、程序化。由于受经济发展水平制约、人口流动流失较多等因素影响,农村地区普遍存在经费不足、管理不善、队伍不强、奖惩不明等问题。要在农村实行网格化管理,必须健全机制体制,在经费保障、工作流程、服务内容、设施建设、奖惩机制等方面做出更明确具体的规定,为网格化管理工作定"标"立"规",在治理机制科学化、规范化、长效化的道路上稳健行进。

(二)打造一支有更多女性参与的专业工作队伍

2015年9月27日,习近平总书记在全球妇女峰会上强调:"妇女是物质文明和精神文明的创造者,是推动社会发展和进步的重要力量。"我们党始终把广大妇女作为推动党和人民事业发展的重要力量。目前,在阳门村专职网格员中女性占多数,但网格长只有1名女性,在管理岗位上的女性力量有待增强。在广大农村地区,留守妇女是农业生产生活的主力军,也是家庭文明建设的实践者。要充分发挥留守妇女的积极作用,加强农村"法律明白人"、心理辅导、安全知识、家庭文明、科学家教等专业技能培训,提升社会治理参与过程中的服务水平和应对技巧,让妇女在信息传递、美化家园、关爱帮扶、家庭建设、传播新风、乡村振兴中唱主角担大任,助推妇女成为网格化管理的第一力量。

(三)提供和加强可精细化传导信息的技术支撑

网格员信息传递是掌握群众诉求的第一渠道,而农村地域广阔,交通不便,村民居住分散,因此既要发挥大数据、云计算等科学研判的"大"作用,也要开发携带方便、操作简单的手机App等程序,发挥智能化的"小"作用,让居民诉求信息得以迅速传递,也方便相关部门、网格员迅速回应诉求,处理乡村事务,调整服务方案,以多种途径提供面对面、心贴心的服务。

(四)加快和推进城乡融合发展步伐

党的十九大报告提出,中国特色社会主义进入新时代,我国社会主要矛盾已经转化为人民日益增长的美好生活需要和不平衡不充分的发展之间的矛盾。在党的领导下,经过几十年改革开放和努力发展,我国积累了雄厚的物质基础,积淀了丰厚的精神文化,社会生产力水平显著提高,但是社会发展的问题没有得到完全解决,发展不平衡不充分的问题仍然存在。我国发展最大的不平衡是城乡发展不平衡,最大的不充分是农村发展不充分。因此,要加快建立健全城乡融合发展体制机制和政策体系,实行多元投入保障机制,加快城乡基础设施的互联互通,要深化户籍制度改革,推动人才、土地、资本等要素在城乡间双向流动,推动公共服务向农村延伸、社会事业向农村覆盖,加速推进城乡融合发展的稳健步伐。

党的十九大报告指出,农业、农村、农民问题是关系国计民生的根本性问题,必须始终把解决好"三农"问题作为全党工作的重中之重。乡村治理是国家治理的重要基石,是乡村振兴的有效路径。我们要坚决贯彻落实习近平总书记的重要指示精神,按照党中央、国务院的决策部署,实施乡村振兴战略,通过实行多网融合网格化管理,加强和创新基层社会治理,推动乡村治理体系和治理能力现代化取得新成效,开拓新局面。

女性主体地位的回归与确立

高立水*

摘　要:历史发展和文化进步有赖于人类所有成员的共同参与,有赖于男女两性各自奋发,优势互补,形成合力。性别是对人类群体进行正常划分的一个角度,但进行性别划分的目的、过程和结果都不应该区分尊卑贵贱。对女性主体价值的轻视乃至无视,造成对女性主体价值的遮蔽,而对女性主体价值的遮蔽,又成为压抑女性主体意识、贬低女性主体地位的根本原因。女性主体价值亟须全面去蔽,女性主体意识亟须深度觉醒,女性主体地位亟须回归确立,这是女性充分发展、社会全面进步的必然要求。

关键词:女性;主体价值;主体意识;主体地位;去蔽;觉醒;确立

　　正如可以从年龄、职业、国籍、地域、血型、属相等角度对人类群体进行划分一样,从性别角度对人类群体进行划分,是自然而然的事情。从不同角度对人类群体进行划分,可以更方便、更清晰地认识人类特性的不同侧面,并不改变各种类型的人类群体都有平等的主体价值这一基本事实,进行划分的目的、过程和结果都不应该区分尊卑贵贱。可是,一个非常不合理的现象是:在漫长的人类历史上,从性别角度对人类群体进行划分的同时,竟然掺杂着对女性主体价值的轻视乃至无视,造成对女性主体价值的遮蔽;而对女性主体价值的遮蔽,又成为压抑女性主体意识、贬低女性主体地位的根本原因。对女性主体价值的遮蔽,对女性主体意识的压抑,对女性主体地位的

＊　高立水,浙江大学文艺学硕士,浙江省妇女干部学校讲师,研究方向为女性学。

贬低,是对女性的不合理、不公正对待,是女性个体发展和群体发展的拦路虎,也对建设和谐社会以及人类命运共同体造成干扰和破坏。男女平等是我国的基本国策,是全人类的共同追求和恒久目标。21世纪又被称为"她世纪",女性主体价值亟须全面去蔽,女性主体意识亟须深度觉醒,女性主体地位亟须广泛确立,女性的强大力量和性别魅力理应得到更多关注和展示。

一、女性主体价值亟须全面去蔽

（一）消除对女性主体价值的观念性遮蔽

作为人类成员,女性的主体价值是生来就有并应得到广泛确认的。"历史的首要前提是'现实的个人'。人类历史是'现实的个人'与自然界不断发展的历史,人类社会形成过程中不断生成新的'现实的个人'和自然界,并且不断继续向前发展。"[1]马克思所说的"现实的个人",包括人类每一类群体和每一位个体,是不分年龄、职业、国籍、地域、血型、属相和性别的。女性和男性都是人类成员,都是推动历史发展的"现实的个人"。女性同时又是女儿、妻子、母亲,女儿的性别魅力,妻子的角色作用,母亲的身份贡献,应该得到全体人类成员的广泛认可和高度肯定。女性和男性共同的主体价值,需要一视同仁;女性和男性不同的主体价值,需要得到尊重。忽视、贬低和排斥女性主体价值的一切言论,都是违背正常人性和事理逻辑的荒谬之谈。

在阿兰·图海纳看来,"主体是由个人利益出发,通过社会参与改变陈旧观念,最终达成社会价值、文化重塑的行动者"[2]。女性是和男性一样的行动主体,自出现人类以来一直都在人类社会发展的历程之中,为什么就认为女性的生命价值比男性更逊色呢? 不少论者从生理特点、社会分工的角度进行分析,认为女性的从业范围比男性狭窄,女性实现主体价值的程度不及男性。这样的结论是值得怀疑的。第一,生产、生活、学习、娱乐等绝大多数人类活动,是男女都可以进行的,活动质量也不存在明显的性别区分。第二,女性和男性因为生理特性、心理习惯等原因,在兴趣特长和优势领域上有一些性别区分,但可以说是各有擅长,平分秋色。第三,"男主外、女主内"的性别分工,不是必然的,也不是普遍和恒久的,越来越多的女性在原本男性占优势的行业开疆拓土,大显身手,证明了"男主外、女主内"的性别分工模式并不合理。第四,也是更重要的,历史发展和文化进步有赖于人类所有成员的共同参与,男女各自奋发,优势互补,共同描绘波澜壮阔的历史画卷,共同创造灿烂辉煌的人类文明。

从生理特性和性别分工上,男女有别是可以看到的事实。"男人和女人在各方面存在着不同:他们的沟通方式不同,他们的想法和感觉不同,他们的认知和反应不同,他们对爱情的需求不同。他们看待同一问题,也常常'公说公理,婆说婆理'。大体说,男人和女人来自不同的星球,说不同的语言,需要不同的养分。"[3]但是,应该怎样看待这种有别又统一的男女关系呢?《周易》阴阳和合的观点为我们正确认识男女关系提供了理论参考。在阴阳关系构成的整体中,阳是主动的,是进取和主导力量,阴是受动的,是配合和平衡力量,阴阳各有分工,互相促成,构成一个和谐整体。当然,不要把阴阳跟性别简单对应起来,认为男性是阳、女性是阴;也不要把阴阳跟尊卑对应起来,认为阳是尊贵的、阴是卑贱的。实际上,不论男女,主动、进取、主导的一方就是阳,受动、配合、平衡的一方就是阴,两者各有特点,各有作用,互相配合,方得圆满。那种把阳等同于男性、阴等同于女性并且以阳为尊、以阴为卑的观念,是对《周易》阴阳概念和阴阳关系的错误理解。

(二)消除对女性主体价值的习惯性遮蔽

在某些风俗习惯和乡规民约里,往往隐含着对女性贬低的价值观念。彩礼在中国乡土社会中无疑是一个被广泛认同的俗约。关于彩礼的性质,学界大致有婚姻偿付说(彩礼是男方家对女方家劳动力丧失的一种经济补偿)、婚姻资助说(彩礼是父辈对子辈新婚小家庭的经济资助)、实力象征说(彩礼象征着男方家庭的经济实力和社会地位)等观点,从不同角度说明其存在的一定合理性。但是,从社会生活实际来看,彩礼大多是男方或男方家庭向女方或女方家庭的资金流动。"天价彩礼"的现象尤其表明,彩礼给男方家庭甚至婚后小家庭带来巨大的经济负荷,其文化意义面临异化和扭曲。"彩礼文化是传统性别秩序里男主女从、男婚女嫁的必然结果,也根源于人们观念中根深蒂固的文化共识。自诞生至今,彩礼文化在乡村社会中稳定且持久地存在着,并作为一项传统风俗被人们广泛认同。"[4]渗透在彩礼文化中的男主女从、女性物化、攀比炫耀等观念，导致女性在婚姻中主体价值和平等地位的丧失，需要高度警惕并予以纠偏。

需要引起注意的一个现象是"空间具有性别化特征"[5]。在煤矿、钢铁、建筑、航运等行业，男性从业者居多，在采棉、纺纱、制衣、护理等行业，女性从业者居多。女性居多的行业，对女性的关注度比较高；相反，女性较少的行业，对女性的关注度比较低。像单身女性、留守妇女等数年来人数剧增的女性群体，虽然已经引起一定的社会关注，但关注的强度和关怀的力度仍然不足。单身女性被贴上"剩女"标签，具备"三高"（高学历、高职务、高收入）特征的都市大龄女青年数量逐年增加，俨然成为一种愈演愈烈的社会现象。单身女性的产生原因、生存状态、利益诉求、主体价值和身份认同，值得引起深入研究。在城市化过程中，已婚农村妇女在农村留守，未婚农村女性到城市谋生，她们的生存状态大不相同，但她们的利益诉求、主体价值和身份认同都需要引起更多关注。此外，像不孕妇女、丁克妇女、单亲家庭妇女等女性群体，都应给予关注和关怀。

在方兴未艾的城市化进程中，对都市女性的社会关注、媒体呈现和学术研究相对较多，对农村妇女的关注、呈现和研究稍显不足。"近年来，性别与传播研究围绕女性形象与媒体呈现、女性与媒体话语权以及媒体价值观等议题展开了丰富的讨论。但是，大多数研究或是内化了城市中心主义的思想，或是求助于媒体赋权这个带有技术中心主义色彩的框架，很少把妇女研究置于乡土中国独特的历史、文化以及政治、经济、权力和社会结构的现实语境之中，而'留守妇女'在媒体和学术话语中作为弱势群体的'问题化'甚至悲情化，更在使不同区域的乡村妇女群像简单化的同时，遮蔽了乡村女性的主体性。"[6]实际上，农村妇女不仅有强烈的进入公共领域的主体意识，也有足够出彩的组织能力、文艺创作能力和表演能力。尤为可喜的是，以妇女为主体的乡村春晚，展现了妇女在引领农村社会生活和文化生活中的积极性、主动性和主体地位，激发了农民的文化自信，恢复了村庄的凝聚力，从而使文化建设成为新时代农民主体性锻造和农村自我组织能力提升的切入点。

（三）消除对女性主体价值的制度性遮蔽

对女性主体价值予以贬低的观念,常常渗透在不同层级的社会结构中,成为对女性主体价值的制度性遮蔽。任何观念性存在,一旦在社会结构扎根,就变得坚如磐石,难以撼动。男女两性的自然差异在向社会文化结构的转化过程中被置换为男优女劣的性别差等,这是世界各种文化普遍存在的社会现象。中国传统社会的性别差等是一元格局下两性相依互动的男尊女卑,具有超强的隐固性。"儒家意识形态以'三从四德'为标准,要求女性柔顺、贞节、相夫教子,一体化的整合模式得以在社会组织上把家与国贯通起来,在内在观念上把血缘的自然情感、社会的伦理情感、国家的政治意识联结为一体,从而将政治化的礼教纲常、伦理化的政治结构、宗法化的行为方式全部带入社会组织原则及对百姓的治理当中,使男尊女卑的差等结构贯穿家庭、国家及社会的各个层面而令人无从发觉。儒家意识形态和传统社会组织一体化的深层整合模式,巧妙而有机地使性别差等、个群差等及宗法制度黏合在一起,在形成稳定的社会板结式结构的同时,也将性别差等镶嵌在其中而无法撼动。"[7]当然,就算极具隐固性的男尊女卑差等结构,一旦暴露在众目睽睽之下,其影响力都会大大削弱。

在法治建设过程中,女性主体价值的体现应该有更具体、更细化的法律制度保障。比如,对外嫁女的土地权益,尚需更完善的法律制度设计。2018年新修订的《中华人民共和国农村土地承包法》,在第十六条增加了"农户内家庭成员依法平等享有承包土地的各项权益",理论上讲,外嫁女可凭此规定取得与婆家其他成员等量的承包权益。但土地经营责任制基于"长期稳定"的政策,"增人不增地,增地不增人"[8]。1984年1月1日《中共中央关于一九八四年农村工作的通知》提出:"土地承包期一般应在十五年以上,生产周期长的和开发性的项目,如果树、林木、荒山等,承包期应当更长一些。"1993年《中共中央关于当前农业和农村经济发展的若干政策措施》明确提出:"在原耕地承包期到期后,再延长三十年不变。"不少外嫁女的承包地在娘家,婚后耕种的却是婆家之前分得的承包地,长期的人地分离,给外嫁女的家庭关系、处事能力、心理状态提出巨大挑战和持久影响,不能不引起有关法律专家和社会大众的特别关注。

在重视家庭家教家风、建设和谐社会的过程中,还不时出现家庭暴力这样刺耳的声音。大数据调查显示,中国有近3成的家庭存在家庭暴力现象,且约9成的施暴者为男性,家暴受害者绝大多数是妇女。家庭暴力给家庭和社会带来极大危害,不利于和谐社会建设。对于家庭暴力,仅仅依靠夫妻间的沟通是难以解决的,还应该有家庭外部的社会力量及时干预和介入,尤其需要从立法和司法上予以防止和惩治。在《宪法》《婚姻法》《妇女权益保障法》《未成年人保护法》《老年人权益保障法》《治安管理处罚法》等法律中,都有反对家庭暴力的法条,但是,这些法条的内容都是原则性、抽象性的规定,较少有对家庭暴力的详细阐述和规定。值得肯定的是,于2016年实施的《反家庭暴力法》中,反家庭暴力内容变得比较具体而详细,一定程度上弥补了反家庭暴力的法律制度漏洞,应该在司法实践中深入贯彻并不断完善。

二、女性主体意识亟须深度觉醒

(一)女性要有充分的性别自信

认可自己所属性别的社会价值是建立性别自信的前提。每一位女性都应尊重自己的独立人格,坚持自己的性别自信,喜爱自己的性别气质,展示自己的性别魅力。女性的女儿、妻子、母亲角色是女性与男性的最大区别,应该得到全体人类成员的高度尊重。对于什么是女性气质,没有固定的统一答案,但不论是生理决定论还是社会建构论,都不否认女性气质、女性偏好的存在。比如,鲜花是绝大多数人的喜爱之物,但女性往往对鲜花更为偏爱。无论是从以男性为中心的审美视角,还是以女性为中心的审美视角看,女性与鲜花的气质和情感联系都比较突出。有一份市场报告指出,在鲜花订阅群体中,女性占比高达78.80%,其中过半女性给自己买花。[9]许多城市女性将鲜花审美融入日常生活,从"悦人"转向"悦己",从节庆消费转向日常消费,借鲜花提高生活品质和审美品位,让自己因此变得有内涵、有气质、有品位。与男人相比,女人与美和审美的联系更密切,更愿意付出时间和精力,让生活变成一件艺术品。女性有其独特性别价值和性别魅力,越来越多的女性已经认识到"性别是我们与生俱来的一部分",并能够自信地说"我爱我的性别"。

在公共活动空间,可适当考虑性别特点。"用女人的眼光看世界",在尊重女性的性别特点和性别价值的基础上推动女性文化建设。在参与公共活动的过程中突出女性特质、坚持性别自信,伍尔夫的建议值得借鉴。"首先,要拒绝臣服,要克服自我贬抑和妄自菲薄的心理。其次,要建立女性自己的价值观念,这些价值观念表现为一种复杂的力量,一种更独特的创造力。最后,要走出封闭的、狭小的个人世界。"[10]在女性文化建设中,"要在考察女性与男性存在与发展的同一性的同时,着力探寻女性存在与发展的特殊性,发现并揭示出女性作为一种特殊存在的生成过程及其特殊发展规律"[11]。在女性文化建设中,还需要以互联网为平台,将女性文化纳入公共文化建设的战略格局之中;以互联网为平台,构建既安全又开放的女性文化传播空间;以互联网为平台,实现女性文化建设与传播的融会贯通。全球化的网络世界,正在汇聚丰富多彩的女性文化信息,不受时空限制地向广大受众传播,以空前未有的力量助推女性文化建设。

在坚持性别自信的同时,还要注意避免几种错误倾向。第一种倾向是秉持极端女权主义的观点,不仅反对女人作为"第二性",而且主张女人要做"第零性",在家庭地位和社会地位上力压"第一性"的男人一头,反对和拒绝平等的两性关系。这些女性认同零和博弈的观点,说什么"不是西风压倒东风,就是东风压倒西风",在两性关系中的表现非常强势。第二种倾向是秉持极端和谐主义的观点,担心因为自己追求性别平等而引起某些男性的排斥,所以有意无意地自我矮化,迎合传统观念和男性利益。像2007年出版的《女人不要太聪明》这类情感畅销书,是需要引起警惕的。第三种需要注意的倾向是某些女性对自己所属性别的偏见比大部分男性还要严重。

(二)女性要有坚定的独立意识

人类是由具有独立意识的众多单独个体组成的,每一位女性或男性都是具有独立意识的单独个体。马克思认为,人的本质是自由自觉的活动,具有独立性的自由个性是属人的根本特性,理想的社会是"自由人联合体",马克思注重的是"个体的全面发展"和"自由个性"的确立。"个体才是发展的推动者与承担者,离开具体的个体,便无真正的发展;同样,类的特性只能存在于个体之中，所以，只有个体才具有内在的丰富性、全面性及自由的本质，相较于类而言，追求自由全面发展更是个体的责任，这是以人为本在'人自由全面发展'命题中的实质体现。"[12]具有独立意识的个体是自由全面发展的主体，所以，不管是男性还是女性，都要在时间和空间维度上建构自我主体性，实现由封闭向开放、由低级向高级的自由全面发展。不管是男性还是女性，每个人都可以在物质生活、文化生活中找到体现自我个性的交往方式、价值取向、思维习惯，找到属于自己的发展之路。

独立意识是基于个体的权利意识和责任意识的一种自我认知。个体化理论是基于西欧的社会现实提出的，鲍曼、贝克、吉登斯等学者都对此做过独到解释，有助于我们深化对个体权利意识和责任意识的深入理解。贝克认为，个体逐渐从家庭、血缘和阶级地位等外在的社会制约中脱离出来，在历史上首次成为社会再生产的基本单元。吉登斯认为，脱离了集体身份的个体需要对自己的生活做出选择，并通过个人努力来实现自我。鲍曼则强调个体化过程中个人的责任，在享受个体自由的同时，为个体的行为后果负责。个体化理论强调，作为独立个体的每一个人，要努力维护自己应有的正当权利，担负起自己所应承担的义务和责任，在实现自我的过程中做自己命运的主宰者。年轻女性追求择偶自由和个人幸福，追求属于自己的生活，是合情合理的。但调查发现，某些年轻女性期待与未来配偶建立平等的家庭关系，较为关注家务分配上的两性平等，少有人主动提出买房、买车等经济问题上的分担，在追求个人欲望的满足和个人幸福的实现过程中，却没有考虑到对等的义务和责任，这是个体化进程中的不合理现象，需要引起关注和纠偏。

相比于男性，现代女性更追求在两性关系中的独立与平等。"女性的进步在这个时代到底指什么？我想，至少是一种真正的独立与两性平等。这种独立与平等不是社会与男性给的，而是女性内心的认同。所谓独立，即意识到生而为人，得让自己在社会上通过合法手段，依靠劳动与才干获得生存，而且认为自己应该如此。所谓平等，即不认为通过恋爱与婚姻，就应该获得好的物质生活，而是两情相悦，共度一生之难关。女性只有将独立与平等视为平常，才能得以自强自重，并且自爱。"[13]在独立与平等的关系中，独立是基础，如果失去独立，平等就无从谈起。

（三）女性要有高度的自强精神

21世纪是个体化进程加速推进的世纪。阎云翔将中国的家庭变迁和个体化进程提升到国际层面进行比较和讨论，突出在中国社会背景下个体化进程的主观性的一面，将中国社会背景下的个体类型称为"奋斗个体"。"这是一种自我驱动、深谋远虑、坚定的主体，追求自主的人生，伸张自由的权利，想方设法创造属于自己的生活。"[14]"奋斗个体"，既蕴含中国传统文化中辛勤劳动者的悠久形象，又反映出改革开放与市场竞争条件下催生的奋斗精神，是优秀传统文化与蓬勃时代精神的融合。"奋斗个体"既自我驱动，又顺应大势，在个体奋斗与时代脉搏的交响中开拓自己的事业，创造属于自己的生活。在改革开放的大潮中获得进一步解放的中国现代女性，具有充沛的自强精神，通过努力学习、广泛就业、勇敢创业以及她们在学习、就业和创业中的精彩表现，生动诠释了什么是"奋发图强"和什么是"奋斗个体"。

执着追求人生理想的自强精神，也是全国妇联对全体女同胞的号召和期待。1983年9月2日，在中国妇女第五次全国代表大会上，康克清同志做了题为《奋发自强，开创妇女运动新局面》的工作报告。报告在谈到今后5年我国妇女的光荣任务时说："我们要'自尊、自爱、自重、自强'，勇敢地捍卫法律赋予自己的神圣权利。"这是全国妇联第一次提出"四自"。"四自"的内容是：自尊，就是要自己看得起自己，相信自己的力量，不要自卑。自爱，就是要自己爱护自己，要珍惜自己的生命，热爱自己的事业。自重，就是自己要尊重自己，尊重自己的人格。自强，就是要积极向上，学好本领，干出一番事业。自强是"四自"的核心，自强才能自立。自己看得起自己，自己爱护自己，自己尊重自己，归根到底，是要自己奋发图强，干出自己的事业。

现实社会中，男女两性在择偶方面存在明显的梯度差异，盛行"男高女低"的择偶模式。这种模式的普遍存在，表明女性在择偶过程中的物质考量以及对未来配偶的经济依赖，独立意识和自强精神不足。在择偶过程中，男性倾向于往"下"找，选择社会地位相当或较低的女性，以便获得家庭优势；而女性则倾向于往"上"找，往往更多地要求配偶的受教育程度、职业阶层和薪金收入与自己相当或高于自己，以便寻找依靠和安全感。这种差异体现在年龄上，也体现在能力和地位上，也就是传统的"男高女低"模式。部分女性仍然信奉"干得好,不如嫁得好"这样的陈旧信条。

三、女性主体地位亟须广泛确立

(一)女性要确立与男性平等的话语权

女性和男性是担负同等责任、享有同等权利的平等行为主体,在家庭事务和社会事务中,应有平等的话语权。"夫唱妇随"曾被视为夫妻和谐关系的范式,现在看来,这大多是以放弃女性话语权为代价造成的假和谐,不应继续提倡。夫妻双方是组成家庭的利益共同体,但他们仍然是彼此独立的行为主体,他们可以"尽情地一齐欢唱,一齐舞蹈,但是,个人都有自己的静独,就如琴弦,每一根均是独立的个体,尽管它们合在一起奏出同一音律"[15]。在公共事务中,要让女性自己发声,表达自己的诉求,陈述自己的观点,减少乃至避免女性"被代表"的现象。"由于固有的性别观念带来的特定角色分工,妇女在经济上一般处于较弱的位置,经济与性别叠加,形成了性别化的家庭经济秩序,固化了原本的性别差序;此时的妇女缺乏决策与行动上的权力,这样的情况仍然存在。比如,妇女在村公共事务中缺乏话事权,其利益往往被忽视,很多外嫁女或外地媳妇无法分享村里的福利。"话语权是人的基本权利,如果连平等说话的权利和机会都没有,那么,其他权利也不可能真正实现。

女性文化研究的推进和推广有利于提高女性的话语权。自20世纪末出现了诸如"社会性别""平等参与""全面发展""尊重多元""关心弱势""赋权妇女"等概念以来,对女性/性别研究的学术理念和思维方法有了更清晰的认识,有力地推进了女性问题和女性文化研究。女性文化研究因此超越了从不同的学科中收集信息、整理资料、总结经验的传统模式,开始形成关于女性问题和女性文化的知识系列和学术见解。伴随着女性学学科体系建设的持续推进以及跨学科、跨文化、跨国界的交叉式研究方法的大量运用,女性文化研究逐步跳出沿袭已久的"压迫—解放"模式,理论视野的开拓和价值观念的更新有了跨越式进步。国内不少高校设置女性学课程甚至女性学专业,受到许多学生的热烈追捧,甚至有相当数量的男生参与其中。对女性问题和女性文化的研究,从来就是和尊重女性、让女性发声结合在一起的,对提高女性的话语权非常有利。

跟"夫唱妇随"一样,"妇唱夫随"也曾被视为夫妻和谐关系的另一种范式,当然,这仍可以说是以放弃男性话语权为代价造成的假和谐,也不应继续提倡。现实社会中,"妻管严"在不少家庭中大量存在。妻子作为强势的一方掌握更大的家事话语权。人们习惯于把凶悍妻子称为"河东狮",把凶悍妻子对丈夫耍威风叫作"河东狮吼"。这是有来历的:北宋的时候,苏东坡有一好友陈慥,字季常,其人狂放不羁,傲视世间,视荣华富贵为粪土,隐居龙丘;而陈慥的妻子柳氏,性情暴躁凶悍。每当陈慥欢歌宴舞之时,就拿着木杖大喊大叫,椎打墙壁,弄得陈慥很是尴尬。苏东坡就写了一首诗取笑陈慥:"龙丘居士亦可怜,谈空说有夜不眠。忽闻河东狮子吼,拄杖落手心茫然。"河东狮吼的典故从此确立,至今仍然是凶悍妻子的代名词,这也说明"妻管严"现象是长久存在的历史现象。在家庭生活中,某些女性喜欢唱独角戏,不给丈夫说话的机会,甚至丈夫一说话就被打断或者遭到训斥。这种在家庭内部剥夺男性发言权的做法,这显然走向了平等的反面,并不利于真正确立女性的话语权和主体地位。

(二)女性要确立与男性平等的参与权

需要以广泛的社会参与来确立女性主体地位,不以性别为歧视条件限制女性的活动空间。伴随着社会发展和观念更新,越来越多的女性在更多的行业和更大的范围选择就业,甚至独当一面,自主创业。互联网产业更为女性就业创业提供了诸多便利。成功在过去是有一个模式的,女人做贤妻良母或相夫教子,男人想做英雄,这种固定模式牢牢规圈着人们的生活,而现在女性已经打破了这种模式,能够按照自己的意愿去生活。在社会行为上,性别鸿沟也越来越小。

当今时代,尽管仍然有男女之分,但更多的是对两性在生理特点、思维特征、行为方式等方面的区别认识。比如,男性往往体力比较强,有较强的爆发力,长于逻辑性、抽象性、分析性的思维;女性往往免疫功能比较强,有较强的柔韧性,长于整体性、直觉性的思维。两性之间的这些区别,影响到他们的职业期待。调查显示,男性更倾向于从事的职业是工程师、军人、企业家、科技工作者等,女性更倾向于从事的职业是护士、教师、秘书、翻译、医生和演员等。男女各有所长,但不应抱有男性或女性一定适合干什么以及一定不适合干什么的性别定型观念。比如,"专业技术人员"过去是一个典型的"男性化"的职业类型,到2000年,女性在这一职业中所占比例就超过了男性。为了保障女性的平等参与,就算某项活动暂时不利于女性参与,也不要硬性拒绝女性的参与。在这种情况下,一要决策者做出令人信服的合理解释;二要尊重女性的个人选择;三要为决定参与的女性提供特殊保护。

走出家庭,在社会领域取得事业成功,已成为广大女性的共识和行动。在21世纪,女人更注重的不再是在男人心中的形象,而是自我价值的实现,有独立的事业代替嫁个好男人成为女人梦寐以求的理想。对美的执着固然是女人的天性,但是成功也是新世纪女性对美的理解,在社会生产领域占有独立的空间是新世纪女性获得美的方式。伴随着家务劳动社会化的不断提高、小型家电的不断普及以及男人分担家务的比例上升等因素,女性能够在一定程度上从繁琐的家务劳动中解放出来。社会上甚至出现了这样的现象,即"女人似乎要走出家庭,在男人的工作世界中实现她们的自我;而男人似乎是要解放自己,不再用工作领域的成功来定义自己,并趋向于在家庭和其他自我实现的新领域给自己一个新的定义"[16]。这种现象可以说是男女平等的崭新面貌。

(三)女性要确立与男性平等的决策权

近年来,通过认真贯彻实施《中华人民共和国婚姻法》《中华人民共和国妇女权益保障法》和男女平等基本国策,有效保障了妇女的合法权益,但在政治、土地、婚姻等方面仍存在歧视妇女、侵害妇女的现象。一是女性的政治权利实现得不够充分。在权力部门和有决策权的位置上,女性的比例较低,女性的政治参与不足。二是部分农村妇女的土地承包权等财产权利得不到充分保障。一些出嫁女、离婚妇女及其子女在农村土地承包经营权和继承权受到侵害。三是部分妇女的婚姻家庭权益保护不力。要依法保护女性的各项权利,尤其是与男性平等的决策权。我们在建设法治国家,法律面前人人平等;我们实行男女平等基本国策,在权利面前男女平等。无论是在家庭生活还是在社会生活中,要充分尊重和保护女性的平等决策权。个人事项,自己决定;共同活动,一起商量;公共决策,平等参与。共商、共建、共享,是建设法治国家与和谐社会的基本要求,女性的平等决策权要得到切实保障。

剥夺女性的个人事项决定权以及将女性排除在公共事项决策权之外,是封建社会的严重错误,是轻视女性主体价值、贬低女性主体地位的突出表现。封建社会盛行"男人为土地而生,女人为炉灶而生;男人为剑而生,女人为针而生"之类观点,将女性定位于"主于内"的角色。如果女性参与到社会生活特别是政治领域,往往引起人们的嫉妒和不满。目前农村妇女政治参与意识还不够强,在村委会选举过程中往往处于弱势,在村委会组织机构中大都居于配角性的职位,很难把妇女共同关注的议题纳入村委会决策的主流议事日程。农村妇女作为乡村治理的主要参与者,应该积极参与村委会选举,为促进基层民主政治贡献自己的力量。期待更多的女性"向前一步",进入决策领域,拥有更大的话语权。

申纪兰出生于1929年,经历了中国革命、建设与改革的全历程。她不仅是中华人民共和国第一届全国人大代表,而且连任13届,履职66年,被称为人民代表大会制度的"常青树""活化石",她以"首倡男女同工同酬并推动入宪"闻名遐迩。需要引起注意的是,有两种认知主体范式:基于身份,抑或基于权利。"基于个人权利意识出发建构的主体认知,即个体为自身权利和利益而斗争的意识与行动,在当代作为典型(甚至唯一)的主体性体现被书写与承认。申纪兰'首倡男女同工同酬并推动入宪'的叙述方式,正是基于权利的个体主义主体认知范式下的建构。而申纪兰所表现出来的是基于对自己身份的主体认识,比如她对自己党员身份的认知,以及这种身份所要求的对党的忠诚。这种主体认知方式无法从个体权利主体的认知框架中获得承认,反之,会否定其主体性,认为其是被动与受宰制的"。[17]进入权力中枢的女性,在以公职身份参政议政的同时,不应忘记自己的主体地位和性别身份。

四、结　语

女性主体地位的回归与确立,符合建设以平等、和谐为核心内容的先进性别文化的时代要求。平等是两性和谐的基础。女性主义的理论千头万绪,归根结底就是一句话:在全人类实现男女平等。男女平等是中华人民共和国成立以来的社会共识乃至国家意志,是历史发展的必然趋势,是需要在各个领域贯彻执行的大政方针。在政治、经济、文化、社会和家庭等各个方面,男女享有同等的权利,承担同等的义务。男女之间的平等与和谐是建设和谐社会的重要内容。我们追求的性别和谐,不能以压抑女性发展来支持女性发展,也不能以牺牲男性利益来换取女性的发展,而是要以男女两性平等地占有社会资源、共同参与社会发展为前提,达到两性协调发展,进而实现社会可持续发展的目的。历史发展和文化进步有赖于人类所有成员的共同参与,有赖于男女两性各自奋发,优势互补,共同描绘波澜壮阔的历史画卷,共同创造灿烂辉煌的人类文明。

参考文献

[1]陆杰荣,等.马克思以"现实的个人"为基点展开的逻辑进路[J].重庆理工大学学报,2000(3).

[2]丁瑜.妇女何以成为社群主体:以G市L村妇女自组织营造经验为例[J].妇女研究论丛,2019(4).

[3]约翰·格雷.男人来自火星 女人来自金星[M].何兰兰,周建华,译.北京:中华工商联合出版社,2017.

[4]安德烈·比尔基埃,等.家庭史[M].袁树仁,等,译.北京:生活·读书·新知三联书店,1998.

[5]毛彩凤.空间的性别建构:多琳·马西的女性主义空间理论及其对中国女性的现实启示[J].社会学文摘,2020(2).

[6]辛逸,赵月枝.乡村春晚女性主体性与社会主义乡村文化:以浙江省缙云县壶镇为例[J].妇女研究论丛,2019(2).

[7]任现品.论中国传统性别差等结构的隐固性[J].文史哲,2000(2).

[8]邢国威.外嫁女承包土地权益保护问题、制度逻辑与规范意涵:以《农村土地承包法》第十六条第二款为中心[J].中华女子学院学报,2000(3).

[9]林晓珊,朱益青.雅致生活:城市女性日常生活中的鲜花消费[J].妇女研究论丛,2019(4).

［10］新周刊.中国女人书［M］.桂林:广西师范大学出版社,2015.

［11］魏国英.女性学研究体系与方法［M］.北京:北京大学出版社,2018.

［12］林彩燕.“中国梦思想逻辑”与“人自由全面发展”［J］.江苏师范大学学报,2020(1).

［13］王红旗.中国女性文化［M］.北京:社会科学文献出版社,2009.

［14］钟晓慧.个体化理论下的中国家庭研究:转向与启示［J］.中国研究,2020(25).

［15］纪伯伦.先知全书［M］.蔡伟良,译.上海:上海文化出版社,1998.

［16］李银河.女性主义［M］.上海:上海文化出版社,2018.

［17］宋少鹏.价值、制度、事件:“男女同工同酬”与劳动妇女主体的生成［J］.妇女研究论丛,2020(4).

小额信贷对农村妇女脱贫致富的影响研究

——以浙江省丽水市为例

沃红群*

摘　要：该文基于农村妇女小额信贷政策的相关理论，结合我国农村妇女小额信贷发展现状，以浙江省丽水市为例，对丽水市妇女小额信贷的运作模式进行调查和研究，通过分析妇女小额信贷的发展困境，提出促进妇女小额信贷可持续发展、帮助更多农村妇女脱贫的对策建议。

关键词：小额信贷；农村妇女；妇联；脱贫致富；丽水

多年来，我国政府持续开展了大规模的有效缓贫、减贫计划。截至2018年，摆脱绝对贫困的人口有8亿多，创造了人类历史的奇迹。金融扶贫为缺乏生产资料而欲摆脱贫困的群体提供了机会，也为其发展生产、创新创业提供了有力的"造血"资金，精准的金融支持是解决农村贫困问题的重要手段，而小额信贷则是解决农村脱贫发展所需资金的重要金融工具。小额信贷为贫困人口提供小额度和持续性的金融服务，是一种确保向贫困家庭和农民提供信贷资金的有效工具。农村妇女小额信贷是指专门为农村贫困妇女提供无担保、无抵押的一种较为科学的扶贫信贷模式，利率一般高于当地银行贷款利率。《中国农村扶贫开发纲要（2011—2020）》指出，把对妇女儿童的扶

---

* 沃红群，浙江大学经济学硕士，浙江省妇女干部学校党委委员、组织人事部主任，研究方向为妇女发展。

贫开发纳入规划,统一组织,同步实施,同等条件下优先安排,加大支持力度。具有"造血"功能的金融扶贫模式——小额信贷,将成为我国扶贫开发战略体系不可分割的部分。具有"以贫困为导向(特别是贫困妇女)群体、贷款额度小、覆盖广泛"等特点的小额信贷,从依靠政府经济援助的"输血"式扶贫方式,到自筹资金、自主创业的"造血"式扶贫脱贫创新模式,它不仅促进了小额信用贷款的可持续发展,也体现了"授之以渔"的创新理念。

本文以浙江省丽水市为例,通过调查问卷和调研交流的方式,对当地小额信贷的运作模式和发展成效进行深入研究,发现小额信贷的发展困境,并提出对策建议,旨在有效促进小额贷款的精准扶贫和可持续发展,进一步贯彻落实国家扶贫政策,切实有效地消除和缓解农村妇女贫困问题,让贫困妇女与全国人民一起迈入全面小康社会。

一、丽水市妇女小额信贷的运作模式和发展成效

为了了解并掌握小额信贷的一手资料和实证数据,2017年底至2018年初,笔者对丽水市实施农村妇女小额贷款的情况展开调查。调查以问卷和个别访谈为主要方式,共发出1500份问卷,获得有效问卷1320份。现就丽水实施妇女小额信贷政策的情况作一分析。

(一)丽水市妇女小额信贷的运作模式

浙江丽水经济和社会发展相对缓慢,中低收入群体中农村妇女较多。妇女身上的勤劳、守信、顾家等特质备受小额贷款金融机构的青睐,而妇女在农村家庭中又承担着家务劳动、照顾老少等重任,小额信贷在一定程度上可以满足她们在家门口创业的资金需求。丽水市主要以"妇联组织＋妇女信贷"模式开展小额信贷。为推动丽水农村扶贫攻坚工作,2015年10月省农村信用社和省农村工作领导小组办公室联合推出"丰收爱心卡"的小额信贷新模式,截至2017年底,已为全市88.39%的低收入农户办理了"丰收爱心卡",有效促进了低收入人群的脱贫致富。

1. 农村妇女小额信贷的需求等情况分析

（1）需求程度。在调查对象中，有申请贷款行为的有594名，占了样本的45%；没有申请贷款行为的有726名，占了样本的55%。在无申请行为的726名妇女中，有559名表示有申请小额信贷的意愿，比例很高，占了样本的77%。从中可以看出，丽水市农村妇女对小额信贷资金的需求愿望较为强烈，同时也说明资金是阻碍农村经济发展的稀缺资源。在丽水的妇女群体中，有相当一部分已经申请贷款或者有意愿申请贷款，大量妇女需要借助小额担保贷款业务取得发展。

（2）年龄分布。在调查对象中，没有贷款申请行为的726人主要为41岁以上的妇女，占60%；有贷款申请行为的594人主要为31—40岁的妇女，占50%。可以得出，农村妇女小额信贷资金需求主要集中在31—40岁这一年龄段。

（3）文化程度。在调查对象中，没有贷款申请行为的726人主要集中在初中学历以下的妇女，占60%；有贷款申请行为的594人主要集中在高中或中专的妇女，占51%。可以看出，高中或中专学历的农村妇女对资金的需求更为迫切，更需要小额信贷扶贫项目来解决资金缺口问题。

2. 利益相关者的满意度情况分析

（1）对贷款数额的满意度。在有贷款的594人中，有297名妇女表示有申请小额信贷，其申请数额在2万—5万元/人，占50%；有211名妇女的需求数额在5万元以上/人，占36%。由此看出，农村妇女小额贷款的资金需求数额一般都比较大。从中可以看出，目前农村妇女创业的起步资金需求数额大小，这也反映了当前农村妇女创新创业项目的规模和农村经济发展的匹配程度。经调查，丽水市妇女普遍认为贷款资金能够满足需求，其中42%的妇女认为能够满足，30%的妇女认为基本能满足。

（2）对贷款期限的满意度。在有效问卷中，有594名农村妇女申请贷款。而在有贷款行为的594人中，有286名妇女申请小额信贷的期限在1—2年，占48%；更有198名妇女需要贷款2年以上，占34%。由此看出，农村妇女小额贷款的资金期限一般都比较长。实际上，丽水农村妇女在贷款期限上有着更多的要求，她们的创业项目多集中于养殖业和种植业，有着回报期长的特点，小额贷款需要更长的期限。

（3）对贷款用途的满意度。在已经申请贷款的594名农村妇女中,贷款用于种植业的有232人,占比39%;用于养殖业的有118人,占比20%;用于加工业(服务业)的有186人,占比31%。丽水市地理位置的特殊性,决定着其农村经济相对比较封闭,农村主要依靠农作物等实物来维持简单再生产,妇女负债能力相对较弱,贷款用途需求主要集中在种植业和加工服务业,也有部分需求在养殖业和其他行业,经济结构正在向多样化发展,妇女资金需求量不仅在增大,而且小额贷款的用途需求呈现多样化。

3. 妇联组织的作用

根据调查,丽水市妇女都认为妇联组织在小额信贷项目上能够发挥积极的作用,其中32%的妇女认为妇联组织能够增加贷款户信用度,30%的妇女认为妇联组织能够简化贷款程序,有13%的妇女认为妇联组织能够缩短申请期,12%的妇女认为妇联组织能够增加贷款额度,8%的妇女认为妇联组织延长了贷款期。自妇女联合会启动"贷免扶补"的工作以来,丽水全市各级组织密切配合,上下联动,采用横向交流与纵向深入的方法,扎实地推动创业和就业政策的贯彻落实,全力推进小额信贷工作的实施,真正把实事办实,让妇女小额贷款项目成为妇女需要、妇女关心并受妇女欢迎的项目。

（1）强化政策宣传指导。妇联结合丽水市当地经济发展的实际,通过培训、会议、社区橱窗、社区摊位等宣传方式,认真传达省、市有关妇女小额信贷的文件精神,积极宣传小额信贷的各项优惠政策,让农村妇女及时了解、获取并享受有关政策,从而使其在乡村振兴中发挥半边天作用。

（2）积极做好协调服务。妇联积极强化与承办部门之间的协调沟通,相互学习沟通、取长补短,实现执行政策统一,营造了有利于创新创业的良好社会氛围。

（3）严把关口扶持重点。在促进妇女小额信贷发展过程中,妇联坚持将工作重心下沉,以农村为工作重点,结合当地产业特色、优势行业和发展重点,积极认真做好小额信贷项目的考察推荐和担保工作,确保小额信贷支持的项目可行,提升创业妇女的影响力。

（4）抓好督促跟踪问责。在工作中,妇联定期、不定期地召开专题会议,研究小额信贷项目实施情况,不断总结经验,及时发现问题并予以解决,同时建立财务统计报告,及时跟踪、管理和反馈小额信贷项目的实施情况。

(二)丽水市妇女小额信贷的发展成效

丽水市妇联联合农村信用合作社积极搭建平台促创收。通过扶持她项目,搭建"她"平台,开展助力"巾帼创业贷"行动,对农村创业女性的创业现状和资信状况开展全面排摸,通过"妇联推荐＋信用社发放"模式,实施免担保授信贷款。据统计,截至2018年3月,丽水农村信用合作社已累计向3678名妇女发放贷款金额53612万元,有力地支持了农村妇女创业致富。在扶持的项目中,重点是来料加工、电子商务、农家乐、乡村旅游等适宜女性在家门口就业的创业项目,同时也构建了妇女创新创业的服务体系。小额贷款作为一种有效的金融扶贫手段,在帮助丽水市中低收入人群、缓解女性创业群体的资金困境方面发挥了重要作用。

1. 小额信贷缓解了农村妇女创业的贷款难题

市妇联和当地农村信用社合作开展农村妇女小额贷款,为其提供创业所需要的资金,更好地满足了农村妇女创业融资的需求,在很大程度上缓解了农村妇女"贷款难""贷款贵"和"贷款申请期长"的局面。小额信贷的运作方式灵活,贷款程序便捷,贷款利率优惠,贷款额度合适,真正解决农村妇女资金难题,让其真正受益。

2. 小额信贷助推了农村妇女的创业就业

农村妇女小额贷款项目以农村低收入妇女和家庭为主要对象,丽水市妇联重点扶持来料加工、电子商务、乡村旅游和家政服务等项目,为有创业愿望的农村妇女提供了创业条件,提高了妇女的理财和经营能力,促进了妇女就业增收。广大农村妇女通过参与信贷、使用信贷资金创新创业,克服了等、靠、要的思想,取得了生产经营中的决策权和支配权,使她们在获得资金的同时,树立了"自尊、自信、自立、自强"的"四自"精神,激发了她们创新创业的潜能。

3. 小额信贷提高了农村妇女的社会地位

各地在实施农村妇女小额贷款项目的过程中,不仅仅是提供资金服务,还包括宣传、培训、教育等内容的系列服务,使农村妇女素质得到明显提升。同时也受到各级党政部门的重视,通过政府相关部门的政策支持和资金倾斜,激发农村妇女参与新农村建设和创新创业的热情,进一步促进农村经济水平的提升和农村生活的和谐稳定。大批农村创业女性成为村级组织班子成员和乡镇、县(区)、市三级的人大代表、党代表及省第十四次妇女代表大会代表。

4. 小额信贷提升了农村妇女的职业能力

浙江省妇联推出"百万妇女职业技能培训计划",围绕来料加工、电子商务、家政服务、农家旅游等重点领域,通过实施小额信贷项目,开展妇女职业技能培训,充分利用好信贷资金。通过小额信贷解决农村妇女的创业资金,女性创业模式也产生了新的变化。2015年10月以来,开展了女经纪人电商、微商业务等各类培训,培训学员已达2000多人,其中,有1000多人开通网店经商。推出"互联网＋来料加工"经营模式,开通"浙江妇女创客园"微信公众号,为广大妇女提供电商培训、创业指导、创业孵化等服务信息。此后,丽水市继续面向返乡创业妇女、失地失业妇女和在家的贫困妇女,开展来料加工、家庭服务、现代农业和电子商务等各方面的就业创业项目技能培训,使其实现家门口创业发展,减少赋闲妇女,促进了农村社会和谐发展。

5. 小额信贷促使农村乡风更加文明和谐

通过小额贷款项目的实施,许多农村妇女实现创业,当起了来料加工经纪人、专业合作社社长,许多村以来料加工和专业合作社为创业平台,吸收一大批闲置劳动力就业,齐心协力共创业的人也多了。特别是一些从业妇女有了自己的经济收入,家庭地位也提高了,夫妻关系更加和睦了,婆媳之间的矛盾也得到了缓解,这些对形成良好的社会风气、促进家庭和谐都起到了积极作用。

6. 小额信贷拓展了妇女工作的新领域

农村妇女小额贷款项目,着力解决妇女最关心、最直接、最现实的问题,选准了切入点,并主动对接政府职能部门,有效整合各类社会资源。丽水市妇联干部积极主动、组织协调,全程参与小额信贷项目的宣传、入户调查、征求意见、实施、贷后跟踪回访、评估、回收等工作,不断拓展妇女工作新领域。

二、妇女小额信贷的发展困境

小额信贷的可持续性是指一个金融机构或小额信贷机构在没有任何外部资金援助的情况下,能够持续独立生存和发展的一种良好状态。妇女小额信贷是金融扶贫的一种重要工具,并不是以盈利为主要目的,但是银行作为从事经营活动的商业主体,支付必要的成本,其商业价值属性能否可持续发展也是需要考虑的重要因素。基于调查与分析,本文总结妇女小额信贷的可持续发展困境主要在于以下两个矛盾。

(一)农村发展中妇女小额信贷的供求矛盾

1. 供给方无法满足需求方的所有需求。国家从2006年起就开始重视农村金融的发展,小额信贷在农村开始普及,在一定程度上减轻了妇女贷款的难度,但农村金融需求越来越多元化,而金融创新能力不足,无法满足金融主体的多元化要求。除了像妇女发展协会这类非政府组织有明确的定位,其贷款对象以妇女为主体外,其他的农村金融机构表面上有明确的目标群体,但在实际执行过程中,往往会为了追求利润而忽略其小额信贷扶贫初衷。

2. 供给量和需求量不相匹配。农村金融资金原本就不充足,加之一些金融机构为追求利润致使农村金融资金流失,从而使其供给量下降。根据2007年中国银监会的数据,有专家研究发现妇女获得贷款的比例仅为32.80%。尽管供给信贷机构在不断增加,但农村贫困妇女对信贷资金的需求并没有得到根本性的满足。另外,农村中的一些民间借贷(即非正规借贷)比较活跃,间接影响了农村小额信贷的供给量。

3. 供给主体所分布的区域不均衡。从机构的分布看,主要分布在中西部、县域以上地区。从性质上来看,非政府机构和政府机构的分布侧重点不同,分别分布在西北偏远贫穷地区和贫困县乡。但现实中,小额信贷机构多数只在各省的乡镇地区实施。该领域的专家研究分析发现,公益性、非营利性的可持续的小额信贷机构(包括非政府机构和政府机构)有65.06%分布在西部地区。

4. 小额信贷的产品服务供给难以满足贷款者的需求。小额信贷机构的多数服务产品的年限一般为1年,而农产品的季节性非常强,经营风险很大,因此妇女所需的信贷产品期限超过1年的会更合适,还款期限也应更具灵活性。非政府机构提供的大多为1年期贷款,提前扣除利息,按季度还清本金。一些地区的农村信用社提供3年期贴息贷款,额度3万元,3年内还清,但有既定的投资要求,贷款之前自己需要先投资3万元以上的资金,这不是一个农村妇女能够承受的。妇女在利率方面并无选择权,大多数妇女都希望利率尽可能低一点。在贷款额度方面,除了一些机构自主开发新产品外,大部分妇女获得的贷款低于3000元,而她们创业所需要的期望贷款额一般都需要3000元以上。所以,小额信贷机构创新不足将会导致其信贷产品和服务无法满足日益多元化的小额信贷需求。

5. 结构性失衡。从供给视角看,妇女小额信贷的供给者主要有非政府机构、政府机构和正规金融机构,但开展小额信贷业务的机构主要以农村信用社、农业银行类为主的正规金融机构。它的主要特点是资金的管理以及机会成本比较高,但是小额信贷的额度低、客户层次低、利息收入也低的特点,导致其供给的积极性不高。从需求的角度看,小额信贷的贷款对象往往收入水平都较低,其还款能力和借贷能力也不高,所以尽管存在着借贷关系,而交易却往往很难达成。

(二)小额信贷机构的经济效益与社会效益之间的矛盾

小额信贷机构既要追求利润高于成本的经济效益,又要实现扶贫致富的社会效益,这两者是小额信贷的重要指标,又是一对矛盾体,主要表现在以下三个方面。

1. 存在一定的利率风险

我国农村扶贫小额信贷以低利率为主,低利率更利于吸引农户,提高农村的金融活力,增加农民的收入,促进农村的经济发展;但对农村小额信贷机构而言,利率代表的是机构的经营收入,低利率意味着低收入,如果收入无法弥补财务成本的支出,加之还款坏账率的不确定性等因素,小额信贷机构就存在无法实现可持续发展的风险。

2. 存在一定的信用和操作风险

小额信贷的风险主要包括信用风险和操作风险。信用风险是指受贷者存在不按约定要求还款的可能性,这是小额信贷的主要风险。由于农村妇女小额信贷量大、面广又分散,农民的信用调查、信贷评价及贷后跟踪都面临着巨大的挑战,如果无法对其进行及时有效的审核、监测和跟踪,小额信贷产生风险的可能性就会增加。此外,如果参贷农民的还款意识不强,也会增加小额信贷业务的管理难度和风险。操作风险,也称内部风险,是由于缺乏有效的信贷管理和监督机制,如非法放贷和为谋求私人利益而贷等问题而造成的风险。有些因为贷款问责制不到位,导致一些信贷员缺乏信贷管理责任意识;有些则因信贷工作人员缺乏金融有关专业知识,业务经营过程中出现坏账,严重影响小额信贷机构的贷款质量,从而降低社会效益和经济效益。

3. 金融服务和金融产品单一

随着社会发展的需要和金融知识的普及,农村妇女对贷款的需求越来越强烈,需求的形式也呈现多元化、多层次的特征。所以,随着农村经济的不断提高和发展,单一品种的金融产品和服务已无法满足人们对小额信贷的多元化、多层次需求。而农业产业结构已全面升级,由单一的以农作物为主转向多元化的以种植业、养殖业和加工服务业,农村资源循环利用和环保节能的生产、餐饮、乡村旅游业等为主。因此,当前小额信贷的配额和期限也必须与时俱进。但是,目前小额信贷机构开发的新产品和服务的适应性和吸引力显然不足以满足农民日益多元化和综合性的金融产品和金融服务的需求,这也与小额信贷的社会效益相违背。

三、完善妇女小额信贷模式的对策建议

农村经济实现可持续发展的一个重要条件是提供有效的“普惠性”金融工具,而农村妇女小额信贷正是国家扶贫有效的“普惠性”金融工具,根据小额信贷在丽水市实施所产生的正面效应,借鉴国内外先进经验,期待我国的妇女小额信贷可以使更多的贫困妇女脱贫,为实现乡村振兴,以及到2035年率先实现农业农村现代化提供可持续发展的金融支持。

(一)多措并举,降低服务成本

第一,经营收入覆盖成本是小额信贷可持续发展的重要指标,所以在实施小额信贷项目时尽量使用低利率的存款,减少对高成本自有资金或商业资金的使用。第二,不断提高信贷工作人员挖掘首贷客户或原生态客户的能力,同时适当简化申请贷款的手续,由当地妇联组织提供担保。第三,提供各种激励措施。可借鉴孟加拉国的乡村银行,比如联保的小组成员能够及时足额归还贷款,可给予一定的积分奖励,积分可用于抵消一定比例的利率,从而降低贷款利率、减少成本,进而增加创业资金,也有益于提高还款率。第四,实行优惠的贷款利率。为减少经营风险,农村妇女小额信贷利率可根据市场利率化水平在一定范围内适当浮动,实施灵活利率,创新建立农村妇女小额贷款自主浮动利率机制,使其收入完全覆盖成本,实现可持续发展。

(二)建档评级,加强风控机制

征信是金融基础设施最重要的组成部分,征信体系的缺失将影响农村小额信贷运行。中国银行业协会公布的数据显示,截至2017年8月底,只有9.3亿自然人收录在中国人民银行征信系统中,有信贷记录的仅占49%。所以建立信贷人员的评价机制,不断完善小额信贷制度,加强风险控制尤为重要。第一,提供不同额度的信贷产品满足不同的信贷需求,对于额度较大的信贷,可采用创新妇女联保贷款的担保方式。第二,对于需求数额超出信贷额度的意向妇女群体,则可实施妇女信贷联保,或由各地妇联进行担保,以保证满足农村妇女创业的大额资金需求。第三,设置量身定制的还款方式。西乡县妇女发展协会自2005年协会成立到2017年保持了12年100%的还款率,这在国内及全球都是少有的。其精准的资金支持、灵活和量身定制的还款方式,是值得肯定的。第四,建立四类信用档案评级机制。四类信用档案包括家庭档案、品行档案、从业档案和技能档案。家庭档案是指信贷人员及其所有家庭成员的基本信息。品行档案是指信贷妇女及其家庭成员是否有参与赌博、邪教、吸毒、犯罪等情况。从业档案是指参与信贷后的所有创业或经营的轨迹记录。技能档案是指通过人社部查询到的参贷妇女所具有的创新创业或就业技能的水平、资格。通过建立四类档案评级机制,政府对信誉良好的农村妇女背书并发放信用贷款,同时可以根据档案等级不同给予不同的正向激励,如优先贷款、优惠利率、连续放贷、简化手续。

浙江省妇联通过文明家庭创建活动,联合中国建设银行浙江省分行,实施推广"金融+文明"的"好家风信用贷"普惠模式,在全省首先推出"好家庭信用贷"金融服务项目,共设置679家营业网点,3000多个"裕农通"普惠金融服务点,为文明家庭带去更多实惠。截至2018年5月31日,浦江县妇联联合文明办共发放专项"好家风信用贷"13.19亿元,惠及12353户文明家庭。金华市自实施该项目以来共发放54.33亿元,5万多户家庭受益,通过信用评价给"好家庭"提供了多元化的普惠金融服务产品,取得了显著的成效。

(三)创新服务,挖掘新生客户

各地妇联与当地农信社合作为农村妇女带去的妇女小额信贷,一定程度上解决了农村妇女创业的启动资金难题,促进了农村妇女在家门口就业。但目前小额信贷的服务和产品很难满足农村农业日益增长的多元化需求,所以需要开发信贷新产品,提高服务质量。第一,拓展领域,挖掘首贷客户。在本次问卷调查中,在没有申请贷款的726名妇女当中,有贷款意愿的妇女占了样本的77%。可以看出丽水市农村妇女对小额信贷资金的需求意愿较强烈,这部分原生态客户有待进一步挖掘。浙江省农村信用社某主任提到,当前农村妇女产业化程度低对当前农商行营销带来了很大的挑战。需要创新金融机构服务产品,从生产性贷款拓宽到别的种类和领域,寻找首贷客户或原生态客户,满足更多农村妇女的资金需求。第二,提高贷款额度。从丽水市妇女小额信贷的实施情况看,贷款额度在2万元以上的占比88%,这反映出目前农村妇女所需要的创业启动资金数额较大。金融机构应根据实施项目的经营周期,适时提高小额贷款的额度。第三,延长贷款期限。对于季节性较强的投资项目,建议贷款期限与其创业经营项目的周期保持一致,实施弹性管理。

(四)协同跟进,拓宽信贷渠道

浙江省农村信用社基本能满足农村妇女小额信贷的需求,能让更多的农村妇女享受普惠性质的扶贫小额信贷政策并实现可持续发展,但仍然需要进一步拓宽信贷渠道,补充信贷资金。第一,建立妇女小额信贷专项资金。政府适当拨付资金补贴农村金融机构,以扩大小额信贷的资金来源。第二,让部分金融机构变"抽血"为"输血"。农村金融机构可以将利率偏低的存款用于发放小额信贷,将资金留在农村。第三,央行可以适当增加专项小额信贷资金用于支持农村妇女创业,增加信贷资金的来源。

(五)打造队伍,提高信贷还款率

农村金融机构要打造一支懂"三农"的专业信贷人员,帮助农民寻找创业项目和专业技术等资源,帮助他们创业增收,充分了解贫困群体的还款能力与生产经营情况,减少坏账,控制信贷风险。有效的风险防范机制是提高还款率的前提,而一支专业的信贷队伍是提高小额信贷还款率的关键要素。从西乡县妇女发展协会和丽水市实施妇女小额信贷的过程可以看出,高效的综合培训可以让受贷者充分利用信贷资金,促进妇女创收。小额信贷机构通过为有信贷意向的妇女提供创业项目信息,指导其申请信贷,为其提供专业技能培训,帮助其实施创业项目,通过建立"扶上马＋送一程"的服务机制,既可以解决农村妇女创业启动资金不足、能力不足等问题,同时还可以引导农村妇女提高诚信度,提高还款率,增强风险抵抗力。

浙江省女性社会组织现状
及发展研究*

浙江省妇联"女性社会组织现状与发展研究"课题组**

摘　要:随着经济社会的发展进步和全面深化改革的不断推进,女性社会组织在参与社会治理过程中扮演着越来越重要的角色。浙江省女性社会组织成长较快,服务开展呈现一定特色,在满足女性多元需求、推动妇联工作创新和促进社会和谐稳定等方面发挥了独特的作用,但同时也面临着资金、人才、专业化程度和社会认同感等方面的困境。该文基于调查研究,提出了妇联组织联系、服务和引领浙江省女性社会组织发展的建议,探索促进女性社会组织发展的有效途径,充分发挥女性社会组织在浙江省省域治理现代化中的作用。

关键词:女性社会组织;联系;服务;引领

对于"女性社会组织"这一概念的定义,目前各界尚未有明确统一的说法。本文所指的女性社会组织,是指团体会员女性占60%以上或以妇女儿童及家庭为服务对象的社会组织。随着经济社会的发展进步和政策的支持引导,女性社会组织成长迅猛,服务涵盖多个领域,在参与社会治理过程中发挥着越来越重要的作用。2019年3月—10月,本课题组采用文献调查法、

---

*　本文系浙江省妇女研究会2019年课题"全省女性社会组织现状与发展研究"(项目编号:201919)研究成果。

**　浙江省妇联"女性社会组织现状与发展研究"课题组成员包括林丹军、祝青、赵云丽、吴恬、吴旭梅、施俊超。本文执笔人为吴旭梅。

问卷调查法、实地调查法、典型调查法、开座谈会等方法,对浙江省女性社会组织的发展现状进行了广泛调研,获取了大量相关资料。课题组成员先后赴嘉兴、舟山、宁波、衢州、温州和台州六地进行实地调研,走访女性社会组织16家,赴浙江省民政厅社会组织服务中心调研学习,深入了解实际情况。在问卷调查中,课题组针对全省女性对公益服务项目的需求、女性社会组织现状和发展、妇联联系合作和孵化培育当地女性社会组织的基本情况,分别设计发放了调查问卷,回收有效问卷970份、84份、100份。通过对调查材料和统计数据进行分析,了解浙江省女性社会组织的发展现状和存在的问题,积极探索妇联组织联系、服务和引领女性社会组织的有效途径,更高质量地服务全省广大妇女儿童和家庭,希望能引起有关部门尤其是妇联和民政部门对女性社会组织的关注和重视。

一、浙江省女性社会组织发展现状

(一)浙江省女性社会组织的发展特点

由于政府部门的重视和妇联组织的支持,全省各地女性社会组织不断发展壮大,越来越多元化,服务开展呈现一定特色。

1. 发展迅速,数量增加较快

全省女性社会组织数量突飞猛进,规模不断扩增。全省各市、县(市、区)都在积极注册登记新的女性社会组织,还有很大一部分已经成立但尚未登记的女性社会组织。总体来说,近几年女性社会组织呈现快速增长的趋势。

2. 类型多样,服务影响扩大

女性社会组织发展形式多样,主要有志愿服务类、文体活动类、教育培训类、创业就业类等,各种类型的女性社会组织积极参与各个领域,承接全国、省、市、县(市、区)各类公益项目,影响力不断扩大。社区社会组织蓬勃发展,活跃在各个基层社区,承接了养老、维权培训等项目,从妇女儿童和家庭各方面具体需求出发,为区域内的服务对象提供多样化的生活服务。

3. 特色明显,聚焦妇女儿童和家庭

全省女性社会组织大多是通过自组织、公益创投、招投标、基金会资助、企业合作或者资助等方式获得项目,开展多种类型特色鲜明的服务,与妇联进行合作,从妇女儿童需求的独特视角出发,与家庭需求紧密结合,完善各个领域对妇女群众的帮助和扶持,逐步提高自身的服务功能。目前,大部分女性社会组织活动频繁、特色明显,在为服务对象提供实际帮助的同时也提高了自身的服务能力,为提供更多的公共服务贡献力量。

4. 区域差异,各地区发展不平衡

女性社会组织是随着经济社会发展产生、借势发展的,它是经济社会发展到一定阶段的产物。女性社会组织的发展,离不开当地经济发展水平、政策制度和慈善意识等因素影响。从目前掌握的情况看,全省女性社会组织发展呈现出明显的区域差异,大致可以划分为三级梯队,分别为杭州、宁波、温州、嘉兴、湖州,台州、绍兴、舟山,丽水、衢州、金华。第一梯队女性社会组织数量多,活跃度、影响力和专业化程度较高;第二梯队女性社会组织数量相对较少且规模相对较小,社会影响力和知名度较为有限;第三梯队女性社会组织发展薄弱,数量不多,以舞蹈、书法等兴趣小组为主,很少有服务类和专业类社会组织。

(二)浙江省妇联联系、服务和引领女性社会组织发展的主要方式

新形势下,妇女儿童社会服务需求日趋多元化。根据浙江省女性对"在以下公益服务中您希望得到哪几类服务"这一问题的调查结果,浙江省女性对公益服务的需求主要有医疗保健、文体娱乐、亲子活动、社交指导、就业辅导、情感疏导、心理辅导、法律维权和家事调解等,涉及领域广且部分领域专业性高。关于"您对公益服务提供单位的意见或建议",浙江省女性对公益服务的要求集中在丰富服务内容、提升服务普及率(名额、频次、规模、持续性等)和创新活动形式三大类。依靠妇联现有的力量较难承担大量的社会事务,要满足日益多元化精准化的公益服务项目需求,必须依靠各类女性社会组织,延伸妇联工作手臂,纵向上深入基层、深入社区和农村,横向上覆盖更广泛的服务群体。

根据对100个市、县(市、区)妇联的调研问卷,结果显示现阶段浙江省各

级妇联引领联系服务女性社会组织大致分为以下几种方式(可多选)。(1)搭建交流学习、信息共享平台,占比85%。妇联搭建平台,促进女性社会组织之间相互学习交流和信息共享。(2)项目购买,占比72%。通过项目购买的形式,妇联在制度、政策、资金等方面给予女性社会组织以帮助和指导,促进女性社会组织成长。(3)管理培训,占比55%。定期举办女性社会组织骨干培训和业务培训,培养女性社会组织人才,组建队伍,提升能力。此外,还有提供办公场地,给予经费支持,党建、妇建示范创建等方式。

除了以上几种方式,课题组在实际调研中还发现一种较好的培育方式:妇联或妇儿中心成立和培育枢纽型的女性社会组织发展中心,比如宁波市妇女儿童服务中心、温州市女性社会组织发展促进会,为女性社会组织提供必要的办公场所、基本设备、软硬件设施,免费为入驻机构提供初期孵化、注册、政策发布、专业指导、能力培训、资源对接等一系列服务。还有一些地方依托女性社会组织发展中心成立了专门的女性社会组织孵化基地,比如乐清市妇女儿童活动中心成立的妇女儿童公益广场等。

(三)浙江省女性社会组织取得的成效

近年来,女性社会组织在参与社会管理、提供公共服务、服务妇女群众等实践方面发挥着越来越重要的作用。

1. 团结联系妇女,满足女性多元需求

女性社会组织的服务对象主要是妇女儿童和家庭,服务内容覆盖文体活动、技能培训、创业就业、法律服务、家庭教育、交友联谊、扶贫帮困等方方面面,满足服务对象的广泛需求。针对当前女性发展的新需求,各地女性社会组织挖掘并提供更切实可行的渠道,一部分女性社会组织以兴趣爱好为纽带成立了旗袍、健身、摄影等兴趣类协会提升女性的情操素养;一部分联合性社会团体,如女企业家、女知识分子、女创业者等协会为女性实现自我价值的需求提供了更广阔的平台;一部分服务型组织如志愿服务中心、社会工作服务中心等女性社会组织通过整合社会资源帮扶弱势群体,为提升广大妇女群众生活质量、满足妇女多方面需求搭建平台,促进妇女素质的提升。女性社会组织利用自身的资源和条件,为女性提供继续教育、职业教育、技能培训等,提高女性的社会技能,帮助女性实现就业,进一步促进女性解放。

2. 扩大组织覆盖,推动妇联工作创新

近年来,妇联对女性社会组织的重视程度不断提高,逐步完善和加强对女性社会组织的引领,在全省纵向组织架构的基础上,横向联结了一批以兴趣爱好为纽带的女性社会组织,拓宽了组织覆盖面。例如,文体类女性社会组织为满足妇女群众日益多元化的需求,自行设计开展妇女群众喜闻乐见的活动,针对性强、参与度高、成效显著,不断丰富着妇女群众的业余生活,展示妇女群众的自我风采。再如,民办非企业单位(组织)不断涌现,聚集了一批专业的社工机构,如家庭服务中心、婚姻家庭纠纷调解站等女性社会组织,配备专门的社会工作师、心理咨询师、婚姻家庭咨询师等专业人才,近些年也开展了不少活动,为服务对象提供家庭教育、婚姻情感辅导等针对性和专业性强的相关服务,精准服务妇女,协助妇联延长工作手臂,推动妇联工作创新,拓展服务空间。

3. 参与基层治理,促进社会和谐稳定

全省女性社会组织中的绝大部分扎根基层,面向弱势群体提供服务。它们充分发挥广泛联系群众、直接服务群众的优势,开展贴近生活、解决实际问题的项目和活动,针对群众需求,在邻里互助、纠纷调解、困难救助、社工服务、法律指导等方面及时并积极地予以支持,切实有效地帮助妇女解决困难,维护广大妇女权益,缓解社会矛盾和冲突,为推动基层社会治理、实现社会和谐稳定做出了自己的努力。

二、浙江省女性社会组织发展中存在的问题

近年来,浙江省女性社会组织得到了较好的发展,取得了明显成效,但从长远发展来看,仍处于起步阶段,存在亟待解决的一些问题。妇联在引领、服务、联系女性社会组织的发展上还有进一步提升的空间。

(一)当前浙江省女性社会组织发展亟待解决的问题

1. 资金保障不足

资金是社会组织赖以运作的重要资源。第二类调查问卷中"贵组织的

资金主要来源"这一问题的调查结果显示,大部分女性社会组织的资金来源于政府,占比达69.05%,主要是政府采购或者政府扶持资金;来源于企业、基金会、个人和海外捐赠的资金有限,筹资能力较弱。一旦承接不到政府项目,大部分女性社会组织就有可能面临资金断源乃至无力运营的问题。

2. 专业人才较为缺乏

从调研结果看,大多数女性社会组织负责人为兼职,有的负责人在组织内身兼数职,甚至还存在一批全部工作人员均为兼职的女性社会组织。女性社会组织以兼职人员和志愿者居多,专职人员较少。由第二类调查问卷发现,兼职人员多于专职人员的女性社会组织占比达63.10%。专职人员中持证的专业人才和社会工作专业人才更是少数,即使招到这类人员,流动性也很强,人才队伍较为不稳定,在一定程度上影响了女性社会组织的可持续发展。

4. 专业化程度不足

自发成立的女性社会组织大多停留在兴趣爱好层面,发展速度快,但质量不够高,真正有意识参与社会管理、提供公共服务的数量较少,且大部分专业化水平不够。在提供公益服务项目时,同质化现象较明显,同一服务领域或服务对象提供的服务内容比较类似且停留在志愿服务层面,缺乏专业性和不可替代性。有些社会组织对于自身的发展方向、专业服务领域与社会需求的适应性等认识较为模糊。

5. 结构有待优化

根据社会组织的属性,我国一般将社会组织划分为社会团体、基金会和民办非企业单位(组织)三类。女性社会组织作为社会组织中的一类,其属性分类也是如此。从第二类问卷"全省女性社会组织情况调查问卷"和第三类问卷中"妇联推荐本区域1—2个枢纽型女性社会组织的典型案例"的调查结果来看,目前浙江省女性社会组织还是以社会团体和民办非企业单位(组织)为主,与妇联紧密联系的女性社会组织也集中在这两类。女性社会组织中基金会的身影较为少见,不利于女性社会组织和针对妇女儿童及家庭的服务项目筹集专项资金。

6. 社会认同感不强

作为近几年的新兴事物,女性社会组织发展迅速,且发挥了越来越重要的作用,但也面临着社会认同感不强的困境。民众对女性社会组织了解和认识较少,大部分人不知道女性社会组织是做什么的,对于女性社会组织和其开展的项目、活动等接受度和参与度都不高,导致女性社会组织在招募服务对象和开展活动中存在一定困难。

(二)当前浙江省妇联联系、服务和引领女性社会组织存在的不足

当前浙江省各级妇联在联系、服务和引领女性社会组织时遇到的困难,概括起来主要有以下两点。

1. 认知层面

部分基层妇联干部对社会组织的专业知识和相关制度、政策了解不够,很难对女性社会组织进行专业、有效的指导,存在联系服务女性社会组织意识不强、重视程度不高、培育服务手段较为单一且成效不明显等情况。

2. 实践层面

妇联工作量大,涉及面较广,机构改革后一些基层妇联干部身兼数职,分管女性社会组织工作的工作人员精力不够。现阶段也尚未设立女性社会组织孵化培育和联系服务的专项经费。从调研情况看,除了宁波等个别地市,大多数妇联是从有限的日常经费中拨出一部分用于开展相关工作。当前,女性社会组织结构松散,部分女性社会组织与妇联联系较少,女性社会组织对妇联组织的期望与妇联组织实际能够提供的服务还存在一定差距。

三、关于促进浙江省女性社会组织发展的建议

随着改革的不断全面深化,我国多元化治理主体的社会格局日益明确。女性社会组织作为参与社会治理的主体之一,逐渐成为联系团结妇女、服务妇女儿童家庭的重要力量,不断推动社会治理创新,为社会治理理论和实践的创新指明了方向。加强女性社会组织发展建设,是全面深化改革、推进国家治理体系和治理能力现代化进程的必然要求。

（一）加强顶层设计，为女性社会组织发展创造良好环境

目前，江苏省、天津市和江西省妇联联合省民政厅出台了关于加强女性社会组织建设的意见，就加强女性社会组织建设的指导思想、工作目标、推进措施及工作要求等提出了明确要求，极大地推动了女性社会组织发展。课题组认为，浙江省作为中国革命红船起航地、改革开放先行地和习近平新时代中国特色社会主义思想重要萌发地，女性社会组织的发展也应当跟上浙江省"两个高水平"建设的步伐，建议积极出台培育引领女性社会组织发展的专门文件，为全省各级妇联开展相关工作提供依据和指导，优化女性社会组织发展环境。与民政部门积极沟通，将关于妇女儿童和家庭的公益服务项目纳入政府购买服务目录和福彩公益金资助项目，加大政府支持力度，从项目、资金等方面给予女性社会组织更多支持。

（二）加强政治引领，发挥女性社会组织在社会治理中的作用

近年来，浙江省民政厅在社会组织建设发展的重点工作和下阶段工作计划中都非常重视党建引领。应当加强对女性社会组织的政治引领，引导女性社会组织根据《浙江省民政厅关于在社会组织〈章程示范文本〉中增加有关党建工作内容的通知》的要求，及时修订章程，增加社会主义核心价值观、党建等有关内容，通过章程规范，从源头上强化社会组织党建意识，推动党建工作有效落实。积极推动在符合条件的女性社会组织中成立党组织和妇联组织；在女性社会组织承接公益服务项目和开展项目督导的过程中，注重党政精神的宣传。通过这些服务和联系，把女性社会组织紧紧团结在妇联周围，听党话、跟党走，引导她们在社会治理体系中发挥积极作用。

（三）加强职能定位，引领女性社会组织更好地服务妇女儿童家庭

越来越多的女性社会组织为基层妇女儿童和家庭提供了大量精准服务，满足了妇女儿童多元化的需求。女性社会组织延伸了妇联工作的手臂，使妇联工作更接地气，推动了妇联工作创新。但同时存在一些担忧：妇联培育引领女性社会组织是否与民政相关职能交叉重叠？课题组认为，民政部门与妇联组织性质不同，承担不同的职责。民政部门是社会组织的归口登

记部门,承担登记注册、监督管理等职责,侧重对社会组织依法依规管理。妇联组织对女性社会组织可以不求所有,但要求所用,要将工作重点放在联系、服务和引领上,引导女性社会组织围绕党和国家的工作重心、妇联工作的重点热点难点,使女性社会组织在参与社会管理、提供公共服务、服务妇女群众等方面发挥专业优势。

(四)加强指导支持,发挥妇联直属单位在培育引领女性社会组织中的作用

妇联直属单位是妇联推动政策落地、服务基层妇女的重要阵地和服务平台,在联系、服务和引领女性社会组织等方面应发挥自身的优势和特长。浙江省妇联事业单位改革后,浙江省家庭教育指导中心(浙江省妇女儿童服务中心)职责中有培育联系女性社会组织的明确要求,其应当做好女性社会组织的培育孵化、引领示范和联系服务等具体工作。浙江省妇女干部学校发挥办学特长,开设与女性社会组织相关的培训课程,培养女性社会组织骨干人才。浙江省妇女儿童基金会作为省内最有实力的女性社会组织,可以向女性社会组织和妇女儿童家庭的公益服务项目倾斜,以项目培育带动女性社会组织。目前,浙江省65%的市县已建有妇女儿童服务(活动)中心,妇联应充分发挥市、县两级妇女儿童服务(活动)中心在培育孵化女性社会组织中的枢纽作用。

(五)加强示范带动,推动女性社会组织协同发展

注重发挥示范引领作用,通过树立一批先进的女性社会组织典型,培养一批优秀的女性社会组织负责人和骨干,打造一批具有代表性的公益服务品牌项目,引领各类女性社会组织向先进看齐、以典型为范,促进女性社会组织自我创新、规范运行、做出成效,进一步推动女性社会组织协同发展。建立健全考评、奖励机制,根据实际情况和工作需要,评选年度或区域的优秀女性社会组织、优秀女性社会组织骨干、优秀公益服务项目等,对其工作成绩给予充分肯定。同时,借助各类媒体,大力宣传女性社会组织在参与社会治理和提供公共服务中发挥的重要作用,增强社会各界对女性社会组织的了解和认识,共同营造和谐稳定、可持续发展的良好环境。

(六)加强服务联系,为女性社会组织发展提供强有力的支持

姐妹省市妇联的成功案例,为浙江省女性社会组织发展提供了现成的经验,比如定期开展以组织管理、战略规划、政策指导、财务管理、筹资能力和品牌建设等内容的专项培训,借助网络新媒体优势,以线上课程的形式,保证培训常态化、持续化。推进以实地教学、交流观摩、项目展示等为形式的实践性学习,提升女性社会组织的自我建设能力。提供项目支持服务,鼓励、帮助女性社会组织申报公益服务项目,承接民政、妇联、残联和其他政府部门以及社会组织的各类项目。引导女性社会组织增强品牌意识,提高项目策划和组织实施能力,打造品牌项目。整合链接政府、社区、企业、基金会和爱心人士等社会资源,为女性社会组织提供政策咨询、信息发布、项目管理、交流学习等服务。通过规范化建设和专业性指导,卓有成效地推动浙江省一大批富有活力且适应社会发展形态的各类女性社会组织健康蓬勃发展。

妇联在女性社会组织发展过程中发挥联系、服务和引领作用,是党政对群团组织改革的现实需要和女性社会组织发展的必然要求,也是妇联的职责所在。全国妇联制定的《关于贯彻落实〈中共中央关于加强和改进党的群团工作的意见〉实施方案》强调,要联系和引导女性社会组织健康有序发展。中国妇女十二大报告中提出要加强对各类女性社会组织的政治引领、示范带动、联系服务,推动建设服务妇女儿童的专业社会工作者队伍,打造一批妇联组织倡导和主导的工作品牌,在新时代共建共治共享的社会治理格局中,促进妇女踊跃参与、广泛受益。社会发展带来的变化,导致工作对象需求和群众基础也在发生变化。现阶段浙江省女性社会组织的发展很不平衡,基层妇联、妇儿中心和女性社会组织希望得到省妇联培育和支持的呼声非常强烈。妇联组织应当积极探索承接适合由妇联承担的公共服务职能,引导女性社会组织参与政府购买服务。妇联作为党和政府联系妇女群众的桥梁纽带,要做好"联"字文章,依托女性社会组织的专业力量,充分发挥联系联动联谊作用。

女性文学与性别文化

女性主义视域中的《双城记》女性形象

——论完美露西的虚幻与德伐日太太的凶残*

傅守祥　　陈少凤**

摘　　要：世界文学经典《双城记》是狄更斯晚年的代表作,它聚焦于法国大革命前数年以及大革命期间巴黎和伦敦两座城市的社会危机与人心动荡。小说细腻展示了多种女性的性格、命运与现实遭际,全景式呈现了那个时代的社会道德对女性的规训与无视,其中的露西与德伐日太太成为女性群像中分别代表至善与极恶的两端。相较于同时期法国作家雨果、司汤达等作品中的女性,《双城记》中的女性有着维多利亚时代妇女观的鲜明特征。从女性主义视域细读文本,以现象学还原的精神追溯人物原型,解剖社会偏见,探讨露西和德伐日太太两位女性人物形象建构过程中的作家成见与时代局限,进而发现露西的虚幻与德伐日太太的凶残。

关键词：《双城记》；女性主义；女性形象；维多利亚时代

　　18世纪以来的工业革命使资本主义得到长足发展,一方面展现了新兴资产阶级积极变革的思想力量,另一方面也以惊人的速度践踏着人类的道德底线。在各种思潮互相冲击之际,文坛上粗鄙暴露的文学风行一时。与

---

* 本文系教育部人文社会科学研究规划基金项目"世界文学经典的生成机理与文化增殖研究"(项目编号20YJA752036)阶段性成果。

** 傅守祥,浙江省高校"钱江学者"特聘教授,温州大学特聘教授、博士生导师,研究方向为世界文学与比较文学研究。陈少凤,温州大学人文学院创意中文专业2015级硕士研究生,研究方向为比较文学研究。

狄更斯同时代的小说家R.W.雷诺兹写的《伦敦的秘密》就在各大报刊长期连载,"几乎每隔一页都有暴力、色情和悬念"[1],其畅销程度甚至超过狄更斯的作品。[2]但时间的检验证明了畅销并不等于入流,要想得到中产阶级主流读者的认可,传世之作是"绝不能叫年轻姑娘看了脸红"的。维多利亚时代,英国资产阶级为了维护自己的统治,把自16世纪以来的英国清教徒道德发展到了登峰造极的程度,[3]65虽然他们实际遵守的道德又是另一码事;维多利亚主义在道德上表现出的深刻传统性,要求文学作品更多地强调其道德意蕴,并成为指导日常道德行为的"实用神学"。

一、俗约束缚下的"美":传统道德与现世灵性

杰出的小说家狄更斯深谙维多利亚时代的道德奥义,他的作品所提倡的"美"也都与当时社会提倡的道德理想有着内在的一致性。曼彻斯特主教曾评价狄更斯说"数以千计的书稿中,没有一页是不能送到一个小孩子手中的"[3]78,肯定其符合时宜的道德文学。为了在《双城记》中塑造出令主流价值观垂怜倾心的女神形象,狄更斯尽力避免一切有可能使她有玷污嫌疑的地方,对露西的外相和人物作用描写百般琢磨:男人们用沾满泥土和尘埃的真实的脸接触雾和雨的现实,一些乡女农妇则以粗短臃肿和面色苍白的身体混迹在尘世间,而唯独露西有一头漂亮的金色长发和一双迷人的蓝色明眸,即使面对穷凶极恶的社会狂潮,她温柔的前额下也时时露出动人的表情。她以动人的特质疗愈了马内特医生18年的魔怔,使"多余人"卡顿找到生命的价值,还源源不断地以爱和安慰支持着正义无辜的达奈。"健康、希望、信心、有教养和仁慈"是狄更斯呈现女神形象美德的重要内容。

然而,道德上过度考究的"完美"形象在艺术上难免存在瑕疵甚至失败。当抛开道德热忱,以理性的目光来考量露西在小说中的人物构架和生存逻辑时,这位完美女性就像维多利亚时代穿衣镜上的一口呵气,"虚幻"地消失了。女性主义思想家波伏娃说:"一个人之为女人,与其说是'天生'的,不如说是'形成'的。"[4]其指出了社会环境对女性形象塑造的重要性。而狄更斯在《双城记》中却对露西的成长背景和逻辑形成进行了大面积的模糊和省

略。露西18年的"成长"一笔带过;18年后,却突然以"天生"的天使形象"复活"了她的亲生父亲。小说的描写林林总总,但对露西的细节刻画相当吝啬,既看不到她对父亲的"伺候",也没听到她有效的话语"启迪",直到每次抵不住高压昏眩过去之前,才不断重复地说出"亲爱的,为我祈祷吧"和"你的开心也是我的开心,我爱你"之类的台词。露西自小无母,生父又不在身边,唯一的"亲人"就是善良的女管家普洛丝——这个被弟弟骗去所有钱财的泼辣妇女却对露西关怀备至,是露西的防身盾。当时英国的《本特利杂录》《新月刊杂志》《笨拙画报》等许多喉舌杂志,都曾对此类"财产水平尴尬""生存状态处于社会边缘"的人物进行过翔实、生动的记录[5],他们大多都像女管家普洛丝一样身居低位、行为笨拙、目光狭隘、职业卑微,总是出乖露丑,充满喜剧色彩;也有的像小杰里和老杰里一样,孩子随着父亲走上一条"老实的生意人"的道路。露西在"卑琐"人物和"边缘"环境中成长,却未沾染其中的逻辑和性格,"天生"如闺范妇德的摩刻,拥有最高尚的情感和最仁爱的悲悯,不合乎人物"生成"之"真"。狄更斯刻画露西太过程式化,抽象的妇德观念必然会给女性形象的生动塑造造成一定的损害,造成露西式"完美"的虚假与虚幻。

如果小说的省略能带给读者浪漫的想象或诗意的怀念,那固然是好的,但在维多利亚时代的省略中,我们看到的是虚幻的道德程式,在细节失忆、逻辑失真之后,随之而来的是真切的情感也失去了灵性。其中,最鲜明的例子是"法庭再相会露西为爱晕倒,酒店又相聚卡顿为爱献身"的情节。在这个紧张的调包计实施前,狄更斯安排露西再次晕倒,设置她去乞求卡顿救出父亲,至少避开了三层妇德败坏的嫌疑:第一,引人牺牲之嫌;第二,有夫之妇乞求一个自己的爱慕者多少有性道德败坏的意味;第三,如果开口,那么激烈的言词将破坏她温柔的形象,有伤闺范。于是,危难面前的晕倒,让我们看到在露西的仁爱中缺乏一种主动的人性。她只是待在原地,哪怕丈夫就要上断头台了,她也只是在女性规范的范围内活动,"恪守妇道"。"像露西这样只负责晕倒就能解决问题的女性形象在狄更斯的小说里为数众多,几乎每部长篇小说都可见她们的踪影。她们的所作所为,实际上是缺乏温柔的结果。"[3]132 当然,这也是俗约束缚的结果。太多的避讳和失真封印了露西女性形象中人性的"美"。即便狄更斯在小说中连续设置了三个追求者,分别衬托露西的无辜、圣洁、妇德,但那高呼仁爱、为坚强而眩晕的情感、在小说中戏剧化的言语更像是套用了传统道德理想和现实价值标准对善和美要求的程式,难以使人共鸣。这种抒情之直白、刻画之粗粝,与狄更斯极力向人们展现的"心灵伟大"女性形象背道而驰。朱虹评价《双城记》时说:"'多余人'卡顿最后弄得哭哭啼啼,与其说是为爱情赴死,倒不如说是死在一汪人道主义的泪水中。"[6]73这从侧面指出了道德情感的灵性丧失。

实际上,萨克雷在其《彭坦尼斯》的序言中也抱怨过小说家所受的限制。他说:"我们这些作家当中没有一个人能最充分地描写一个男人。我们不得不遮遮盖盖,赋予他以规范化的品格。我们的社会就是容不下艺术中的自然。"[6]113虚伪道德波及语言习惯,甚至到了破坏作品艺术性、灵性的程度,这在男性人物形象中存在,在女性人物形象中更为严重。《双城记》塑造的完美露西形象一直被道德传统和现世价值支配着,成为"夫道中心"的附庸物、妇德围范的蜡像。狄更斯有计划地剥去露西身为女性的"真实",用乡规俗约道德的"虚幻"来填充,以适应维多利亚时代资本主义主流读者的阅读取向。而在经过俗约标准的雕刻后,被剥去和省略的不再是浪漫,不再是对读者余韵想象和解读空间的尊重;相反,简单的二元对立、天使形象的平面夸大是对艺术思想价值的软化,是在经过明丽的包装后灌输给中产主流读者的一碗道德迷魂汤。

露西形象的典型之处在于,她是一个在长期的父权制度之下诞生的形象,她的"虚幻"来自长期的男性中心的压抑。在"他"的叙述威力之下,露西身处"被纯良"的妇女模板中,接受着虚伪道德的抛光打磨,成了市场和时代追随的教科书经典、仁爱样板。人人都乐意认可"她"无瑕的道德纯善,却没人记得起"她"被祛除了的"妇女"的存在逻辑和生存基础。中心话语权的笔杆刻意省略"她"的历史与精神,继而渐渐在时代中抹去"她"作为女性的真实生活与情感。完美露西形象的诞生意在满足传统道德理想与现实价值标准,让这一形象成就其"美"。而小说中讽刺的恰恰就是在"俗约之美"成功之时,中空而粗粝的幻美形象却阻碍了"她"在人性的花园里自由歌唱,剥去了"她""真美""真善"的权利,抽掉了"她"足以"不晕倒"的活力,使她虚幻无情得像她在《双城记》小说结尾离开巴黎时的一个转身那样,面对"多余人"悉尼·卡顿的牺牲,头也不回地乘着马车消失了。

二、经验改造下的丑：家庭不幸与感性历史观

了解狄更斯的人都知道，狄更斯的原生家庭生活充满坎坷，而他本人却一直重视家庭的完整。狄更斯的父亲是一名海军军需部职员，年薪超过200英镑，在当时足以算得上生活滋润的中产阶级。狄更斯在英国南部的查塔姆度过了5年最美好的童年时光，随后由于父亲喜欢挥霍，家庭开始常常陷入窘境。为了维持生计，他甚至在12岁生日那天被母亲送去皮鞋油厂当童工以贴补家用。这段经历对他造成的伤害很大。狄更斯的母亲对孩子漠不关心，作为家庭长子，他受到的关爱更是少之又少。[7]童年的起落、婚姻的跌宕、追求幸福遇到的坎坷、对现实生活体察的不断改观，这样的生活经验使他的作品常常出现美好与梦魇的交织。

在1859年问世的《双城记》中，他对幸福的希冀和遭遇的家庭不幸都烙印在两位女主角的形象当中，完美的露西有多柔善，德伐日太太的表现就有多"穷凶"。她犹如复仇女神一般，脸色苍白，全身墨黑，扭曲如毒蛇般的头发上插着一朵令人生畏的猩红玫瑰。她裸露着手臂，擎着浓烟滚滚的火把，领导"雅克"们掀起复仇狂潮，给男人们带来"一刀取侯爵心脏"的惬意的理想。她的号召裹挟着初民似的狂热，使男人们在高烧中失去了时空的观念，带着钦佩的眼光追随着她——"一个了不起的女人、坚强的女人、崇高得让人敬畏的女人"。他极力渲染这个凭借自己的智慧创造出来的一种编织的符号和语言、一个恐怖的女性形象。神话中的复仇三女神也仅仅是主持正义，主持公道，对于心地善良端正的人从不冒犯，而保佑他们平安和幸福；对于心肠狠毒的恶人则穷追不舍，直到像蛇一样的头发把他们绊倒才肯罢休。狄更斯笔下的德伐日太太燃起熊熊大火，把维多利亚时代的妇德俗约烧得残灰不留。她的母性如残暴的母兽捍卫着死者的怨灵；缺乏温柔的女权本质破坏了家庭神圣的"夫道中心"思想；对待革命的态度更是决绝可憎，将怒火也烧到了无辜者的身上——任何人也不能凭借他的德行和功绩逃脱她严酷的审判。

塑造这样的恶煞形象当然不是狄更斯的目的，"穷凶"的形象是为了彰

显"博爱"的主题。安德烈·莫洛亚认为:"狄更斯在他的小说中,总是在追索一个道德方面的问题。他要披露一样东西,他要谴责一种恶行。"[8]也正如周作人评价阿Q时所说:讽刺的憎恨,其方法或者是破坏的,但其精神却还在这些之上,可以说是爱的一种姿态,因了侮辱损害之道德意识的自然的反应。在《双城记》中狄更斯延续了这个传统,将庄严肃穆的德伐日太太送上了一场充满滑稽与讽刺的葬礼。当普洛丝与德伐日太太交手时,德伐日太太面对这个小人物变得荒唐可笑,连语言上也无计可施(因为她们彼此听不懂英语和法语),最后以扭打在一起不小心中枪身亡告终。德伐日太太一以贯之的崇高和威严"砰"的一声消失了,"穷凶"的形象立刻急转直下,被踩入泥土。小说中言词的转换略显偏颇,实则有作家激进博爱思想的影响——选择用小人物普洛丝身上的爱与善打败了这个"穷凶"的女魔鬼——表现了"穷凶"女即使再过分的狠毒,再悲痛的身世,再聪明的智慧,再狂热的革命,也抵不住狄更斯想要帮助小人物建立美好社会的强烈倾向。乔治·奥威尔认为:"狄更斯的激进主义非常含混不清,甚至于他对自己攻击的这个社会的性质也没有明确的理解,他只是出于感性的概念,认为这个社会出了毛病。他最后只能说的是'为人行事要正派'。"[9]这正是"穷凶"之"穷",缺乏真正的历史知识之"穷"。

1858年,狄更斯在《双城记》的创作期间投入对卡莱尔的《法国大革命》的研究,他的历史观很大程度上是受了卡莱尔的影响。写《双城记》时,他曾请求卡莱尔提出一些可供他参考的原始资料。"卡莱尔嘲弄地从伦敦图书馆挑选了足足两车的书派人送到他家里。他又是感激又是吃惊。然而当他一本一本地读这些书时,越发敬佩卡莱尔抓住了这些书中的要点,熔和成为他那部硝烟弥漫的杰作,'全书燃烧着战火的精髓'。"[10]狄更斯把酝酿中的《双城记》的人物命运糅合进历史进程,并或多或少地借个人思想之诉求加以铺陈敷衍。乔治·吉辛批评道:"狄更斯没有什么真正的历史知识,也并不理解历史意味着什么。"[11]虽然这一评论过于严苛,但狄更斯对"善恶"的思考与判断确实有很大程度是更倾向感性的,在小说中表现出的系统性不够强、哲学的理论不够深刻,这也是事实。如对德伐日太太率领"雅克"们进行城市暴动的描写,"狄更斯通篇将其比作海水、人的海洋、人声的波涛,像海水冲击堤岸……府邸着起了火,万家点燃了灯火,星星之火,顷刻燎原……这一切是那样的阴森可怕、野蛮凶残"[12]。用词中充满了夸张象征的浪漫主义的叙事技巧,描述的德伐日太太形象也流于浅表,过于艳丽、神话化,未能使人真切地感受到真实历史掷地有声的恸。

除却感性的批判,狄更斯对德伐日太太复仇的疯狂也给予了理智的同情,没有盲目责备她的过激行为,这让德伐日太太"穷凶"的形象又多了一层"缺乏凶到底"的意味——是"由于德伐日太太自幼受到郁结的受害感和不共戴天的阶级仇恨的影响"才激起了她复仇的疯狂。在达奈被捕之后,在天使露西与魔鬼德伐日太太的相遇和对话中,狄更斯从怜悯的角度宽恕了她,给了她表达悲苦的机会:"'妻子、母亲',我从我们和这个孩子一样小,甚至更小以来,就见惯了的,不是一直很少人为她们想想吗? 我们知道她们的丈夫和父亲被关在监狱,音信全无,不是够多的吗? 我们整个一生,不是看到我们的同姓姊妹和她们的孩子怎样受穷、无衣、饥渴、害病、悲惨、受尽一切压迫和轻蔑吗?"一连串的反问包含着浓烈的社会批判意味。她倾诉了下层人民的苦痛,控诉了贵族残酷的压榨和暴虐,同时也从一定程度让读者感受到她满是伤痕的心,以及曾经被揉得破碎不堪如今却不得不坚硬无比的悲哀。铁面女也曾有无尽的悲悯,只是这悲悯转而为愤怒,腾空燃起革命反叛的火,发誓要烧得连悲悯也消失才好。其中又糅合了狄更斯早年的悲惨经历以及他对不幸者的深切同情,这就使"穷凶"的意蕴丰富起来。

三、女性形象建构中的作家成见与时代局限

从人物形象数量上看,狄更斯是创造人物的大师。根据米歇尔·斯莱特的统计,狄更斯十五部长篇小说共塑造了621个人物,其中男性391人,女性230人。[14]如果一一筛选对应,那么他们所反映的生活面几乎可以涵盖基本的现实范围。他们当中有虚荣享乐的浪荡子、圣诞老人似的福星、在边缘社会挣扎的多余人,也有贵族、教师、医生、儿童、家庭主妇、生意人……狄更斯在《鲍兹随笔》中写道:"我宁愿让自己信笔直书,在更广阔的范围里来描绘英国的风云和人物。"因而我们可以看到这些人物生气洋溢、性格复杂、身形各异,既掺杂道德的因素,也涉及政治、阶级、经济等各种层次的问题。在早

期小说中，他们多是比较单纯的好坏对立；随着中后期小说的成熟，人物描写的重点则更有渗透到人物的内心深处去的倾向。《双城记》作为狄更斯晚年长篇小说作品中首屈一指的杰作，两位女主人公的形象塑造相当程度地反映出作家思想逐渐成熟、深刻的过程，不乏优点。但不论是完美的露西还是穷凶的德伐日太太，在本质上仍然未脱离"狄更斯式人物"的道德善恶论，好坏依然是鲜明的，在塑造人物形象，尤其是女性人物形象道德层次外的个性浓厚方面，狄更斯比起巴尔扎克、托尔斯泰等作家确实要略逊一筹。

　　《双城记》一直被认为是狄更斯个人写作转型时期的重要转折点。它的问世，不仅承载着狄更斯的破碎婚姻以及他阴郁的晚年生活，还暴露了他不幸的家庭遭遇以及极端的妇女观念，有着狄更斯的个人史诗般的价值。1859年，狄更斯在谈到《双城记》的创作经历时说："我花了大量时间和精力来创作《双城记》，经过无数次的修改，总算感到满意。能够偿还我在创作中所付出的心血，绝不是金钱和其他任何东西，而是小说的主题意义和创作完成时的喜悦。"的确，狄更斯在《双城记》中精心设置了两座城市、两家银行、两个监狱和精致的小说环形结构，而且为突显其博爱和宽恕的主题、人道主义精神，还塑造了两位鲜明的女主人公形象，大善大恶，大美大丑，在紧凑的对比中，用他感性的笔尖激荡出人们心中一阵又一阵道德感上的精神紧张和刺激，这无疑是狄更斯长篇小说的又一成功之作。在批评界中虽然早就有许多关注《双城记》的论文，但大部分倾向于从社会历史角度出发，要么对两位女主角搁置不论，要么将二者的形象归论为人道主义的天使和革命狂潮的化身，对于其中具体的特点分析却少之又少。笔者在重读文学经典《双城记》时，发现了其中暗示的狄更斯两极化妇女观念。两位女主人公的形象，一个被限定为把家庭收拾得井井有条、对男性温柔和顺、充当家庭护士职责的"家庭天使"；另一个就和阁楼上的疯女人一样，是一个又高又大的十足的"魔鬼"。小说中，娇美人儿露西的刻画用极美丽和仁爱的渲染之词，好像她就是这俗约束缚之美最为正面的体现；而对复仇魔女德伐日太太的描写则极尽恐怖和夸张的贬损之意，仿佛她跳进塞纳河也洗不清此世的罪孽。男性人物对露西·马内特怜惜有过、宠爱有加，崇敬欣赏之情不可抑，把她当作心灵的避风港和精神的温柔乡；而对德伐日太太一方面唯恐避之不及，另一方面却又都唯她马首是瞻，生活在她恐怖的阴影之下。她们的诞生诉说着维多利亚时代的妇德闺范和作家个人的理想希冀、不幸遭遇,有着特殊的文学价值。她们形象的基调化、片面化、程式化,也体现出虚假道德和个人经验对女性的束缚与歪曲,有着潜在的深刻的批判意义。

四、结语:女性天空的高低与文学批评的拓展

在人类成长史上,长期的性别压制迫使女性退化为从属者、失语者和隐匿者。长久以来,女性自身及其生活都在男性"异样"目光的注视下,也"单一化"地存在于男性作家笔下,男性"包办"了关于女性的"解释"与"注释"。因此,女性作家萧红曾经发出悲叹"女性的天空是低的"。但是,自从进入19世纪,女性作家从幕后走向前台进而坚强崛起,主动书写女性自身及其真实境遇,多维度呈现女性所感所思所爱所行,细腻描绘现代女性的自尊自爱自立自强,在对女性的切身关切中引领其在现实生活中改善生存环境、掌控人生方向。随着20世纪以来女性的觉醒,女性主义文学批评勃发,女性也终于可以"自己为自己做'解'和'注'"。近两百年的文学创作和批评,拨乱反正、引领风气,确实为女性生存、女性体验、女性声音打开了一扇窗、一扇门甚至建造了一座"自己的房子",以各种形式拓展了"女性的天空"。

毋庸讳言,在社会生活中,男性往往带着偏见去思考女性问题,即使是对女性的保护行为,实则通过隐形意识的灌输来制造控制与被控制的权力关系,使女性将传统观念内化为自己的行为与思想。而在文学作品中,女性形象作为由男性"用笔创造出来的"创造物,也仍然"被监禁在笔杆之中"。因此,男性作家笔下的女性形象往往是被塑造的女性镜像、被物化的女性存在、被压抑的女性身份。她们或者落入传统男性刻画女性的窠臼之中,套用"天使与怪物"的模子造出;或者被简化为男性物欲关注的一具肉体;或者被"去性别化",消灭女性特质。而她们在小说中的命运往往是受人摆弄,为父权做陪衬;在性爱关系中女性是性欲施加的对象,是无法获得爱的无爱女性。更进一步说,被禁锢在文本中的女性无法发声为自我辩白,言语的机会被转移到男性身上,女性被刻写、被代表、被划分为附属的"他者",女性的"她"性别似乎要消失于历史。

西方的女性议题自20世纪20年代被提出以来,已经走过了较为成熟的路径。中国在20世纪80年代也展开了对女性的研究:首先,中国学者从"反抗式阅读"入手,先是追溯历史,寻找女性的传统,建构女性的脉络;其次,在文学作品中、在现实生活中进行对女性的发现与对人的发现;最后,通过颠覆式的阅读,即对文学文本的重读与拆解,来重新梳理女性的身份。关于女性的一切看似已经被"研究透了",但显然并没有。一方面,女性追求平等这一议题从来没有被充分重视,没有形成共识,单看女权主义者们为此不断奔走呼喊,"男女平等"还没有成为"稀松平常的现实"便可知晓。因此,这一话题仍不断被重提,仍不断有研究者投入对女性历史发展、生存境况的探究。另一方面,近几年席卷全球的"Me Too"运动也掀起了新一轮女性要求"平权"的热潮。在此前提下对女性问题进行研究就是一种对"更好的解决办法"的探索。现代社会中的女性解放与自由之路坎坷,唯赖"不欲—勿施"式的换位思考与深度尊重,以及公平正义的法制规范与才情差异的性别共识,三者综合施治方有和谐之效。

参考文献

[1]乔治·福德.狄更斯及其读者[M].普林斯顿:普林斯顿出版社,1995.
[2]朱虹.市场上的作家:另一个狄更斯[J].外国文学评论,1989(4).
[3]赵炎秋.狄更斯长篇小说研究[M].北京:社会科学文献出版社,1996.
[4]西蒙·波伏娃.第二性[M].桑竹影,南姗,译.长沙:湖南文艺出版社,1986.
[5]鲁迅.中国小说史略[M].北京:人民文学出版社,1981.
[6]朱虹.英国小说的黄金时代[M].北京:中国社会科学出版社,1997.
[7]李媛媛.狄更斯的童年情结[J].山东外语教学,2005,(4).
[8]安德烈·莫洛亚.狄更斯评传[M].朱延生,译.太原:山西人民出版社,1984.
[9]罗经国.狄更斯评论集[M].上海:上海译文出版社,1981.
[10]埃德加·约翰逊.狄更斯:他的悲剧与胜利[M].林筠因,石幼珊,译.天津:天津人民出版社,1992.
[11]GEORGE G. Charles Dickens: a critical study [M]. Montana: Kessinger

Publishing, 2010.

[12]傅守祥. 论《双城记》浪漫现实主义的仁爱精神[J]. 山东师范大学学报（人文社会科学版）,2004(3).

论"80后"女作家笛安小说中的
孤独书写

曹艳艳*

摘　要：笛安是"80后"女作家，她的创作在"80后"作家群体中显得与众不同，其中萦绕着浓郁的个体孤独感，让她的创作在一定程度上打破了青春叙事的樊笼。对于笛安小说的研究已有不少，在这些研究中，学者们大多将关注点放在文本研究，很少关注笛安的人生经历对其创作的影响。笛安的小说创作与其自身经历有着密不可分的关系，独特的人生经历造就了笛安创作中的孤独底色。该文以笛安的人生经历为切入点，分析其作品构建的伦理关系及隐含其中的对孤独的代偿性满足。

关键词：笛安；人生经历；小说创作；孤独

在"80后"作家群体中，笛安的存在可以说是与众不同的。与大部分"80后"作家的青春个人化写作，以及对自身个体张扬的书写比较而言，笛安更注重的是人性。对人性之中的孤独、善恶以及生死等一系列具有形而上意味主题的关注，使笛安的写作在某种程度上以严肃文学的姿态将"80后"一代的青春记忆展现在大众面前。笛安曾说她的小说在很大程度上包含了她的切身体验和感受，与众不同的人生经历让她将这种孤独刻画进小说创作的底色之中。在笛安的成长过程中，她面对的是与她有代沟的父母，与她有距离的老师以及难以融入的同龄"陌生人"，同龄关系的缺失造成了笛安青

---

* 曹艳艳，杭州师范大学本科在读，研究方向为中国现当代文学。

春期的孤独感。在同龄人步入大学开始美好张扬的生活时,笛安又独自一人选择了出国留学,在完全陌生的环境中,格格不入的笛安在更为严苛的条件下独自品尝生活的不易。这些缺失性体验使得笛安的小说流露着一股难以言说的孤独感。为了对这些难以消解的孤独感进行代偿性的满足,笛安在小说创作中非常注重伦理关系。"当一个人住在西伯利亚苔原地带或者伏尔加河上游干燥地带的时候,他也许梦想神奇的花园,内有非凡的树木,长着珊瑚的枝,翠玉的叶,红宝石的果。"[1]笛安在小说中塑造了各种不同的伦理关系来消解她的孤独感,大致可分为爱情补偿、亲情补偿以及家族补偿这样三个类型。

一、孤独与爱情幻想

当笛安想要通过伦理关系的塑造来补偿孤独感的时候,她首先选择的是爱情关系。毫无疑问,这是一种最为容易也最快速有效的方式。笛安的第一部长篇小说《告别天堂》在很大程度上是一本类自叙传小说,主人公宋天杨独生子女的身份以及幼年在姥姥家成长的经历与笛安有很大的相似性,唯一不同的可能就是宋天杨和江东之间疯狂的爱情。

宋天杨从小是个"怪胎",很少跟人讲话,只是爱看书,用她自己的话说,"我从小就是寂寞的。我不会和人交往,我不会玩任何女孩子该玩的游戏"[2]。这种孤独使得宋天杨疯狂地迷恋上江东,同样身为独生子女的江东也被宋天杨身上的单纯所吸引,两个人迅速坠入了爱河。但是他们之间的爱情在某种程度上超越了爱情固有的含义,他们的爱是一种补偿性的慰藉,所以他们的爱很偏执,很激烈。江东对方可寒的欲望,肖强对宋天杨的玷污,使得他们之间的爱情显得破碎不堪。用宋天杨的话来讲,即便这份爱情已经脏了,但是他们依旧紧紧抓住对方,宋天杨不断地对江东强调"你是我的",江东时不时窒息一般地拥抱宋天杨。他们之间互相伤害,互相嘲讽,最后依旧无法离开对方。他们将彼此视为这个世界上唯一的人,内心深处那种患得患失的拥有和无法消除的寂寞与孤独让他们无法放弃对方。在小说中,唯一对宋天杨和江东的爱情产生威胁的方可寒年纪轻轻便患上白血病,最终不治而亡。笛安以这种决绝的姿态将这两个人不留后路地捆绑在一起，以至于已婚的江东向已经订婚的宋天杨提出重新在一起的想法时，宋天杨眼里的泪水表明她依旧对江东无法割舍。与江东之间的爱情是宋天杨摆脱孤独、融入生活的唯一途径，却以失败告终，宋天杨最后选择不再固执地与生活对立，身为白衣天使的她以孤独的姿态与生活和解。

宋天杨和江东之间偏执激烈的爱情，过于戏剧化的情节，让这部小说在艺术层面上存在着一定的缺陷，但这种不成熟的描写也让读者看到笛安想要消除这种孤独感的迫切，这些极致化描写背后恰恰透露出她强烈的渴望。当以爱情为基础的伦理关系不能彻底补偿笛安的情感缺失，笛安将目光转向了对亲情伦理关系的追寻。

二、孤独与亲情补偿

《宇宙》开篇以一种悬疑的口吻讲到"其实我还有一个哥哥"，这九个字是叙述者臻臻的秘密，事实上这却是一个虚假的秘密。随着情节的推进，我们可以看到，这个所谓的"哥哥"是不存在的。妈妈在怀臻臻之前怀过一个男孩子，最后因为意气用事而流产。但叙事者固执地相信这个哥哥一直陪伴在她的身边，小时候，"我"会因为哥哥的离开而大哭；十一岁，"我"惊奇地发现处于青春期的哥哥的变化；十五岁，"我"会和哥哥分享明恋或暗恋的人；十八岁，哥哥安慰失恋的"我"。在叙述者成长的每一个重要节点中，都有那个并不存在的哥哥的声音，甚至为了这个虚假的哥哥，叙事者可以和现实生活中真实的未婚夫吵架。这种对于"哥哥"的病态固执，来自叙述者背后深刻的孤独。"哥哥没有严格意义上的肉体，没有名字，没有存在过的证据，连生命也没有，所以他当然不会幻灭，不会归于无形。这么想想，就觉得无比安慰。"[3]296这样的想象是对叙事者极度渴望的一种满足，这种想象的力量突破时间，突破空间甚至突破生死。哥哥随时随地、永远不会消失的陪伴，极大地消解了"我"的孤独感，这是一种代偿性的满足。在另外一篇带有自叙传色彩的小说《请你保佑我》中也有类似的幻想："我的弟弟不是人，是一只玩具小熊。""二十年来，他是我最亲的弟弟。我发誓要尽我全部的力量来保护他,因为我和他之间,血浓于水。"[3]229仅仅因为"吃掉小熊"这句玩笑话,"我"与男朋友翻脸了。在此,叙事者再一次选择为虚幻的亲情而背叛现实生活。

从《宇宙》中并不存在的哥哥对"我"无时无刻的陪伴,到《请你保佑我》中"我"对小熊弟弟的保护,以及《东霓》中小女孩雪碧对小熊弟弟可乐的偏爱,这些主人公都是在通过近乎病态的幻想来消解自己的孤独,证明自己的存在,她们试图通过幻想找到与生活相处的方式。在这些虚假的、不合逻辑的伦理关系的建构中,笛安用一种不合常理的亲情关系来弥补自己的缺憾,进而让这种孤独感在小说的虚构中得到纾解。

这样一种虚假的亲情关系并不可靠,它在某种程度上让人物无法抑制地陷入生命的虚无感之中。在《宇宙》中,"我"和哥哥是互不共存的,如果哥哥出生,那么"我"便不会存在。"我"对哥哥的渴望和"我"与哥哥之间相互取代的关系,体现了"我"作为生命存在的一种虚无与偶然,而这种由虚无和偶然所带来的孤独并不是幻想一个哥哥便可以解决的。在小说的结尾,叙事者冲破小说结构,发出一声看似突兀的呐喊,这声呐喊表明叙述者已经开始接受哥哥是虚幻的,接受孤独的现实,叙述者暂时放下这份孤独,与现实生活达成和解。

三、孤独与家族构建

偏执的爱情无法避免个人之间的隔阂,建立在幻想中的完美的亲情伦理关系最后只能带来另一种无法消解的孤独。当偏执的爱情和虚幻的亲情无法满足对孤独的补偿要求时,笛安开始尝试建立一个庞大的家族,以小说中绝对真实的存在来消除这种萦绕在她身上的孤独感。

"龙城三部曲"围绕东霓、西决和南音三兄妹,以龙城为背景展开了一种庞大的叙事。在三部小说中,笛安建构了一个类似于《红楼梦》的家族体系,企图建立属于自己的"约克纳帕塔法世系"。三部小说以不同的叙事视角展开,分别讲述了三兄妹各自区别却又紧紧相连的人生轨迹,让他们成为彼此人生路上的支撑和依靠。在这样一个以血缘关系为根基建构的家族关系中,西决是一个特殊存在,他是被买来的孩子,是唯一与郑氏家族没有血缘关系的人,但具有讽刺意味的是,他是紧紧维系这个家族存在的中坚力量。桀骜的东霓嘲笑西决是一个没有志气的年轻人,一辈子舍不得离开龙城,他回答东霓"我只想平平安安地待在龙城,教一辈子书,然后照顾三叔、三婶、小叔,当然还有你爸妈。等你和南音都远走他乡,并且婚姻不幸的时候,帮你们支撑好这个大本营,好让你们随时回来养精蓄锐,再战江湖"[4]。对家族最为依恋、家族信念感最强的西决恰恰与整个家族没有任何血缘关系,命运悖论的设置看似在消解整个家族,但在实际上,它反而加强了家族的力量。西决与郑氏家族没有血缘关系,这是郑氏家族长辈都知道的事实,西决却也是最受长辈宠爱的一个孩子。与郑氏家族没有血缘关系的西决,从一个侧面证明了郑氏家族强大的包容性。作为小叔妻子的唐若琳,曾经以西决女友身份混进这个家族,欺骗众人,最后依旧被这个家族接纳,成为其中的一员。无论是西决还是唐若琳,他们的存在都足以证明郑氏家族强大的包容性。

这样一个坚固而又具有包容性的家族,无疑成为笛安补偿其孤独感的最好去处。在较早的《告别天堂》中,我们看到个体之间的隔阂是始终存在的,最激烈的爱情也无法消除它,但是在"龙城三部曲"中,郑氏家族无论对谁都是和善的,任何人都可以在其中找到一个合适的位置,包括之后的雪碧、昭昭,他们都在郑氏家族中找到了自己的一席容身之地,享受家人的争吵和宠爱。这样一个具有完美性的家族,无疑是笛安在各种生涩的尝试之后为主人公找到的最柔软的地方。"龙城三部曲"的主题各有不同,其中有仇恨,有善恶,有毁灭,有重建,但是在这些巨大的主题背后不变的是那个永远都不会消失的郑氏家族,这是笛安在其小说中找到的对她童年孤独最为有力的补偿。

四、一代人的孤独

笛安在小说中展现出的孤独感,不仅是她一个人的梦魇,而是"80后"作家群每一个人笔下都难以摆脱的影子。从20世纪70年代到80年代,中国社会发生了巨大改变,文学从宏大叙事中脱离出来,逐渐走向日常生活,文学创作开始关注人、人性等一系列内在而深层的问题,这种向内转的趋势为"80后"关注自我的青春叙事拉开了序幕。随着21世纪的到来,启蒙在消费主义浪潮的裹挟下又彰显出不一样的面貌,大量西方意识流、荒诞派作品的译介与盛行,促使向内转的文学更加关注人性之中非理性的一面。马尔克斯的《百年孤独》中所呈现的拉美魔幻现实主义,启发中国作家们将目光投向中国的文化根源,从中汲取创作的想象。《爸爸爸》《棋王》等一系列新历史小说,为读者展现了传统文化的精神面貌。当宏大的集体叙事开始退潮,人们更加关注个人,日常生活中的柴米油盐成为作家笔下孜孜不倦的絮语,《不谈爱情》《一地鸡毛》中繁忙紊乱的日常生活成为作家的意义追寻之地。日常生活的审美化让人们将目光从遥远的天边慢慢地收缩回来,一直收缩至眼前的日常生活,英雄不存在了,或者说每个人都可以成为自己的英雄。审美从宏大走向微小,文学也从集体话语中摆脱出来,成为生活的呢喃。文学的笔触不断地向内收缩,人性中的点点滴滴、私密的动物性的部分被不断放大,呈现在读者面前。在此期间成长起来的"80后",便被抛掷在关注个人的时代洪流之中,成长在一个"小时代"之中,他们更关注内心隐秘的角落,也更容易在这个角落中感受到隔绝带来的孤独感。

孤独的氛围笼罩在"80后"这一代人身上,与父母之间存在的代沟,日渐盛行的消费主义文化,这些都不断向"80后"传达一种无措、荒凉的气息,也正是这种气息造就了"80后"轰轰烈烈的青春叙事。无论是韩寒笔下不羁的少年,还是郭敬明笔下"明媚的忧伤",少年们总是充满梦想,却也总是充满心事,他们不被人理解,无法倾诉,而周围日新月异的环境又迫使他们成长得太快,矛盾性的力量不断拉扯着他们,让他们越来越孤独。一方面,这一代人不断在其他人身上寻找一种自我价值认同感;另一方面,与父辈之间的代沟,与同辈之间的隔阂,又让自我价值的追寻不可能在他人身上真正实现。这种矛盾让他们只能将目光转向自身,以合适的方式来实现自我价值。当"80后"拒绝父辈的定义,想要自我建立新的标准和价值的时候,面对未知的定义和追寻,他们同样也是茫然无措,这种茫然无措让他们在自我与周围隔绝的孤独泥沼中越陷越深,现实中的孤独无力在文学中找到了一条合适的表现途径。在他们的笔下,少年们孤独却又鲜活放纵,他们身上既有读者可以寻找到共鸣的孤独感,又有消解孤独所带来的快感,少年们的生活往往恣意潇洒,轰轰烈烈,离经叛道却也让人羡慕感慨,这正是这些形象的动人之处。

当青春的肆意洒脱逐渐成为这一代人无法忽略的追求时,"80后"的青春叙事也逐渐走向张扬自我。在他们的作品用力摆脱孤独的时候,他们也走向了苍白的宣泄和呐喊,青春叙事渐渐流于内心的宣泄,以刺激遮蔽孤独的内涵;在这种遮蔽过程中,孤独渐渐被不断重复的青春伤痛消解,青春叙事失去了更为重要的关于一代人孤独感的言说,走向张扬个性的极端。这种非理性的、失距的审美创造,让大部分"80后"青春叙事被排斥在主流文学之外,成为少年们的自语。如今,以历史的后人这一身份去重新审视这些文学创作,我们不得不承认在"80后"青春叙事中的孤独与自我宣泄是不容忽视的这一代人的心理内涵。"80后"的笛安同样也在细致地描绘着她的孤独图景,或平静或激烈,或幼稚或深刻,她的孤独书写总是让她在文学创作中陷入一种不自知的困境。难能可贵的是,笛安笔下的人物虽然在困境中不断挣扎,不断审视自身,在与现实的斗争中伤痕累累,但最后与生活达成和解。这种挣扎与审视使得笛安对于孤独的书写更加具有人性的深度。

在笛安的小说中,除普遍的对于青春记忆的书写之外,我们还发现一种始终挥之不去的孤独和偏执。这种孤独与偏执使得笛安固执地去面对人性之中被忽略的部分,与它们坚持不懈地斗争,最后再达成和解。这种孤独感和执着感成为笛安不同于其他"80后"青春作家最显著的特点,也成了笛安写作中最为光彩熠熠的部分,它们的存在让笛安的小说在青春叙事的结构模式下展现出严肃文学的深刻,在脱去了伤感青春苍白的抒情后,展露出人性中严峻的一面。当这种孤独感成为笛安的审美心理积淀之后,孤独成为萦绕在其创作中无法回避的一种氛围。在众多伦理关系的塑造中,我们都可以感受到笛安对孤独进行补偿的强烈渴望。在关于人性善恶、生死等各个方面的书写中,我们看到笛安在孤独与现实中不断挣扎,努力寻找一种和解的方式,由此展开关于爱情、亲情和家族的梦想。

参考文献

[1]童庆炳,程正民.文艺心理学教程[M].北京:高等教育出版社,2011.

[2]笛安.告别天堂[M].武汉:长江文艺出版社,2014.

[3]笛安.妩媚航班[M].武汉:长江文艺出版社,2012.

[4]笛安.西决[M].武汉:长江文艺出版社,2015.

性别立场的坚守与超越

——兼论"女性意识"与"超性别意识"

李传通*

摘　要:在当代中国女性主义文学批评中有两个很重要的核心概念,那就是"女性意识"和"超性别意识"。"女性意识"抱有坚定的性别立场,旨在审视女性作为主体在客观世界中的地位、作用和价值,逃离与颠覆男权传统的樊篱与束缚。其后出现的"超性别意识",则是为了克服单一的性别视角对女性地位、作用和价值的遮蔽,为了更好地将"女性意识"融入社会意识中去,寻找"人"作为主体的共同出路。厘清"女性意识"和"超性别意识"的内在关系与发展脉络,有利于促进我国当代女性主义文学批评的进一步成熟,促进我国女性文学创作的进一步繁荣。

关键词:女性主义文学批评;女性文学;女性意识;超性别意识

自从20世纪80年代以来,我国女性意识逐渐觉醒,越来越多的女性作家在创作题材处理和风格表达上不断体现自我意识,她们试图走出男权传统的樊篱,创造出真实反映女性生活与心理的优秀作品,更充分地表达自己的女性意识与艺术风貌。中国广大女性作家及文学批评者开始逐步认识到女性在男权传统下的自我意识与觉醒价值,发出基于女性立场的声音,真正做到从对男权传统的妥协依附到女性意识的自觉醒悟,用女性的眼光关注女性的命运,谋求女性的合理地位,书写女性的情感世界与人生体验,由此

---

* 李传通,浙江大学中文系在读硕士研究生,研究方向为文艺学。

"女性意识"概念迅速崛起。"女性意识"概念的崛起，一定程度上意味着文学批评性别自觉的开始，其自觉性程度在某种意义上决定了当代中国女性主义文学批评的理论前景。同时，西方女权主义文学批评在当代中国的理论发展与批评实践中，产生了鲜明的本土化特色。在20世纪90年代，当代中国女性主义文学批评发展到相对成熟的阶段时，我国一些有洞见的作家及批评家发现了单一的性别视角给女性主义文学批评带来的遮蔽与缺陷，于是旗帜鲜明地提出了"超性别意识"这一概念，立马引起了当代中国女性主义文学批评研究者的广泛关注，同时引发了一场热烈的话题讨论。本文旨在梳理两者的内在逻辑关系与发生发展脉络，进一步窥探女性主义文学批评在中国的发展应用，为女性文学创作及批评开拓更广阔的视野与思路。

一、作为女性主义文学批评发端词的"女性意识"

当西方女权主义文学批评传入我国后，我国的文学批评家和女性作家的女性意识进一步被唤醒。而在研究的过程中，关注女性文学话题的学者们开始不满足于对西方女权主义文学批评理论的全盘转述，进而逐渐关注本土的女性文化生存状况与环境，"女性意识"成为学者们组织话题的一个切入点。"女性意识"作为女性主义文学批评的核心概念，在女性主义文学批评从产生到不断发展的过程中一直保持着它特有的活力。那么，"女性意识"到底是一种什么样的意识？

"女性意识"的定义经历了一个不断完善和发展的过程。早在1983年，朱虹在《美国女作家短篇小说选》序言中就提到了"妇女意识"的概念。她说："妇女文学的研究评论要形成体系，要构成一门独立的学科必得建立理论和批评的标准。妇女研究围绕的一个中心观念是'妇女意识'，妇女文学的批评标准也还是'妇女意识'。"她认为，"妇女意识"是妇女文学研究的重中之重，是妇女文学研究自始至终应该遵循的批判标准。由此可见，在当代中国女性主义文学批评中最早的"女性意识"被称为"妇女意识"，这也被看作"女性意识"的最早发声。显然，这与我国当时的时代背景与话语体系风格是密切相关的。1986年，钱荫愉在《她们自己的文学——"妇女文学"散论》中说:"我这里提到的'妇女意识'同'性别角色'有关。角色总是联系所处的整个环境而言的,人可以成为各种角色,'性别角色'是一个人从性别的视点上去考虑所处的地位。文学中的妇女意识是妇女作为女性角色,自觉地去考虑与男子所处的不同地位。"她是从两性差异的角度去定义"妇女意识"的。性别角色是人无论处于何种环境下都不可回避的固然角色,那么就理应站在性别角色立场上去考虑女性所处的地位,文学中的"妇女意识"应该成为谋求女性地位的不二法门,强调两性差异和对女性独立地位的思考。而在20世纪80年代中期以后,学界逐渐用"女性意识"替代了"妇女意识"一词。1987年,王富仁在《谈女性文学——钱虹编〈庐隐外集〉序》中说:"所谓女性意识,我认为它一方面既源于女性特有的心理和生理机制,在体验与感受外部世界时有着自己独特的方式和角度,这实际上是一种性别意识,这时它更多地属于自然属性的范畴;另一方面,它又与人类社会的发展有着不可分割的关系,不同的社会历史阶段决定着女性意识发展的不同层次和不同的历史内容。"他从自然属性和社会属性两个不同的方面阐释了"女性意识"的定义,丰富了"女性意识"的概念内涵,这也说明学界对于"女性意识"的认识在不断加深和不断扩展。1991年,乐黛云在《中国女性意识的觉醒》中指出:"女性意识应包括三个不同的层面:第一是社会层面,从社会阶级结构看女性所受的压迫及其反抗压迫的觉醒;第二是自然层面,从女性生理特点研究女性自我,如周期、生育、受孕等特殊经验;第三是文化层面,以男性为参照了解女性在精神文化方面的独特处,从女性角度探讨以男性为中心的主流文化之外的女性所创造的'边缘文化',及其所包含的非主流的世界观、感受方式和叙事方法。"她从社会、自然、文化三个方面进行叙述,较为巧妙地融合了其他学者对于"女性意识"的观点,对"女性意识"的认识和探索进一步深化,但把男性跟女性对立起来,注重女性的反抗精神与独立意识,这基本上也意味着当代中国女性主义文学批评中性别立场的正式形成。我们可以看出,对于"女性意识"这一概念的定义有一个不断发展完善的过程,这与当代中国女性主义文学批评的发展历程是一致的。"女性意识"其实就是一种具有鲜明性别立场的文学批评方法,强调性别对立,更强调女性自身独特的体验和感受,从女性自身出发,去体会和发现男权遮蔽下的女性作用与价值,也是女性对于不公平待遇的一种反抗和呐喊。无论其叙述方式如何,是激愤还是平和,是私人化还是大众化,都在一定程度上挑战、颠覆男权中心文化,召唤女性的本真形象。

关于"女性意识"的价值内涵,学界有很多学者也表达了自己的理解与看法。王蒙在《走出男权传统的樊篱——文学中男权意识的批判》一书的序言中说:"我们(包括那些在自己的作品中形象地触及这些问题的男、女作家)又有谁不是常常倾向于回避对于这些问题的深入探讨,回避了突破男权传统的樊篱与男权历史意识这一有点麻烦的问题而满足于浅尝辄止的一般性结论吗?惜哉!"作为一个资深的文学家,王蒙显然认识到了男权传统给女性所带来的压迫与苦难,认为大多数男作家在写作立场上固有的男权意识及对于女性合理诉求的回避让人痛心,这也可以说是为"女性意识"正名的先声,意在从"女性意识"视角深入讨论男权传统下的女性文学,找到走出男权传统樊篱的途径。刘慧英在《走出男权传统的樊篱——文学中男权意识的批判》一书中说:"我想在评价女作家创作时我们应力图避免两种偏差:既不能以昔日男权文学批评的价值尺度来否定女作家创作从而否定女性处境、经历乃至生存的价值,更不能因循不完全的男权主义文学批评模式,给女作家的创作一种虚设的地位,用各种功利性尺度代替艺术尺度来贬低女作家创作。"其中特别强调对文学中男权意识的批判,肯定女性作家的创作,理解女性处境、经历和生存的价值,进一步印证了"女性意识"在文学批评和创作实践中存在的合理性与其价值作用。1997年,曾艳兵在《女权主义与中国女性意识》中说:"在所谓的'现实''历史''文化''自我''权威''价值'等问题上,以往文化经典的绝大多数文本不仅把男人置于问题的中心,把男人作为上述概念的代表,而且几乎处处表现一种对女人的歧视甚至憎恨。"她把女性的对立面——男性——作为批评的对象,认为男权传统是造成"女性意识"被压抑的根本问题所在,而"女性意识"也可以成为文本的中心,表现重大问题,具有自身的独特文化价值。同在1997年,南帆在《女性的反抗声音》中说:"女性问题又不得不介入特定的历史语境,和同一时期种种复杂的历史问题相互纠缠。这就是说,女性问题时常处于多个理论参照体系的交叉之下,但女性主义文学批评有理由坚持'女性'的终极尺度。"也就是说,女性问题、女性文学有其复杂性,但是无论在如何复杂的理论参照下,"女性意识"都应该是女性主义文学批评的终极尺度,都应该是最有说服力和话语权的。1998年,王侃在《"女性文学"的内涵与视野》中说道:"获得写作权意味着女性/女性经验从此可以获得'形式',从黑暗中浮现出来。这样,写作便成为女性进行自我救赎的途径,通过写作唤醒并恢复她们的历史意义。"她显然认为"女性意识"可以通过文本写作表现出来,而文本表现的过程就是"女性意识"价值作用充分发挥的过程,这其实也进一步表明了不管"女性意识"在以往的创作实践中有没有悄然进入文本之中,在女性主义文学批评蓬勃发展的当下,"女性意识"是可以用来指导女性文学创作实践的。

在文学批评与写作实践中,"女性意识"发挥了重要的作用与价值。学界针对"女性意识"这一问题提出自己见解的学者专家大有人在,直到今天,"女性意识"仍是很多学者坚持的观点,仍是一个热点话题。无论如何,我们应该充分认识到,在女性主义文学批评的发展初期,强化"女性意识",突出女性话语,是众多女性作家的自觉追求,通过文学批评或写作经验来表达对于"女性意识"的认识和理解,充分发挥"女性意识"的男权批判功能,从而不断加强对女性经验自身的肯定和追求,是必然趋势。

二、在创作与批评实践中孕育而生的"超性别意识"

在当代中国女性主义文学批评发展到较为成熟时,我国一些有洞见的文学批评家、理论家和女性作家发现了"女性意识"存在的性别偏激,其中不乏对男性意识的彻底否定,"女性意识"发展到后期呈现出一种极端化倾向,而极端的性别立场难免会导致自身被解构。陈虹在1995年的《中国当代文学:女性主义·女性写作·女性本文》一文中说:"并不像某些对女性主义的误读所认为的:女性主义与男性为敌。女性主义越来越是一种文化批判,与它对立的不是男性,更不是一个个具体的男人。"显然,这不再把女性受压迫的原因简单归咎于男权的压迫,而希望建立一种更为客观和具有洞见的两性对话模式,希望更好地窥见女性主义文学批评的发展给中国当代文学带来的双面影响,以寻求一种更好的解决方法来客观地看待中国女性文学。在这样的背景下,"超性别意识"这一概念便应运而生了。

首先明确提出"超性别意识"这一概念的是陈染。她于1994年在《超性别意识与我的创作》中说:"我努力在作品中贯穿超性别意识。"这种"超性别意识"的提出,是基于对两性对立所带来的不利影响的深刻洞察。陈染曾说:"我们绝不标榜任何'女权主义'或'女性主义'的招牌,我们追求真正的性别平等,超性别意识,渴望打破源远流长的纯粹由男人为这个世界构建起了的一统天下的生活、文化以及艺术的规范和准则。"她意识到"女性意识"会被解构,女性写作并不能仅仅局限于自己狭隘的话语空间,不能只用单一的性别眼光看待事物,应该站在不同的角度来观察生活、观察世界,超越以往单纯的性别对立视角,实现两性对话。铁凝也曾说过:"我本人在面对女性题材时,一直力求摆脱纯粹女性的目光。我渴望获得一种双向视角或者叫作'第三性'视角,这样的视角有助于我更准确地把握女性真实的生存环境。……当你落笔女性,只有跳出性别赋予的天然的自赏心态,女性的本相和色彩才会更加可靠。"[1]作为中国当代颇具影响的女性作家,铁凝在把握女性文学时也自觉采用了一种"超性别意识"的视角,跳出"女性意识"的单一性别视角去看待女性的地位与价值。

　　"超性别意识"主要针对女性写作而言,是对女性意识的超越,既不因性别差异而刻意强调女性的叙述立场及女性人生境况,也应关注普遍的生活现实、平常日子、社会人生[2]。"超性别意识"这一概念被提出后,立马引起学界关注。1997年,降红燕在《关于"超性别意识"的思考》中说:"写作应该超越单纯的某种视角,不能只以纯粹的男性或女性目光来看待生活,而要用'双向(第三性)视角'(铁凝),要具有 '超性别意识'(陈染)。"女性文学的发展不应该被"女性意识"所束缚,而应该以更广阔的视野去看待,这显示出一种超越女性性别意识的胸襟和气度。在1996年中国当代女性文学第二届学术研讨会上,"超性别意识"成为争议最为热烈的一个话题。此后,"超性别意识"进一步扩大论域。"超性别意识"要求女性作家放弃以往二元对立的性别立场,提倡用超越性别界限的眼光去看待问题和进行写作实践。当然这并不意味着女性又要回到男权遮蔽下的境遇,而是在合理范围内更好地维护女性应有的地位和权益。"超性别意识"也为女性文学开辟了更为广阔的发展空间,是女性写作的话语策略。

　　"超性别意识"虽然取得了较为广泛的论域和认同,但它的发展绝不是一帆风顺的,在学界引起了关于"女性意识"与"超性别意识"的讨论。最早对"超性别意识"进行发难的是丁帆,他在1995年发表了《"女权主义的悲哀"——与陈染商榷"超性别意识"》一文,作为对1994年陈染发表的《超性别意识与我的写作》的回应。他在文中说道:"在这一个具有浓郁封建色彩的男性权力国度里,不去要求男性应有的权力,而去奢谈生命'超性别意识'的情爱,无疑是起着一种助纣为虐的作用,同样也是破坏了女权主义运动自身的发展而误入歧途。"他认为,在中国谈"超性别意识"是荒唐可笑的,只有"女性意识"才能促进女性文学的发展,而"超性别意识"完全没有可靠的理论支撑,这种意识的存在只会破坏女性文学的发展,没有任何价值可言。1997年,荒林在《世纪之交的中国女性文学——"回顾与重建":中国当代女性文学第二届学术研讨会综述》中说:"'超性别意识'既超离男性逻辑秩序所属定的女性意识,也超越商业操作下女性话语被'奇观'的境遇,从某种意义说,'超性别意识'即放弃对抗性思维方式,把女性问题和种族、历史文化等不同视野相结合,它其实是进入自为阶段的女性写作的必须。"这显然是对丁帆观点的一种有力反驳,认为"超性别意识"的出现是顺应当下大众传播和机械复制时代的潮流,是为女性文学寻找合适的话语权,是女性文学发展的必然,是不可阻挡的大势;而且这一理论在女性写作方面是具有独特的存在价值的。当然,对此也有反对意见。1998年,林丹娅在《中国女性文化现状之视听》中说:"(20世纪)90年代女性写作表现的现代知识女性对两性关系、对性别文化愈演愈烈的探秘之势,是一种与属于公众的、社会的、传统的强大话语相对抗的、自觉女性意识下的女性新文化书写。女性的文化性别存在决定了不可能有'超性别意识'。"她认为根本不可能存在"超性别意识",女性文化和女性角色的存在就意味着"超性别意识"是不现实的,倘若一味追求"超性别意识",意味着向男权传统的妥协和女性话语权的进一步丧失,所以"超性别意识"是不可能在写作实践中被实现的。

在反对声还很强大的情况下,"超性别意识"这一命题自身也在不断变化发展,学者对其内涵进行了不断的扩充与延伸,使其更具说服力和影响力。而"超性别意识"能否指导文学实践的问题也引起广泛关注。2002年,王志华在《超性别意识与90年代女性写作》中说:"一个女作家,在坚执女性立场的同时,更应该把男性与女性的优秀品质融合起来。只有这样,才能毫无隔膜地把感情和思想传达得炉火纯青。相应地,读者和批评家也应放开思路,只有这样,才能对女性写作进行精到的批评和鉴赏。"在他看来,"超性别意识"的实现并不意味着放弃"女性意识",而是两者的一种完美融合,融合的结果是对女性文学更为精准的解读和鉴赏。这显然是对"超性别意识"的进一步拓展深化,而深层的看法是对这种理论可以在女性文学创作中加以实现的认同与信心。而吴春在《超性别意识写作的现实可能性》中说:"在我国现阶段的情况下,'超性别意识'的提出可以理解,然而不宜把它作为女性文学的创作信条,评论界若拿'超性别意识'作为衡量作品的标尺,还会在某种程度上压抑女性文学创作,甚至成为横亘在我国女性文学本已艰难的路途中的一个障碍。"他认为这种理论的存在可以理解,但是以此来指导女性文学写作或者作为衡量女性文学作品价值的标准仍然是不现实的,这种理论仅仅停留在纯理论阶段,它的可操作性还有待进一步讨论研究。贾敏在《新时期女性作家"超性别意识"小说研究》中也写道:"超性别意识的提出本身还是一个理论的架构,它并没有建立具体的理论主张,因而还不能对创作实践进行指导。"此种观点同样为了说明"超性别意识"还只是停留在理论层面,其文学实践的现实可能性是不存在的。而针对这种理论的可操作性,赵学勇在《论陈染的"超性别"写作》中说:"陈染的'超性别意识'创作不仅仅是一种创作方法和文学理论,还有着重要的现实意义,特别是它对当代中国女性主义文学批评和创作的发展具有重要的警示性,并为女性书写两性的和谐共融摸索出了一条不可忽视的路径。最终文本实践也证明了陈染的'超性别意识'创作的独特之处。"他认为在当代女性作家如陈染、铁凝、林白等人的创作中已经实现了"超性别意识",他们的写作就是以这种理论为指导来实践的。这说明"超性别意识"已经在写作实践中实现,而不是像其他学者所说的还只是停留在理论层面。除上述论者,还有周艳芳、王绯、陈惠芬、周晓杨、邓利等都对这一问题进行了深入的思考与探讨,进一步丰富了"超性别意识"的内涵与理论依据,使其在女性主义文学批评中占据相当重要的地位。

三、从"女性意识"到"超性别意识"的演变

当代中国女性作家以及女性文学在中国当代文学中占有相当重要的地位,如果我们想更准确地把握女性文学的内涵,就必须找到一种适合用来解读女性文学的文学理论,而女性主义文学批评就是首选。女性主义文学批评的核心概念就是"女性意识"。"女性意识"是在女性主义文学批评的发展过程中产生并且不断变化的,它的思想内核也在不断扩充。就像刘钊说的那样:"依照意识是流动的、变化的和发展的基本意识,女性意识形态也不可能是终极的、固定不变的,正如人类社会的发展具有无限的可能性一样,女性意识的演变也将具有无限的可能性。"[3]"女性意识"本身是不断发展和完善的,它从开始出现到不断完善的过程,一定程度上也就是女性主义文学批评不断发展的过程。"女性意识"为我们提供了一种解读女性文学的独特视角与方法,让我们深入了解和认识当代女性文学,应充分肯定它在女性主义文学批评及女性文学创作方面所发挥的巨大作用。

文学理论另外一个重要的作用就是促进文学创作与文学批评的实践互动。"女性意识"的发展与女性文学的发展存在着一种互动互补的关系,有一大批女性作者如张洁、张辛欣、王安忆等自觉地用"女性意识"来指导自己的写作实践,把"女性意识"贯穿到自己的文本当中。"女性意识"的运用也意味着文学批评性别自觉的开始,"女性意识"的出现为我国传统男权遮蔽下的女性打开了一扇光明的大门,也让以往社会较为忽视的女性创作得以浮出地表,让更多的人认识到女性文学的价值与作用。马克思曾说过:"没有妇女的觉醒就不可能有伟大的社会变革,社会的进步可以用女性的社会地位来精确地衡量。"[4]而女性的社会地位在某种程度上说,又是由女性意识觉醒的程度来决定的,当代中国女性主义文学批评中的"女性意识"觉醒不仅促进了女性文学的发展,也在一定意义上促进了社会的进步。

当然,我们也要看到,"女性意识"在有力推进当代女性文学创作与研究的同时,也在批评实践中存在着一些误区或盲区,给女性文学创作与研究带来一定程度的负面影响。一是将"女性意识"极端化,过度强调性别立场导

致视野的狭隘。极端的性别立场使得批评家及作家紧紧束缚在女性立场的单一性别视角里,倘若作品中出现任何有违女性立场的言辞,则动辄严加指摘和批判。我们应该知道,女性文学首先是人学,女性文学笔下所关照的不仅仅只有女性经验和女性生存处境,还应该关注人的普遍问题,表达人的共同情感,寻找人的共同出路。简单地将所有罪责都归咎于男权传统,归咎于两性对立,最终也很难找到女性文学的真正出路。二是对"女性意识"的误用和滥用。并不是所有使用了"女性意识"一词的批评实践,都体现了女性立场,表达了女性经验。

而随后出现的"超性别意识",它更渴望一种两性的和谐对话,希望在"超性别意识"的基础上去看待和理解女性文学。"超性别意识"本身其实是对"女性意识"内涵的延伸和扩展,是为了将"女性意识"更好地融入社会意识中去。前文我们也曾提到,有人认为"超性别意识"只停留在理论层面,用来指导文学创作是不可能也是不实际的,而我们可以看到陈染等人所追求的"超性别意识"其实是在重视女性性别差异的基础上,关注人的普遍问题,表达人的共同情感。男女双方在文化活动中实现互补共存,同时强调女性生活体验的独特性,这可以说是20世纪90年代我国女性文学的一个鲜明特征。"超性别意识"其实也在一定程度上代表了20世纪90年代女性文学发展和女性文化构建的前进方向,像陈染、铁凝等人的创作实践均证明了这一理论的可行性。显然,用"超性别意识"来指导文学实践是可行的。

"超性别意识"呼吁实现两性和谐,期望站在两性平等的立场上进行对话,消除两性对立,消除对人性的压迫,实现真正的和谐状态,这是我们希望看到的。但是,我们也应该认识到"超性别意识"归根结底还是一种"性别意识",因为"超性别"本身还是在讲性别问题,如果没有性别意识作为基础,又何来超越一说?"超性别意识"可以看作是对存在偏激倾向的"女性意识"的改进与完善,也可以说是对"女性意识"在一定程度上的超越与反思,这都意味着"女性意识"的进一步成熟。同时,我们认为"超性别意识"并不等于"无性别意识"。也就是说,完全抛弃性别立场是不现实的。中国妇女解放运动的超前性,导致外在社会组织形式的健全和内在女性自我意识不健全的巨大反差,直到今天,我国广大女性仍然没有完全摆脱男权传统思想的制约。如果女性作家全然放弃女性立场,用完全的"无性别意识"来指导写作,那么女性文学将不再为同性呼喊,它的价值性也将无从体现。

从"女性意识"与"超性别意识"的演变过程来看,两者密不可分,体现了当代中国女性主义文学创作与批评中性别立场的坚守与超越,体现了女性文学创作与批评话语策略的演进。超性别意识是以有性别意识为前提的,它是性别意识的一种升华,但并不是以抛弃性别意识为代价。"超性别意识"并没抹杀性别意识或者说"女性意识",它是对性别意识的提升,是性别意识与"人"的意识的一种融合。"女性意识"和"超性别意识"并不存在不可调和的矛盾,两者是可以并存的,两者的互补甚至可以弥补女性文学批评中一些单向视角的问题和不足。"女性主义文学批评有理由坚持'女性'的终极尺度,但是,批评家不能不意识到另一些尺度的存在和意义。"[7]当然,"女性意识"和"超性别意识"到底哪种更应该作为女性文学评价与创作的信条,如何对二者进行更深层次的融合与把握,以便更有力地促进我国当代女性主义文学批评的进一步成熟和女性文学创作的进一步繁荣,这仍然是学界需要深入讨论的问题。

参考文献

[1]铁凝. 铁凝文集[M]. 南京:江苏文艺出版社,1996.

[2]王志华. 女性意识及其超越:论90年代女性写作[D]. 济南:山东师范大学,2001.

[3]刘钊. 女性意识与女性文学批评[J]. 妇女研究论丛,2004(6).

[4]马克思,恩格斯. 马克思恩格斯全集:第一卷[M]. 北京:人民出版社,1975.

21世纪中国儿童文学中的女性主义声音

张之羽*

摘　要：女作家所带有的女性特质与儿童文学有着天然的亲和力,她们的创作占据了儿童文学的半壁江山。处于男权社会中,女性总是有意无意地限制自己的声音,导致女性自我意识的缺失。21世纪以来,中国儿童文学女作家在写作中关注少女群体的成长,自觉表现女性的视角和声音,希望引导她们成为具有选择权和行动力,拥有健康心灵和独立品格的女性。该文拟从女性主体意识的角度对21世纪以来中国儿童文学女作家的创作情况进行观照,探讨她们在文本中如何表现女性主义声音。

关键词：中国儿童文学;女性主义声音;女性主体意识

"声音"与女性主体意识紧密相连,象征着女性的主体性。对女性来说,"发出自己的声音"是一项广泛的共识。在男权社会,女性总是有意无意地限制自己的声音,女性主体意识被分离出去,导致女性自我意识的缺失。卡罗尔·吉利根在《不同的声音——心理学理论与妇女发展》中认为,在以男性生活为标准的社会中,女性自我意识通常较模糊,她们很难意识到自己的内心并用自己的声音去表达。女性主义的"声音"通常指个人或群体的行为表达中以女性为中心的观点和见解,意味着女性能自觉感知自身的历史使命、人生意义,并积极主动地实现自身需求和价值。本文运用文本细读的方式,

---

*　张之羽,浙江大学2017级博士研究生,研究方向为中国现当代文学、影视动漫文化。

探讨21世纪儿童文学女作家的创作如何表现女性的主体意识。

一、改变女性主体的失语状态

话语不单单是一个语言学概念，也跟人类的全部生活和社会实践相联系。福柯在他的《知识考古学》中指出："话语是由符号组成的，但他们所做的要比这些符号所指物来得更多，正是这个更多使他们不可能归结为语言或言语，而我们正是要揭示和描写这个更多。"拉康把语言视为主体以及主体性得以建构的场所，人物是由语言所建构的，叙事（对话）的过程是主体形成的过程。个体在经历困境式的失语症时，无法决定自身的经历，也不能与其他人互动。对于女性的主体性，对于女性的内心世界以及她们参与外部世界的能力来说，语言十分重要。当女性处于长久的沉默时，她们会感到焦躁，会对自己失望和否定，并因此感到自己在与他人关系中的被动地位。"儿童，正如女性一样，是一个无助和依赖他人的群体，被迫远离事情发生的现场，在其他方面也不被看见或听见。"[1]儿童与女性在历史上都是沉默的大多数，他们没有发言权也没有权利意识，即使发出声音也处于受压抑的状态。这种情况在进入20世纪有所好转，然而至今仍有许多女性和儿童处于沉默中。新世纪的儿童文学女作家们确立自己的独立意识、勇于发出自己的声音、表达自己的看法，她们主动审视反省自己的女性身份，并自觉地在文本中表现出较强的女性主体意识。在女作家笔下，涌现出诸多独立坚强、个性鲜明的女性形象。女性主体意识的确立，必然伴随着一个完整的自我认知和话语体系。对于处于主体意识确立时期的少女来说，她们敏感脆弱，正是塑造自我的关键时期，极易因为不良环境的影响，或是自身遭受创伤等情况而变得沉默封闭。如果不能很好地改变这种情况，确立一个自信独立的自我，那么她们的主体意识便极有可能凋落。

关注女性主体意识较多的典型作家是汪玥含，她十分清楚声音对于女性以及儿童群体的重要性。声音关系着一个人在其所处的群体中的地位，没有声音就没有力量。《乍放的玫瑰》中的佟若善，在家里，暴躁的母亲和懦弱的父亲常爆发争吵，这种充满火药味的家庭氛围让她变得沉默，承受着许多痛苦。在学校里，面对同学的嘲笑，她内心愤怒却驼着背忍受着，用沉默来应对。面对男性权威冷西墨，她如痴如狂地迷恋他，觉得自己找到了可以依靠的大树、可以引领自己的精神导师。她自卑，甘愿被冷西墨指使并为自己的这种"牺牲"无比感动。面对自己喜爱的外教Ashley，她也想站起来大声回答问题，但当自己被叫起来的时候却好似灵魂离体，僵在那里沉默着。无数次的沉默最终导致佟若善的悲剧，在亲情和爱情都失去后她跳湖自杀。对于佟若善的悲剧，旁人有着不可推卸的责任，尤其是她的父母没有给她家庭应有的温暖，但作者在这里着重刻画的是她的"失语症"和她的懦弱无力。她的失语症是如此严重，以至于让她无法呐喊出自己内心的情感。"她想像母亲那样大声吼出来，却怎样都发不出声音来，所有的声音只在她心中回响、翻滚……"[2]5她没有自己的话语，也就导致她无论在哪种关系中都没有地位，永远只能被动地承受。外界的压力、性格的懦弱、弱势的地位导致她的人格产生分裂，她的内心像暴风雨般激烈但话到嘴边又化为沉默。即便受到欺辱，她的态度仍然是沉默。"她在想，如果有人冲她叫喊，她的态度是拒绝发声。然后，决然地消失。"[2]23这也导致她恨着自己，恨自己的懦弱和不争气。佟若善希望有一个坚实的臂膀来拯救她，她迷恋上了一个男性权威——冷西墨，整个人都为他而活。女作家告诉读者，女性必须确立主体意识，女性全然地付出与依靠代表了自我放弃，全然依附于他人只会导致悲剧的结局——佟若善在苦苦哀求冷西墨回心转意不成后跳湖自杀。

　　同样是写主体声音的缺失，汪玥含的另一部作品《我是一个任性的孩子》给出了女性找回声音后的不同结局。林彤是个在家没什么存在感，在学校受欺负受嘲笑的胖子，她敏感、自卑、脆弱、沉默。林彤的失语是她因身材被嘲笑和自卑造成的。"我的性情愈加孤僻，小时候看不到人就心慌的我，变得不愿见到人，害怕见到人，时时刻刻想躲起来。他们不和我说话，我是从不会主动找别人搭讪的……他们更相信我是属于主动放弃话语权的特殊人种。"[3]72林彤也感觉到了自己的被动，但缺乏改变的动力。"从我出生的那一刻起，我就是被动的，我从来都不曾掌握这个世界的主动权。我没有把握过任何人或事物的发展，没有把握过，我都是被操纵、被把握的。"[3]159最后小说揭示出这一切的根源：她最爱的哥哥为了救她而死，她受不了打击而遗忘了这一切，缺失几年记忆导致她作为个体的不完整，她的不完整导致她心里像有个黑洞一样,致使她患上了心理性肥胖症,变得自卑、沉默寡言。在知道了真相之后,林彤恢复了记忆,找回了那个曾经瘦小害羞的自己,建构了完整的自我并努力改变现状,身材恢复正常并最终找回自信。在故事中找回主体声音的那把钥匙是记忆。林彤在失去了一段重要记忆之后整个人变得沉默、发胖、懦弱自卑,身材上的肥胖象征着一种自我残缺,是主体意识不完整的表现,在"我"找回那段重要的记忆之后才构成完整的自我,找回了自信和自己的声音。

二、男性人物的"去势"

一直以来,男性相对于女性都是处于强势、主导的一方,是大多数故事中的主人公,强大有力、有竞争力、有主见、自足自立等品性常常被赋予男性。他们或身世坎坷但历经一系列冒险彰显了自己的勇敢智慧,或化身披荆斩棘的王子拯救被困在城堡中的公主,或化身接受了新思想的有志青年,对思想落后的女性进行启蒙教化("五四"时期一批小说中的男性角色)。而女性是那个站在原地手无寸铁、软弱柔顺的"公主",等待着男性的拯救,默默地接受注定的命运,柔顺地处于男性话语中,女性的才华也在以男性为中心的主体文化模式中被埋没。这些男性主人公多见于20世纪的儿童文学作品中,但这种情况在21世纪以来的女性儿童文学作家笔下发生了逆转。

21世纪以来的女性儿童文学,除了塑造出种类丰富、性格饱满的女性形象外,也出现了一批数量可观、不同于传统男性人物形象,他们普遍被女性化了,在心理和气质上被阉割,男性的气概丢失殆尽,最终导致男性人物的去势。男性的去势一般指生理和气质两方面,但在这里主要是一个象征性符号,指气质上的去势,即性格的软弱和男性气概的失去。一方面,传统意义上男性特征(男子汉气概)和权威地位丢失,男性身上的女性气质凸显;另一方面,男女地位颠倒,男性成为软弱无力和需要被拯救的一方,女性则成为主动强势的一方。

在李东华的《你是我的反义词》中,男女主人公就如同书名一样,初中男生郑伊杰和同班女生蒋佳佳就是一对反义词。在传统观点中,男性和女性在某种程度上就是一对反义词,尤其是在以往的文学中,男生往往活跃勇敢、身体健壮、强势聪明,是主动的一方;女生则是柔弱、优柔寡断、缺乏勇气、内向,是需要被帮助的一方。但李东华将二者的性格和地位进行了互换。男生郑伊杰家境优越,作为独生子被父母宠着长大,看似临危不乱其实性格软弱。女生蒋佳佳家庭贫困,父亲下岗,下岗的父亲甚至买不起鼓励女儿考试考得好的鸡蛋和油笔;但她思想独立,性格早熟,洗衣做饭照顾人,带家教挣学费,办事风风火火,而且从小学武术,身体强健。两人的反差在郑伊杰遭到朋友背叛、被不良少年抢劫一事中就能看出。郑伊杰一看到对方拿出了刀子,立马腿都软了,而蒋佳佳这时冲出来,一闪身、一拉一绊,一通下来便把对方打倒在地。这就颠覆了英雄救美的传统故事套路,男性成为软弱无力的一方,等待着被英勇的女性拯救。郑伊杰被抢劫是朋友"国王"一手策划的,面对"国王"的背叛和狡辩,郑伊杰反而成了气势软弱、没理的一方。面对对方的挑衅,郑伊杰因为害怕丢面子而强撑着装出一副"大人不记小人过"的样子,放了"国王"一马。男性朋友间的仗义在这里变成了只靠金钱利益维持的不可靠关系,而男性的大方宽容则不过是虚假的好面子,不堪一击。"如果蒋佳佳处于危难之中,他出手相救,那还差不多;现在可好,变成美人救狗熊了,让他作为男人的脸面往哪搁?更可气的是,这个背叛了他的人居然敢理直气壮地跟他叫板,公然对他表示瞧不起!如果旁边有个湖,有条河什么的,郑伊杰真想投水算了。"[4]在这里,传统意义上男性所具有的一切被提倡的品格都被消解了,男性高大的身姿在与勇敢无畏的女性的对比下崩塌开来。

在郁雨君的"辫子姐姐成长物语系列"里,主人公是一个叫米戈的十五六岁的男孩,他被强壮的男孩欺负、被女孩嘲笑、被暴躁的老妈压迫,是一个单纯善良、性格懦弱的男生。米戈这个名字起得就十分中性化甚至有些女性化,这就在命名上将男性和女性放在了同一个起点上。作者虽然表面上是在写米戈的生活,但其实是"糖葫芦串"的结构,以米戈串起了一连串女生的故事。米戈通过与这些女生的接触,了解并参与这些女性的人生,慢慢懂得了许多,获得了成长。与懦弱的米戈相比,书中的女性则显得性格鲜明且各不相同,都是独立坚韧、敢于追求理想的女性。与书中这些女生相比,米戈需要通过她们的帮助和启发才能克服软弱的性格,敢于反抗其他男生的欺压,敢于做一些自己想做的事情,并慢慢成长为一个有担当的男子汉。男性在这里再次被剥夺了固化的品格,从高一等的位置被拉下来,打破了虚构的权威,成为性格上有缺陷、需要被救助引导的一方。

在传统的男性话语中,丈夫(父亲)具有男性威望,既是保护人又是供养人。21世纪以来,儿童文学女作家改写了两性之间支配与从属的传统关系结构,解构了丈夫(父亲)在家庭中的权威地位,丈夫(父亲)被架空,沦为一个符号。在许多女作家笔下,母亲通常是对孩子付出大量精力与爱的一方,而父亲则通常是不负责任、没有担当的一方,更有甚者是冷漠自私的形象,父亲角色的缺席成为一个普遍存在的现象。在李东华的《初夏的橙色时光》中,子川的父亲为了自己的前途而背叛已有身孕的妻子,选择对自己事业更有帮助的女人,在中年功成名就时又想认回儿子。正如兰瑟所说:"女性夺过男性把'他者'简约成为一种'性别'的特权并以其人之道还治其人之身;女人珍惜爱情而男人放纵肉欲,妇人忠贞不贰而男人背信弃义,女人慷慨大方而男人自私自利。"[5]女作家描写了大量单亲家庭孩子的成长故事,十分关注这些在不完整家庭中成长的孩子。男性中心地位、女性处于依附地位的传统家庭结构被颠覆,家庭的主心骨和经济担当不再由男性来充当,而是由母亲(女性)来充当,夫妻间的地位和关系以及家庭的概念被重新定义和书写。同时,在完整的家庭中,男性也不再是一家之主,通常处于背景化的位置,常常是几笔带过,处于孩子成长的边缘。在李东华的《远方的矢车菊》中,韦一鸣的父亲是个商人,经常在外开会,基本不在家,在书中的出场寥寥无几,对儿子的期望很高,愿意花钱让儿子上好学校,但是缺少与儿子的情感交流。《米兰公寓》一开头便交代悠悠的母亲去世,父亲要出国,将悠悠一人留在国内交给姑妈照顾。姑妈在这里充当了母亲的角色,随着故事的进展,看似冷漠的姑妈也变得具有人情味。反观父亲这边,虽然从头到尾悠悠都有个父亲,但父亲一直没有露面,也没有过多的交代。这种男性去势的写作,不论是儿童文学女作家们有意还是无意的行为,都表明了男女关系的变化和女性主体意识的增强,暗示了女性不再需要依附男性才能生存,女性可以独立成为家庭强大的后盾,父亲的缺席从某种意义上象征着女性的崛起和年轻一代的成长。

三、对话与互助——网络式的女性思维

卡罗尔·吉利根在《不同的声音——心理学理论与妇女发展》中,以梯子和蜘蛛网为喻来区别两性差异。男性思维模式如梯子,是阶梯式的,而女性思维模式如蜘蛛网,是网络式的。男性通常是一种阶梯式的或者金字塔式的思维,而女性则偏向于与他人平等、平层地建立关系与互助。21世纪以来的女性作家在创作儿童文学作品尤其是少女小说时,常常将儿童/少女放在一个关系网络中去描写,聚焦于人物间的关系,努力塑造平等的互主体性关系,人物在与他人的对话与互助中成长。儿童主体的自我认知通过向外与他人互动来构建,主体与主体之间不再是孤立分开的,而是在一个共同的交流平台上相互影响,互助成长。这里并不是说男性就不生活在群体中或是他们无法建立关系网,而是指女性作家相较于男性作家更喜欢聚焦于人与人之间、人与周围环境间彼此关系的维系,更喜欢从群体的角度去审视个体。这一方面可能是因为成人需要让儿童通过这些作品得到启示,学习建立社会关系,为未来的社会化生活做准备;另一方面,应该与女性作家身份有关,尤其是21世纪以来十分重视现实生活的女性作家们,她们更多地在主体间性的视域下对儿童进行观照,儿童要实现自我的成长,建构自己的主体性就必须在与他人的交往中进行,只有在对话交往中才能获得真正的自我认同和自由。

男性的成长常常是"离家出走"模式,可以去闯、去冒险,可以通过个人向内的精神感悟走向成熟。如曹文轩的《根鸟》,讲述了一个少年的成长史。作者在虚幻与现实之间描绘了少年根鸟以梦为马,长达三年的出走、流浪历程。多数时间是根鸟一个人在路上,途中也遇到过诱惑,但都凭着那个遥远的梦和心中的执着坚持了下来。女性的成长则更多处在与他人的关系网中,成长中的障碍和困难多来自与他人的关系(如父母与子女之间、同伴之间),而克服成长困难的力量不仅来源于个人,也来源于他人的帮助。谢倩霓在《草长莺飞》中描述了一个因意外而身体残疾的少女柳莺莺,面对突如其来的身体残疾,她是依靠外婆和一个有着相同经历的男孩的鼓励才熬过来,并重新面对生活的。韩青辰的《小棉花果儿》中,中年男人"他"失去了女儿,小女孩"她"失去了母亲并有了新妈妈,两个遭受情感创伤的人通过默默的互动和温情治愈着对方,相互扶持,慢慢走出阴影。

一般来讲,男性作家笔下主人公的成长大多是事件性的,往往通过经历一个事件或一系列事件获得成长。而女作家笔下的主人公成长则往往带有关系性,主人公因为某种关系的破裂或是发生而陷入困境,通过建立其他的关系或是关系的重新修复而获得成长。21世纪儿童文学女作家们喜欢采取两种方式来使主人公渡过成长的河流,一是安排一个与主人公有同样或相似遭遇的人物与主人公共同成长,两人相互鼓励扶持,带给彼此信心,最终共同走出困境,如前面所述的《草长莺飞》《小棉花果儿》等。二是树立一个更为成熟睿智的引导者,由他/她来抚慰主人公受伤的心灵,带领主人公走出青春的低谷。在汪玥含的《月亮是甜的》中,老师方天然帮助学生凌可珈面对家庭烦恼,引导有"以暴制暴"倾向的学生许广豪走向正轨。在张洁的《敲门的女孩子》中,林子在进入大城市上学后感到十分自卑,不愿开口,也不愿与人交流,音乐老师通过音乐与琴声打开了他的心扉。而从另一个角度讲,在那段贫乏艰难的岁月里,音乐老师何尝不是将林子视为一个可以交心的知音,一抹亮光呢? 当成年的林子与老师见面,并排躺在沙滩上听涛声时,老师那句发自肺腑的"林子,你一直是我最亲爱的朋友"[6]便是对两个女性间友谊的最好证明。二者之间不是单方面的给予,而是相互的慰藉,显示了女性间的互助与互通。21世纪女作家将姐妹间互帮互助的情谊扩大到其他群体,将男性纳入互助的范围,形成了一种更为广阔的不带有性别偏见的"互助"精神。

除了人与人之间的对话和交往,女性与自然的亲密联系在21世纪儿童文学女作家看来也十分重要,尤其是女性和自然之间那种互喻和互通的联系。在这里,作家们将自然看作一个平等的主体,注重对自然的感知、与自然的深层交流。波伏娃曾就少女与自然灵性的相通做过诗意的表达:"在与大地和天空的统一中,少女是飘逸的芬芳,是给万物以活力,激荡万物感情的一缕生机。她也是植物的每一枝丫,是植根于土坡和无限意识的机体,她是精神又是生命。"[7]女作家笔下的少女们的命名常与自然挂钩,如叶子、夏雨、花儿、阳梅、林叶红等。这些名字里的自然景物总是表征着女性主体的某种个性:叫青豆的女孩子性格爽脆利落,像嚼豆子那样一点不含糊;叫沈莲的女性则人如其名,性子温和包容,出淤泥而不染,即使处在一个市侩气息的家庭中仍保有自身的善良和温和。女作家在写作时常常将自然景致或是某种自然物与女性的精神世界、情感体验联系在一起,二者互相映照。郁雨君的《薰衣草在等待》中少女古古安的生命体验与薰衣草紧紧地联系在一起,薰衣草融入了她的生活:她是薰衣草专家,用薰衣草熏衣服,用薰衣草泡茶,随身携带薰衣草。她追寻着薰衣草,其实也是在追寻记忆中父母和故乡模糊的印象,追寻自己的童年。当看到米戈家窗台上那株孤单、挺实、正在怒放的薰衣草时,她仿佛看到了自己,在窗外守了一夜,觉得自己就是那株薰衣草,一直孤单地在窗台守望却不敢跨出去一步。在谢倩霓的《草长莺飞时节》中,表姑婆在经历丧夫丧子之痛后,靠一人之力用五十年种出一片广袤的树林,这片树林是表姑婆的精神寄托,也象征着她坚强的性格和丰富的内心。意外残疾的少女柳莺莺,也同样被这片树林和背后的故事所震撼,她在树林中每日与动物们亲近互动,逐渐走出残疾的心理阴影,坚强面对未来的生活。

在互相尊重对方主体性的人之间才会出现群体,才会存在女作家们所强调的平等自由关系。不论是在人与人之间还是人与自然之间,个体都处在关系网络中,不再仅仅是单独的个体,而是一个处于各种联系中的自我。主体性存在于不断变化的关系构建之中,离开了关系网(他人/群体),自我也会被消解。

21世纪以来,许多儿童文学女作家坚持以女性天然的感性与细腻书写对爱与纯美的守望,追忆逝去的美好与忧伤,对生命的美好与成长的伤痛展开描述,对现实问题进行探讨,在对少女成长的书写中带有鲜明的女性主体意识。女性主体意识并不只是强调女性的性别话语,本身也紧密联系着人的主体性、人的自由独立、儿童的自我认同等共性问题。不能忽略的是,不论是儿童还是女性,他(她)们首先是作为人而存在的,性别只是一个研究视点。因此,在这些女作家笔下,更为共性的是人性、亲情、友情、童年的美好等可以打动我们的东西。强调女性主体意识,并不意味着要让女性地位高于男性、反对男性或是要把女性写得比男性更高大,而是要让女性正视自身的潜力和价值,成长为具有主体性、自主行动能力的个体。尤为重要的是,女性与男性并不是依附或对立关系,而要在互主体性的双向关系中实现平等的性别关系。

参考文献

[1]罗伯塔·塞林格·特瑞兹,王泉根,约翰·史蒂芬斯.唤醒睡美人:儿童小说中的女性主义声音[M].李丽,译.合肥:安徽少年儿童出版社,2010.

[2]汪玥含.乍放的玫瑰[M].太原:希望出版社,2012.

[3]汪玥含.我是一个任性的孩子[M].杭州:浙江少年儿童出版社,2014.

[4]李东华.你是我的反义词[M].武汉:湖北少年儿童出版社,2013.

[5]苏珊·S.兰瑟.虚构的权威[M].黄必康,译.北京:北京大学出版社,2002.

[6]张洁.敲门的女孩子[M].武汉:长江少年儿童出版社,2016.

[7]西蒙娜·德·波伏娃.第二性[M].陶铁柱,译.北京:中国书籍出版社,1998.

妇女工作的创新与实践

妇联发挥家庭教育指导作用的
实践与思考*

浙江省家庭教育指导中心课题组

摘　要：该文以妇联在家庭教育指导中的职能作用为切入点，在总结、分析妇联在家庭教育指导方面已有的探索和实践的基础上，较为全面、客观地剖析当前妇联家庭教育指导工作现状及其所面临的难题和困境。针对存在的问题，妇联应在合力做好家庭教育指导工作、建立家庭教育指导的相关评估机制、培养专业的家庭教育指导者与管理者队伍、开发规范系统的家庭教育指导培训教材和课程体系、拓展家庭教育指导工作的形式等五个方面发挥的作用。

关键词：妇联；家庭教育指导；家庭教育立法；思考

党的十八大以来，习近平总书记高度重视家庭建设，并在许多场合作出了一系列重要论述。他在2015年春节团拜会上的讲话中指出，"不论时代发生多大变化，不论生活格局发生多大变化，我们都要重视家庭建设，注重家庭、注重家教、注重家风"；在党的十九届四中全会上提出要"构建覆盖城乡的家庭教育指导服务体系""注重发挥家庭家教家风在基层社会治理中的重要作用"；等等。这为浙江省家庭教育指导工作提供了方向与遵循。浙江省家庭教育指导中心课题组以实地调研、问卷调查、电话调研等形式对天津

---

* 本文系浙江省妇女研究会2019年课题"妇联组织如何发挥家庭教育指导作用的实践与思考"（项目编号：201920）研究成果。

市、江西省、内蒙古自治区等地的家庭教育指导服务工作进行了调研,通过搜集相关文献资料,总结归纳相关数据,梳理妇联系统家庭教育指导工作的实践成效。

一、妇联开展家庭教育指导工作的探索和实践

党委政府和妇联组织对家庭教育指导工作高度重视,各级各地家庭教育指导中心纷纷成立。从成立时间看,由妇联系统主管的家庭教育指导中心成立时间集中在2008—2018年,这也反映出近十年妇联对家庭教育指导中心建设工作的日趋重视,并以家庭教育指导中心为平台,专业化、系统化指导家庭教育工作,积极发挥妇联家庭教育指导服务的职能与作用。从经费来源看,妇联、教育系统主管的家庭教育指导中心工作经费多以政府拨款、政府购买服务为主,一般都配有一定的在编专职工作人员;社会组织主管的家庭教育指导中心多自筹经费,业务以承接政府项目为主。从作用发挥来看,妇联组织是家庭教育指导工作的中坚力量,在家庭教育指导服务工作中发挥着组织管理、带头协调等重要作用。

(一)宣传普及家庭教育知识

积极开展培训、咨询、大讲堂宣讲等活动,注重社会主义核心价值观的宣传普及,如浙江省家庭教育指导中心、浙江省家庭教育学会以"浙江省家庭家教家风大讲堂"系列讲座的形式,为家长提供家庭教育观念和方法的具体指导。同时,依托《家庭教育》杂志、浙江家庭教育微信公众号集聚传统媒体与新媒体品牌化、专业化优势,关注家庭教育重点、难点、热点问题,权威解读家教理念,系统介绍家教知识。浙江省及各地市妇联熟练运用新媒体平台,以家长、儿童、家庭的实际需要为出发点,因地制宜设计丰富多样的活动载体,广泛开展家庭教育指导服务工作。如绍兴"家教课堂公益行"系列主题活动,以城市、社区、农村公益行为三条主线,将公益家教课堂覆盖到全市乡镇,将家庭教育指导与社会公益服务相融合,以系列主题、主线并行的形式扩大家庭教育指导面,营造有利于儿童健康成长的家庭环境和社会氛围。

（二）组建家庭教育指导者队伍

组建家庭教育专业化队伍，组织家庭教育指导者培训是妇联家庭教育指导工作的重要职能之一。在浙江省妇联的领导下，中国家庭教育学会杭州培训基地积极开展家庭教育指导者的培训工作，从2009年至今，共举办了50余期家庭教育指导者培训班，培训人员7000余人次。培训课程针对不同层次、不同时期的家庭教育指导热点、难点问题进行专题设置，如生命教育、家长学校、家庭教育指导大纲、妇联系统儿童早期家庭教育指导。通过专家授课、经验交流、案例分享、现场教学等多形式、全方位培训，家庭教育指导者队伍得以培养，家庭教育指导人才获得了培育。

（三）开发家庭教育指导相关培训教材和课程

妇联组织积极开发家庭教育指导相关培训教材和课程，并通过学术研究、项目调查、课题承接等形式，将研究与实践相结合，以研究引领实践指导工作。原家庭教育杂志社承接的家庭教育专项职业能力项目，就是浙江省对家庭教育指导相关培训教材和课程研发所做的一次有益尝试，在家庭教育指导教材的编写、家庭教育指导课程体系的设计、家庭教育指导师的培训等方面做了许多积极的探索。在教材编写和课程设计上，以"基础知识＋操作实务"的模式，从理论到实践，既涵括0—18岁儿童青少年的身心发展知识等理论内容，又包含指导活动的设计与实施等实务操作能力的培养。同时，将指导能力划分为初级与高级，针对不同程度的家庭教育指导者，给予梯度式指导与培训。系统化的教材编写、课程设计，为家庭教育指导培训工作的统一性、科学性、规范化、体系化打下了良好基础。

（四）积极推进家庭教育立法工作

近年来，全国各地积极推进家庭教育立法工作，重庆市、贵州省、山西省、江西省、江苏省等地相继出台家庭教育相关条例。《浙江省家庭教育促进条例》于2019年9月27日经浙江省第十三届人民代表大会常务委员会第十四次会议通过，自2020年1月1日起施行。在《浙江省家庭教育促进条例》的起草过程中，浙江省妇联高度重视、积极谋划，成立领导小组开展前期调研，多次向省人大汇报,反复研究修改形成草案建议稿,积极推进立法进程。在最终出台的《浙江省家庭教育促进条例》中,规定各级人民政府应当将家庭教育工作专项经费纳入同级财政预算,并就相关工作经费保障做了细化要求。明确县级以上人民政府妇女儿童工作委员会负责本行政区划内的家庭教育工作,其办公室设在妇联,负责组织、协调、指导、督促有关部门做好家庭教育日常工作等。该条例的出台与实施,是浙江省贯彻落实习近平总书记重要讲话精神,发挥好家庭家教家风独特作用,促进家庭、学校、社会三位一体教育协调发展的重要举措。

二、妇联开展家庭教育指导工作的难题和困境

（一）缺乏必要的法律保障

近年来,我国对家庭教育指导工作日趋重视,但尚缺少家庭教育法律法规的顶层设计,全国性的家庭教育法规尚未出台,虽有重庆市、贵州省、山西省、江西省、江苏省、浙江省等省市相继推出家庭教育相关促进条例,明晰妇联组织在家庭教育指导工作中的职能与作用,但在实际开展家庭教育指导工作中,存在各部门职能相对模糊、职责划分尚不明确等问题,以致妇联在家庭教育指导工作中较难清晰定位、开展工作。

（二）机制制度尚待完善

目前,我国关于家庭教育指导的相关认证准入及考核制度都尚待完善。尚未出台规范的家庭教育指导师资格认定制度,不少家庭教育指导者为兼职,缺乏必要的相关知识及教育技巧。另外,关于家庭教育指导服务的覆盖面,受众接受度、认可度,受众所需的指导服务内容、形式等方面的反馈机制相对缺乏。关于家庭教育指导师指导服务效能的相关考核、奖惩机制也尚未建立,对家庭教育指导的经费、设施、场所等的保障制度也有待进一步完善。

（三）队伍建设尚不成熟

家庭教育指导工作的开展，需要一支专业性较强、指导能力过硬的指导者队伍，指导人员的素质、水平是决定指导质量的关键因素。但从调研的相关数据来看，一方面，我国很少有高校专门设置家庭教育指导相关专业，关于如何进行家庭教育指导的课程也较少，以致具备较强理论基础和丰富实践经验的相关专业人员极为稀缺，这为家庭教育指导者队伍建设增加了一定的难度；另一方面，家庭教育指导者准入机制尚未建立，对家庭教育指导者的规范管理尚未完善，在一定程度上不利于稳定的家庭教育专家队伍、讲师团指导队伍、志愿者服务队伍、宣传工作队伍的建立。

（四）缺乏规范、系统的教材

提升家庭教育指导整体水平，必须以扎实的科学理论为依托。但调研发现，目前妇联在家庭教育指导方面的研发能力还相对较弱，虽有因家庭教育宣传需要而编写的手册、因项目需要而开发的相应课程，但系统、科学、严谨的教材、课程体系仍然比较少。特别是在家庭教育指导培训中，缺乏系统、科学、兼具理论与实操的系统教材，缺乏针对不同能力层次指导者的呈梯度的培训教材，以致培训效果欠佳。

（五）载体相对单一

从对妇联系统主管的家庭教育指导中心的调研来看，目前妇联开展家庭教育指导服务的载体较为单一。如群体指导较多，有针对性、分层分类的指导相对较少；家长参与的活动较多，亲子活动及孩子参与的活动较少；等等。同时，开展入户指导极少，较少面向不同地域、不同家庭采取有针对性的家庭教育指导服务。就指导的渠道来说，以家校共育组织实施的家庭教育指导居多，以家庭为单位开展精准家庭教育指导较少，一定程度上存在功能重复、资源管理较为混乱等问题。另外，缺少心理危机干预热线、应急预案组等针对特殊问题、危机问题的指导服务载体。

三、妇联发挥家庭教育指导作用的建议

针对前述妇联组织在开展家庭教育指导工作中较为普遍的问题,立足浙江省妇联开展家庭教育指导工作的探索与实践,课题组提出以下建议。

(一)合力做好家庭教育指导工作

充分发挥各地政府妇女儿童工作委员会办公室的作用,积极协调相关部门发挥各自优势,在职能、目标、形式、内容和资源等方面取长补短,各尽其责,协同探索区域内推进家庭教育工作的整体运行机制,共同做好家庭教育的指导、服务工作。妇联在家庭教育指导工作中要发挥积极作用,展现群团组织优势,协调、引导社会力量参与家庭教育指导工作,吸纳社会资源的注入和支持。积极探索互动、多元化合作的家庭教育指导模式,激发所在地高校优势,以大学为中心,整合相关资源,建立当地的家庭教育指导服务创新中心,开展家庭教育指导服务工作。

(二)建立家庭教育指导的相关评估机制

我国家庭教育指导工作中存在经费缺乏,考核、监督等机制尚未建立等问题,致使家庭教育指导服务工作中缺乏科学、统一的规范与制度化管理。为此,妇联应积极着手建立各种相关机制,加大谋划、着力推进,规范家庭教育指导工作。可从提高家庭教育指导服务行业准入门槛,制定行业监管制度,建立相关评估、监督、管理信息系统等方面着手推进评价、监督机制的构建。如对指导工作的开展情况进行动态监测,从指导时长、指导覆盖面、指导效能、受众反馈等多维度设置考核指标,设计立体、多元的家庭教育指导评价体系,制定指导服务标准,将指导工作制度化,以确保家庭教育指导工作落在实处。

(三)培养专业的家庭教育指导者与管理者队伍

家庭教育指导者队伍尚不成熟,也是当前家庭教育指导工作的短板之一。《浙江省家庭教育促进条例》明确提出："县级以上人民政府应当组织妇女联合会和教育、卫生健康、人力资源和社会保障等部门，建设专业的家庭教育指导工作队伍，开展家庭教育指导人才培训，提高家庭教育指导工作人员的业务能力。"为此，妇联应着力打造具有较强专业知识与实践指导能力的家庭教育指导者队伍，制定一系列的培训规划，在不断提升家庭教育指导者与管理者的素质与能力上加强探索实践。

各级妇联要把握《浙江省家庭教育促进条例》施行的有利时机，联合教育、卫生健康等部门，积极推进家庭教育指导者资格认证工作，从指导实际出发，建设一支层级分明、精准服务、具有较强专业基础的专家、指导者队伍。重视对指导者数量、质量和指导效能的规范管理，尝试开展家庭教育指导者资格认证工作，设计包含申请资格、资格考试、定期验证等方面科学的家庭教育指导者资格认证体系。与相关科研机构、大专院校密切联系，做好培养培训规划，通过研修培训、学术交流等方式，不断提升指导者队伍的素质与能力。牵头成立"家庭教育指导工作研究联盟"，就家庭教育指导相关问题进行研讨与学习交流。重视家庭教育指导者实践能力、个案指导能力的提升。在家庭教育指导者队伍的建设中，关注多元文化社会的现实背景，既要关注指导者理论层面的提升，以家庭教育相关理论为基石，也要重视家庭教育指导实践，从而使妇联打造的家庭教育指导者团队，不仅有科学前沿的家庭教育观念，更能针对不同家庭、家长特点采用合适的指导方式、方法。拥有较强的家庭教育个案指导能力，能对不同的家庭实施不同的指导内容与方式，对家长进行分层、分类的个别化指导。注重区域之间、城乡之间家庭教育指导工作的差异性，特别是对于低收入家庭、单亲家庭、留守儿童、困境儿童家庭等，应给予有针对性的家庭教育指导服务。

（四）开发规范、系统的家庭教育指导培训教材和课程体系

缺乏科学、权威、统一的家庭教育指导培训教材及课程体系，也是目前我国家庭教育指导的一大症结。鉴于此，浙江省家庭教育指导中心（原家庭教育杂志社）根据《浙江省家庭教育促进条例》"编写不同年龄段的家庭教育指导读本"的相关要求，在家庭教育专项职业能力项目中做了积极的尝试与探索，于2019年12月出版了《家庭教育指导专项职业能力资格培训教程》。

建议下一步各级妇联在教材开发和培训课程的内容设置上，更加重视提高实践与研究方法的比重。在教材开发和培训课程的内容设置上，可参考我国台湾地区等地的优秀经验及做法。如我国台湾地区的家庭教育指导课程涵括亲子教育、儿童教育、家庭生活教育三大领域；在家庭教育指导者的能力构成上，课程强调理论、实践、研究方法三者兼具，这对以往在家庭教育指导工作中偏理论而轻实践的课程设置提供了很好的借鉴。在授课形式上，在传统的一对多集中授课模式下，增加小组研讨、学员试讲等模式，将知识的单向传授变为经验的多向交流，以互动、讨论等形式，提升学员的参与度和解决实际问题的能力。同时，在以往线下教育的传统模式之外，利用互联网优势，将线上培训作为线下培训的有益补充，丰富培训教学模式，实现教育资源更大范围内的共享。

（五）拓展家庭教育指导工作的形式

要破解家庭教育指导工作载体相对单一的难题。建议提供菜单式家庭教育专题培训，适当以线上直播的方式扩大影响力与受众面。在专题讲座的内容选取上，应关注家长及家庭所需，设立隔代养育、亲子阅读、亲子沟通、习惯养成等主题。以家长为主体，开展线上线下家庭教育咨询活动，使家庭教育问题得到及时、有效、专业化的解答。在不定期组织线下咨询的同时，可利用公众号、网上家长论坛、QQ群等形式，请专家在线答疑。在QQ群等家长与专家共同参与的线上平台中，将家长摆在主体地位，立足于家长进行指导服务工作，让家长更多地分享家庭教育经验。这既能满足家长对家庭教育指导的需求，也能避免专家讲座类的单向指导，建立家长主体与专家之间双向互动的线上指导模式。积极开展特色亲子活动，打造家庭教育特色品牌。由"小"入手，由"细"入手，由"实"入手，联动合作，以系列化、亮点化的呈现方式，打造家庭教育特色品牌，引领家庭教育指导、宣传工作。传统媒体与新媒体要资源通融，宣传互融，为家长提供多渠道、立体式、全方位的家庭教育指导服务。

公益项目运作与社会创新研究

——以康乃馨女性健康公益保险项目为例

徐越倩　宋淑溶*

摘　要：随着社会问题的日益复杂与多样化，社会领域的改革刻不容缓，社会创新逐渐成为国内外各类社会组织解决社会问题、满足社会需求、推动社会发展的重要力量。该文在研究社会创新与社会企业缘起及演进路径的基础上，结合浙江省妇女儿童基金会开展的"康乃馨女性健康关爱计划"这一案例研究，借鉴台州市黄岩区妇联这一试点的成功经验，探讨社会创新在政府、企业和社会合作治理、公益项目运作领域的作用，以及社会创新(公益创新)的可能性和推进路径。

关键词：社会企业；公益项目；社会创新

一、社会创新的缘起与路径

(一)社会创新的缘起：社会问题的商业解决之道

在全球化和信息化时代，各种矛盾错综复杂、交互作用，社会问题的复杂性和多样性日益明显。资源短缺、环境污染、贫富差距、医疗卫生、就业创业、社区发展等诸多社会问题，单独依靠政府、市场或者非营利组织的力量，

---

* 徐越倩，浙江工商大学发展规划处处长、英贤慈善学院执行院长，教授，研究方向为社会组织和社会创新。宋淑溶，浙江工商大学公共管理学院行政管理系研究生，研究方向为社会组织。

只会加剧面对这些社会问题时的"政府失灵""市场失灵"以及"志愿失灵",而这些"失灵"常常平行发生,一同出现,在很大程度上展现了加强跨部门合力解决、多方联动的必要性。

20世纪80年代初,一场声势浩大的"新公共管理运动"浪潮在世界范围掀起,主张采用商业管理的理论、方法及技术引入市场竞争机制,来提高公共管理水平及公共服务质量,在这一运动的影响下逐渐出现将公共服务的生产和提供交由市场和社会力量来承担的现象。20世纪90年代以来,非营利部门中出现了一种新的动态,国外学者称其为 social enterprise、social economy、social purpose enterprise、non-profit enterprise 等。国内则将其翻译成"社会企业""社会经济组织""社会服务组织"等不同名称。[1]英国社会企业联盟给社会企业下了一个简单的定义,即运用商业手段,实现社会目的。社会企业的出现顺应了社会创新这一全球性论题,两者相互推动,相互促进。正是因为这一新的组织形态具有企业化运营、社会使命驱动的混合特征,兼具公益和营利的双重目标,使其成为联结政府、企业和非营利组织的一种有效的中介介质,也使其成为推动社会创新的一种主要组织载体。

改革开放以来,中国的社会组织实现了前所未有的发展和繁荣,已成为构建社会主义和谐社会日益重要的主体力量之一。在其发展过程中,涌现出许多具有创新意义的制度模式。近年来,随着服务型政府的建设、企业社会责任运动的高涨以及国外经验的借鉴,非营利组织公益创新逐渐成为解决社会问题的热点。同时,鉴于社会问题的复杂性和多样化,公益组织仅凭一方之力仍无法解决,需要借助与政府、企业的合作去推动社会创新。社会企业作为借助商业运作解决社会问题的创新模式,具有深刻的现实意义,即能够满足社会需要、提升就业和促进发展。相对于商业企业而言,社会企业有其独特的定位和目标:不以追求营利最大化为目标,但又同商业企业一样创造利润、追求营利,以维持自身运行和社会事业。相对于传统慈善、公益事业而言,传统公益组织具有较强的社会依附性,而社会企业往往具有独立运作的能力,不依赖政府资助和私人捐赠,通过自身成功的商业经营获取收入。这种新模式不仅打破了福利僵局,也打破了公益组织资金第三方依赖的困境,为公益组织和公益事业的可持续发展提供了新思路。

(二)社会创新的概念与路径

在经济学上,"创新"概念源自美籍经济学家约瑟夫·熊彼特在1912年出版的《经济发展理论》。他认为,创新是因为生产要素和生产条件的"新组合"引入生产体系而带来超额利润的活动和过程。从生产技术的创新到生产领域的创新,再到组织的创新,熊彼特的创新概念包含范围很广,涉及技术性变化的创新及非技术性变化的组织创新。[2]明确提出"社会创新"概念的是美国著名管理学家彼得·德鲁克。德鲁克指出,创新正在经历一个由政府转向社会、从管理创新走向社会创新的历史过程。他认为,公共服务机构(包括政府、社区和慈善组织、专业和行业协会等)需要学习如何在原有的系统中建立企业家精神和创新制度,这种社会创新将是这个时代最主要的政治任务。[3]道森和丹尼尔将社会创新定义为为应对社会挑战,人们以协作方式参与的产生、选择和执行集体目标或想法的过程。[4]国内最早明确提出"社会创新"这一概念的是友成基金会。从概念上讲,社会创新是一种以满足社会需求为目的的创造性行动。如果这种行动或者服务,可以自我生长并实现模式扩散,它就是一种社会创新。社会创新是伴随着社会企业而兴起的一种社会活动,它不仅是非政府组织、社会企业的行为,还可以是政府及商业机构的创新活动。[5]

从某种意义上而言,社会创新可以理解为对某一社会理念、组织或制度的创新。在这一创新过程中,既有对于旧的社会生活范式的否定、突破旧体制的改革,也包含建构新的理念、组织或制度的种种尝试。[6]简而言之,社会创新体现着组织创新和制度创新。社会企业这一概念虽然源于西方,但国际上非营利组织与市场以及企业之间相互交叉融合的实践,推动了全球性社会企业和社会创新的发展。对于中国非营利组织领域,社会企业仍是一个相对全新的概念,可能还没有完全理论意义上的社会企业。俞可平提出,把社会企业视为以公益性社会服务为主要目标的企事业单位,运用市场手段解决社会问题、创造社会效益与经济效益共赢,体现了社会创新理念的新型组织形式。[7]近年来,从我国社会组织的企业化与市场化实践可以看出,我国今后以社会企业为主要载体的社会创新之特色路径。第一,社会组织中的民办非企业单位和社会福利企业等可以看作社会企业实践的雏形。王名、朱晓红的研究发现,部分基金会与民办非企业单位由于引入了市场运作模式、提倡多方联动广泛参与、结合公益与盈利双重目标而实现了组织运作模式、组织形式和组织目标的创新,[8]反映出社会企业的内涵。第二,工商登记注册的非营利组织可能成为中国社会企业实践的另一种类型。第三,作为第三部门的非营利组织部门与作为第二部门的市场部门之间已经出现了相互交叉融合的雏形。[9]正如徐永光所言,一些企业在"战略公益"的创新理念下,"已经超越以往企业社会责任注重企业与利益相关方的共赢和谐,以及通过慈善捐赠回馈社会的模式,而是直接面对社会问题,投入资金、人力资源及市场管理经验、技术、评估方法,支持公益部门的可持续发展"[10]。

二、社会创新的典型案例
——康乃馨女性健康公益保险项目

2017年4月,浙江省妇女儿童基金会围绕深化"两癌"救助,推出"康乃馨女性健康关爱计划"。计划以"完善女性健康服务体系、提高女性健康保障水平"为目的,强化健康意识,组织健康保障,实施健康关爱,全面服务浙江女性。作为"康乃馨女性健康关爱计划"重要组成部分的女性健康公益保险项目,以"政府引导、企业支持、群众参与"的模式,依托公益保险,引领公益创新,为广大女性健康保障平添一份重要筹码,使全体低保家庭妇女都享有免费保险,让患病妇女都得到关爱救助。两年来,从县到市的全覆盖试点孵化,累计服务了125311人次,免费为11150名低保妇女及环卫女工投保,为78名患病妇女理赔617.60万元,关爱患病妇女共计136人,关爱资金达834809.30元。

(一)康乃馨女性健康公益保险项目简介

"康乃馨女性健康关爱计划"是浙江省妇女儿童基金会贯彻李克强总理倡导的服务保障理念,创新设立的女性健康关爱项目。项目运用公益的力量、市场的原则、商业的手段,推动公益创新,参与社会治理,帮助更多困境女性实现更好的发展。项目服务目标群体精准,解决问题直接彻底,既有效防止适龄妇女因病致贫、因病返贫，又补充完善了现行女性健康保障机制，是一种极具创新性、公益性、代表性的公益服务新模式，是对公益慈善领域的创新和引领。项目旨在推动浙江省健康扶贫工程深入实施，建立浙江女性大健康的服务网络，通过公益项目结合商业保险，缓解因病致贫、因病返贫难题，前置医疗救助，使女性弱势群体得到健康保障，妇女健康意识得到强化，全省女性健康水平得到提升和有效保障。

康乃馨女性健康公益保险项目的服务内容主要为：第一，强化健康理念，宣传与检查两手抓。开展女性健康知识公益讲座及"两癌"筛查活动，强化女性自我健康意识，降低女性"两癌"患病率。第二，组织健康保障，避免因病致贫、因病返贫。以康乃馨女性健康公益保险为载体，保障更多女性的健康，使弱势人群得到保障，让每个人都可以享受公平可及的医疗服务。第三，实施健康关爱，助力美好生活。通过建立"属地公益服务金"、实施贫困妇女"两癌"救助、低保家庭适龄妇女免费投保、慰问患病妇女等方式来为女性提供更多的关爱保障，提高女性健康水平。

该项目是由浙江省妇联指导，浙江省妇女儿童基金会发起并组织，中联金安保险经纪有限公司分析评估，天安财产保险股份有限公司、中国人民人寿保险股份有限公司、昆仑健康保险股份有限公司联合承保，适龄妇女自愿参与的运行模式。其主要有以下几大特点：第一，属地公益服务金服务当地。项目专款专用，扣除保险公司运营成本、理赔成本、项目运营成本等费用后的项目资金将全部投入公益服务中。按属地原则，坚持资金使用取之于当地、用之于当地，设立"属地公益服务金"，优先用于为当地低保家庭的妇女免费投保。第二，项目运行公开透明。通过社会公开招标、专业评审，确保合作机构高端、保险产品科学、服务保障优质。妇联指导督导，财务、审计监察督查，确保经费使用公开、项目运行透明。第三，社会价值影响深远。项目的宣传、推广、运行，本身就是"两癌"防治和女性健康意识的普及强化过程，势必推动浙江妇女健康事业发展；"属地项目公益服务金"的使用，必然牵引当地女性健康公益活动的展开。康乃馨女性健康公益保险项目的实施，为"健康扶贫"开辟了新思路、新领域。

该项目适用于16—60周岁身体健康、能正常工作或生活的女性（化工行业，长期接触电磁辐射、化学制剂等工种除外），投保人需缴纳100元保险费，保险采取一次性赔付,简化资料提供,减轻患病家庭准备资料的负担。每日成本低至 0.27 元,单项保障额度最高可达 10 万元,基本覆盖医疗费用。购买保险后,若被保险人在 60 天等待期内发现并被专科医生确诊患有保险保障责任中注明的女性特定癌症,应及时向当地承保保险公司或当地妇联进行申报,保险公司对该被保险人的该项保险责任即刻终止。基金会将根据《康乃馨女性健康公益保险项目公益服务金建立与使用规范》为患病女性发放慰问补助金。免责期内患病妇女补助金申请流程包括以下几点:第一,登记信息。当地妇联及当地承保保险公司沟通汇总在保险免责期内发病妇女名单,确认无误后,为患病妇女及时办理退保,并协助其完整填写《康乃馨女性健康关爱计划公益保险项目关爱费用申请通知》。第二,核实申请。参考《康乃馨女性健康公益保险项目公益服务金建立与使用规范》,当地妇联须根据患病妇女家庭情况确定每个患病妇女的慰问补助金金额,并向基金会提交申请。第三,安排走访。当地妇联安排人员上门走访慰问,将慰问补助金及慰问品送至患病妇女手中。

(二)康乃馨女性健康公益保险项目取得的成效

浙江省女性健康公益保险项目是在浙江省妇联指导下,浙江省妇女儿童基金会发起的公益项目。黄岩区妇联积极争取了该项目的试点,在 50 天的时间内,完成 32326 人的投保,远超 10000 人的试点目标,并为 2003 名低保妇女免费投保,累计保费 328.83 万元,投保工作圆满完成。该项目采用“企业承担社会责任、群众自担健康责任、社会组织深入参与、政府全面引导支持”的可持续发展模式,引领公益创新,让妇女群众用最少的付出换取最有力的保障,带动社会力量参与社会救助,让低保贫困妇女也能享受公平可及的健康保障。与一般公益项目相比,该公益保险项目有以下几项优势:一是适用人群广泛。凡是 16—60 周岁身体健康、能正常工作或生活的女性均可参加。二是费用花销低。一年保障金仅需 100 元,每日成本只需 0.27 元。三是保障水平高。单项保障额度最高可达 10 万元。四是融合度好。与现有各种商业保险及社会保险没有冲突,获得本项理赔不影响其他商业保险和社会保险的理赔、报销。五是公益性原则。每销售一份保险,由爱心企业捐赠一定比例公益金,用于贫困低保妇女的健康救助。在康乃馨女性健康公益保险项目实施过程中,台州市黄岩区妇联采取了几项有力举措,取得了较好的实践效果。

一是氛围营造,广泛发动。从项目落地之日起,黄岩区妇联就大张旗鼓地开展宣传动员工作。首先是专题宣传。项目启动前夕,黄岩区妇联召开区级机关妇委会、乡镇街道妇联、女性社会组织、巾帼文明岗负责人等不同层次、不同界别的妇女干部会议,充分宣传项目实施的意义和影响,使各级妇女干部对项目有了充分的了解,有力地推动了项目的实施。接着是进村入户宣传。充分发挥基层妇女干部和巾帼志愿者的优势作用,挨家挨户上门宣传、发动和服务。然后是借力新媒体宣传。在台州市妇联、黄岩发布、掌上黄岩、黄岩区妇联等影响力较大的微信公众号上宣传女性健康公益保险项目,并联合电视台播出一期专栏节目,信息传播快、受众面广。

二是业务普及,扎实推进。为圆满完成预定的项目任务,黄岩区妇联分四批对全区517个村(居)、社区的妇联主席进行集中业务培训。重点对项目的重要性、实施的重要意义和操作步骤进行讲解,517名妇联主席经过培训成为合格的公益保险宣传员。

三是服务保障,后续跟进。为方便工作联系,区妇联建立了公益保险服务微信群,邀请省妇女儿童基金会领导、各乡镇街道负责此项目的专人和保险公司工作人员加入,就投保要求、理赔范围等相关政策进行及时沟通联系和衔接。为最大程度方便妇女群众,保险公司设立了女性健康保险服务专柜,并开通了线上线下两种投保渠道。

(三)康乃馨女性健康公益保险项目取得成效的原因

截至2018年年底,本项目已经为35名患病报案妇女理赔295.60万元,并联合当地妇联关爱慰问8名不符合理赔条件的患病妇女,慰问金共计16800元。浙江省首个女性公益保险项目能在短时间内取得良好成效,主要得益于诸多有力举措。

一是政府重视,上下齐心。黄岩区作为浙江省该项目的首个试点,得到了省市区级领导的高度重视和大力支持。2017年,浙江省女性健康公益保险项目试点开始启动,省妇联领导参加启动仪式并作动员讲话;省妇儿基金会工作人员多次召开项目协调会、培训会,指导项目有序开展。台州市妇联分管主席、黄岩区政府分管妇女儿童工作的副区长定期检查保险进展情况；黄岩区妇联成立了项目试点工作领导小组，由区妇联主席任组长，分管副主席任副组长，并落实专人负责公益保险项目工作。在推广实施过程中，区妇联竭力做好组织、协调、落实工作，不厌其烦地向前来咨询的妇女群众答疑解惑。该项目的成功试点，是妇联组织和各级妇女干部从思想上高度重视、行动上快速落实、推进上形成合力的结果。

二是群团改革为妇联组织增添活力。群团改革以来，特别是会改联工作实行以后，一大批政治素质高、业务水平高、热心妇女儿童公益事业的优秀人才被选拔到妇联干部队伍中来。基层干部队伍结构得以优化，妇联组织的凝聚力和向心力得到显著增强。在实施公益保险推广过程中，村妇联主席、执委等以身作则，进村入户，在大街小巷、田间地头耐心细致地做好宣传发动、解释答疑以及投保衔接工作，使得这一民生实事项目深入人心，为女性公益保险的落地生根、全面铺开发挥了举足轻重的作用。项目的顺利开展，彰显了基层妇联组织强大的凝聚力和向心力，也凸显了新一代妇联人的奉献精神。

三是维权工作基础扎实，项目推广得心应手。黄岩是国家级宫颈癌检查项目试点区，多年来，全区各级妇联广泛开展适龄妇女的免费检查动员，使广大妇女早检查、早发现、早治疗，累计为10万名妇女进行"两癌"免费筛查，从而保障了妇女群众生命和家庭的完整。在长期的普法和健康宣传过程中，广大妇女逐渐树立起较强的自我保障意识，这为女性公益保险项目的顺利实施奠定了良好的群众基础。基于妇联干部的努力和群众对妇联组织的信任，项目进展十分顺利。在投保推广过程中，诸多妇女群众向亲戚、朋友、邻居自发宣传这一惠民政策，引发其他妇女自行前来咨询投保，发挥了一传十、十传百的传播效应。

四是平安建设与公益保险相结合，助推项目落地生根。家庭和谐平安是社会和谐稳定的基石。女性公益保险项目的推广，从根本上来说，是满足人民日益增长的健康保健需求，符合广大妇女群众的切身利益。黄岩区妇联立足自身工作职责，着眼妇女群众需求，将其列入2017年度十件实事和区对乡镇（街道）妇联考核内容，结合"宣平安、普平安、创平安、送平安"主题，使其项目化、制度化，项目的推广具备了生命力和持续性。以家庭的平安和睦推动社会的文明和谐,为打造平安和谐黄岩提供有力保障,也为省妇联在其他地区推广提供了有益经验。

五是带动社会公益,项目意义延伸。女性健康公益保险项目的实施,是自黄岩区2012年启动"两癌"免费检查全覆盖和2016年设立朗成"两癌"妇女关爱专项资金后,惠及女性健康的又一项民生实事工程,也是一项创新工作。该项目在推广政府惠民政策、普及健康理念、提高女性保健意识的同时,带动了更多社会力量参与公益行动。黄岩区慈善总会、慈善义工协会、女企业家协会、女能人协会四家爱心组织为项目合计捐款125000元,省妇儿基金会为黄岩区所有符合条件的2003名低保女性进行免费投保。每销售一份保险,由爱心企业捐赠一定比例公益金,用于贫困低保妇女的健康救助。该项目的施行,将唤起更多的社会各界人士关心、关注、关爱女性群体,为全区农村妇女身体健康带来真正的保障。

根据县级试点工作的成功经验,2017年底,台州地区正式全面启动,嘉兴、丽水市部分启动。截至2018年底,市级试点工作共发动83243名普通妇女自愿投保,使用项目"属地公益服务金"为9090名低保妇女及57名环卫女工免费投保,累计保费923.90万元,其中共有43人在保障期内患病,累计理赔金额374万元,关爱慰问49人,慰问金共计28009.30元。总体而言,康乃馨女性健康公益保险项目"集众人之力、解个体之难"的项目特点,充分响应了李克强总理提出的"要用大病保险等多种制度,不让一个人患大病,全家都倒下",有效避免了这些家庭陷入"因病致贫、因病返贫"的困境。

三、社会创新的推进路径

(一)利益契合推动组织目标的创新

浙江省妇女儿童基金会开展的"康乃馨女性健康关爱计划"融合了市场与社会的边界,通过对公益领域中的效率追求实现公益目标,对市场领域中的资源有效利用整合实现营利目标。随着服务型政府的建设、企业社会责任运动的高涨以及社会组织在社会治理各个领域影响力的增强,社会企业与其他社会主体边界的融合、公益与营利目标的融合,体现了非营利领域组织理念与组织目标的创新。这一创新形式实际上是把用市场运作模式解决社会问题作为一种集体行动和政策倡导,通过资源的创新性配置达到政府公共服务、企业利益、公益组织目标的一致性,是对公益且营利目标的创新性整合,同时也顺应了世界公益领域的发展趋势,反映出社会企业的内涵。此类创新形式的市场操作性更强,其核心在于运用市场的效率手段去实现社会公正,亦为社会组织兼顾和平衡效率与公正提供了具有现实可操作的模式,实现了中国特色的非营利领域组织目标的创新。

(二)多方联动支撑组织形式的创新

从浙江省妇女儿童基金会实施的"康乃馨女性健康关爱计划"中可以看出,非营利组织的发展和运作有了更为广泛的社会力量的积极参与,扩大了我国公民参与的非政府组织途径[11],从政府、企业到公益组织等多方联动实现了非营利领域组织形式的创新。同时,把市场机制引入公益领域,通过市场运作解决社会问题,在一定程度上实现了组织制度的创新。这一创新下社会企业的雏形不同于传统的社会组织,表现出较强的生存能力、运作能力及资源整合能力,社会力量特别是市场力量广泛介入公益领域,真正做到了政企分开、政社分开后政府、市场、社会从被动交叉过渡到主动融合,第三部门与第一部门、第二部门的融合,实现了社会组织在组织形式上的创新。具体来讲,在公共领域,这一组织形式能协同政府更好地提供公共服务;在市场领域,亦能与商业企业展开有力竞争;在商业领域,能吸引资源并有能力整合运作资源实现公益与营利的双重目标。此外,社会企业家的参与为公益领域注入了新的活力。[12]

(三)公益组织治理能力保障创新项目实施

浙江省妇女儿童基金会成立于1981年,是全国注册成立最早的基金会,是省妇联主管具有独立法人资格的纯公益"省级5A社会组织",是省内首批被认定的5家全省性慈善组织、3家公募资质获得组织之一。自成立以来,基金会在各级领导和社会各界爱心人士的支持下,在推动妇女儿童事业方面发挥了积极作用。其先后被全国妇联、浙江省人民政府、中国妇女发展基金会授予"中国妇女慈善奖之贡献奖""第五届浙江慈善奖工作奖""PAC公益项目突出贡献奖""全国维护妇女儿童权益先进集体""2018年浙江省三八红旗集体"等荣誉,2017年起基金会连续三届获得"浙江省慈善项目奖"。

浙江省妇女儿童基金会注重创新性的同时也强调独立性。其创新性在于基金会结合浙江民营经济发展经验和社会实情,每一个项目不单是为筹款和机构发展,更是切实回应当下社会热点需求,通过链接社会资源,缓解社会痛点问题。其独立性侧重强调基金会不过度依赖政府或企业,维持独立平等地位,以便更好地在政府、企业能量辐射之外发挥独特的作用。基金会与企业、政府保持密切联系,通过项目合作、资源共享等方式,互利互惠、合作共赢,实现可持续的公益生态。基金会积极主动了解公益领域的多元化、个性化需求,及时有效地开展服务活动,实现自身宗旨目标,在很大程度上推动了公益创新项目的顺利实施。

面对愈来愈复杂化和多样化的社会需求与社会问题,无论是政府、社会组织还是企业,无论是政府行政手段、市场机制还是志愿捐赠,单靠一方的力量独自整合资源都显得力有不逮。当下社会创新日益受到世界各国的重视,并逐渐演变为一种世界性现象。社会企业的崛起,社会企业家群体的活跃,政府与社会以及企业在解决社会问题、提供社会服务方面努力建立合作伙伴关系等现象日益成为社会创新的一大重要趋势。公共部门和社会组织正尝试一种更具商业化的运作模式以有针对性地应对社会问题,将商业方法与社会目的融合起来,通过建立合作伙伴关系,结合政府、社会和企业三方的力量整合资源、提供服务成为许多国家不约而同的选择。尽管多方联动的创新机制已经悄然出现,但对这一新现象的支持性生态系统尚未形成,所以就如何解决摆脱法律、资本等多方面的约束从而建立有效的运行机制而言,仍待进一步研究和探讨。

参考文献

[1]舒博.社会企业的崛起及在中国的发展[D].天津:南开大学,2010.

[2]约瑟夫·阿洛伊斯·熊彼特.经济发展理论:对利润、资本、信贷、利息和经济周期的探究[M].叶华,译.北京:九州出版社,2006.

[3]彼得·德鲁克.创新与企业家精神[M].蔡文燕,译.北京:机械工业出版社,2007.

[4]DAWSON P, DANIEL L. Understanding social innovation: a provisional framework[J]. International journal of technology management, 2010, 51(1).

[5]耿春雷,陈雪娇. 人是社会创新的灵魂[J]. 社会与公益,2012(10).

[6]王名,朱晓红. 社会组织发展与社会创新[J]. 经济社会体制比较,2009(4).

[7]俞可平. 发展社会企业 推进社会建设[J]. 经济社会体制比较,2007(9).

[8]王名,朱晓红. 社会企业论纲[J]. 中国非营利评论,2010,6(2).

[9]周红云. 社会创新在中国:现状、问题与出路[J]. 中国社会组织,2015(4).

[10]徐永光. 社会企业运动有汹涌之势[J]. 商务周刊,2011(1).

[11]贾西津. 中国公民参与的非政府组织途径分析[J]. 中国非营利评论,2007,1(1).

[12]何增科. 社会创新的十大理论问题[J]. 马克思主义与现实,2010(5).

妇联组织参与社会治理的历史逻辑

李乾坤[*]

摘　要: 在社会领域持续推进妇女解放和发展的重要实践,是国家治理的重要组成部分。妇联参与社会治理七十多年的历史经验表明,新时代妇联若要充分激发妇女群众参与社会治理的活力、更好地承担参与社会治理创新的使命,还须遵循坚持党的领导与发挥妇联组织主动性相统一,坚持理论自信与兼收并蓄地推进理论创新相统一,坚持以妇女群众为中心的工作导向,坚持做好经常性工作与开展专题活动相统一,不断提升妇联参与社会治理的社会协作水平等历史逻辑。

关键词: 妇联;社会治理;群众史观;社会协同

在七十多年的历史进程中,妇联以马克思主义妇女理论为指导,在党政部门支持下,积极协同社会力量参与社会主义革命、建设和改革阶段的社会治理实践,积累了丰富经验。在深化妇联组织改革、推动妇联参与社会治理创新的关键阶段,全面总结妇联参与社会治理的历史经验,既是新时代妇联参与社会治理深化转型的必然要求,也是构建社会治理新格局、推进国家治理现代化的题中应有之义。

妇联是各族各界妇女为争取进一步解放与发展而联合起来的群团组织。妇联和其他群团组织一样,参与社会治理的目的都是代表特定利益群体表达诉求或为其提供所需的公共服务;参与社会治理都拥有组织优势,参

---

* 李乾坤,河南理工大学马克思主义学院讲师,研究方向为中国近现代社会问题。

与方式以参与、协商、合作为主,主要发挥咨询、提议、督促等功能,但不具备强制执行力;参与社会治理都存在供给不足问题,需要外界的资源或政策支持才能持续发挥作用。而与其他妇女组织相比,妇联作为在中国共产党领导下成立的内生性人民团体,又有其特殊性。约占全国人口半数的妇女都是妇联的成员,妇联组织的规模之大,妇联参与社会治理的持续性之强,妇联参与社会治理所面临的问题之复杂,是其他妇女组织所无法比拟的。因此,本研究的初衷就是探讨妇联这个大规模的群团组织为何能够持续存在与发展,为何能够获得参与社会治理的持续资源供给,为何能够在参与社会治理的七十多年间在促进男女平等方面持续发挥作用,遵循什么逻辑,有没有形成一些可供新时代妇联参与社会治理创新借鉴的基本经验。综观妇联参与社会治理的历史进程,尽管各个历史阶段妇联参与社会治理的中心任务、治理理念、方式方法、主要成就与不足都呈现出阶段性特色,但是仍然可以从其历史传承中归纳出一以贯之的历史逻辑。

一、坚持党的领导与充分发挥妇联组织主动性相统一

中国历史和社会发展的现实决定了中国共产党是中国特色社会主义事业的领导核心。因而,妇联组织的创建、发展及其各项工作的开展都是在党的领导、支持下进行的。妇联也需要依靠党的全面领导在参与社会治理中找准方向、及时调整战略,革新工作方式和活动载体,不断提高妇联组织引领、服务、联系妇女群众的能力和水平。

(一)党为妇联参与社会治理指明方向

妇联需要根据党的思想、政治引领来确定妇联在各个阶段参与社会治理的方向和战略,以便将妇女群众的具体利益和全国人民的总体利益结合在一起,更好地推动妇女的解放、发展及男女平等。与一般的妇女组织只关心局部的、具体的妇女问题不同,妇联作为代表和维护妇女儿童权益、促进男女平等的群团组织,需要通过参与党和国家政治性活动或社会事务的管理,将事关妇女整体发展的各种重要问题纳入党和国家的议事日程。中华

人民共和国成立以来,妇联坚持马克思主义妇女观,在历届党和国家领导人关于妇女解放和妇女工作的重要论述中,寻找持续参与社会治理的思想动力和发展方向,以党在各个阶段的具体指导思想为基本遵循,确立妇联参与社会治理的阶段性策略。中华人民共和国成立初期,妇联以毛泽东思想为指引,将妇女解放与阶级解放、民族解放结合起来,通过引领妇女群众积极参与创建与巩固新政权,实现从新民主主义到社会主义的过渡,建立男女平等的社会新秩序。改革开放新时期,妇联以邓小平理论、"三个代表"重要思想、科学发展观为指引,以经济建设为中心将妇女发展与国家、民族的发展结合起来,倡导自尊、自信、自立、自强的"四自"精神,确立了"一手抓发展,一手抓维权"的工作方针和"法制化、科学化、社会化"的治理逻辑,加强了与社会力量的协作。进入新时代,妇联以习近平新时代中国特色社会主义思想为指导,将妇女群众对美好生活的向往与党治国理政的新战略、新部署结合起来,以"为民、务实、清廉、高效"的工作作风建设为重心,以改革创新精神全面推进妇联参与社会治理的深化转型。

(二)党为妇联组织发展提供组织引领

妇联需要依托党的领导来推进组织发展。历史经验证明,妇联组织与党组织的建设是休戚与共的。在七十多年的发展历程中,妇联基层组织建设的几次高潮都是在党中央的推动下实现的。20世纪60年代初,在邓小平代表中共中央就各级妇联所反映的基层组织薄弱问题发表支持性讲话之后,在各级党委支持下掀起了基层妇联组织建设的小高潮。一直以来,一些地方妇联基层组织的弱小、涣散问题很大程度上是因为当地党委的重视不够,妇联基层组织发展缺少了重要支持。改革开放初期,"各级妇联接受同级党委的直接领导,上级妇联对下级妇联进行业务指导"的双重领导体制进一步明确。在双重领导体制下,地方各级妇联组织的建设与发展需要同级党委的重视与支持,上级妇联推动下级妇联组织建设的建议、改革方案等要通过上级党委下发至各级党委,才能更为有效地推进。近些年来,妇联之所以能够"以党建带妇建"推进基层组织建设取得显著成效,就是因为抓住了党中央整顿基层党组织的契机,争取党的支持,将妇联基层组织建设纳入基层党建之中。党的十八大以来,正是以习近平同志为核心的党中央多次召开会议或发布指示大力推进群团改革,并以中共中央办公厅的名义下发《全国妇联改革方案》,引起了各级党委对妇联组织建设的进一步重视,使得妇联能够破解阻碍妇联组织发展的历史性难题,在组织架构变革、制度建设、人员配备等方面取得重大进展。所以,妇联组织的创建、发展、改革,只有依靠党的领导才能更好地推进。

(三)党为妇联开展各项工作提供具体领导

妇联需要紧紧依靠党的具体领导推进各项工作更好地开展。正如1961年邓小平接见参加全国省、市、自治区妇联主任会议的全体同志时所讲的:"经常做些什么工作,你们不提,党委就排不上议程。党委觉得需要时会抓你们,如计划用粮,但对特殊问题就不一定知道,要靠妇联提出来。"妇联还需要根据实际情况在缺乏资源、难以解决的妇女发展问题方面争取党的具体领导。改革开放初期,全国妇联多次就妇女"阶段性就业"政策据理反驳,得到中央支持后"阶段性就业"政策才终止推行。此外,妇联与工会关系问题、妇联在党政部门和新兴组织中建立妇女组织的问题、妇联争取政府购买公益岗位问题等都是在党的具体领导下才得到较好的解决。在现有妇联组织纵向层级体系中,越到基层妇联组织开展各项工作的资源越缺乏,越需要各级妇联积极争取同级党委对妇联工作的具体领导。在同样的资源环境约束下,中西部许多基层妇联组织能够在参与基层社会治理中出类拔萃,一方面是因为基层党委的重视;另一方面是因为基层妇联组织积极作为,就基层妇女群众最直接、最现实、最关心的问题积极、持续地向同级党委汇报情况、提出应对方案,争取基层党委的具体领导与支持。

(四)激发妇联参与社会治理的活力

妇联沿着中国特色社会主义妇女发展道路和群团发展道路前进,将党的各项方针和政策贯穿于引领、服务、联系妇女群众的全过程,进而巩固党的执政之基。妇联作为党领导下的群团组织,必须坚持党的领导。党对妇联的领导是对妇联各项工作的宏观、中观层面的领导,而不是面面俱到、事无巨细的领导;而且,坚持党对妇联的领导与充分发挥妇联组织的积极性、主动性是统一的。党之所以将妇联作为党联系妇女群众的桥梁和纽带,是因为妇联在长期工作中经过主动探索,了解妇女工作特点和规律,掌握了一些开展妇女工作的独特方法,积累了许多开展妇女工作的有效经验,确实在参与社会治理中展现出"一手托两家"、为党政部门和妇女群众提供服务的特长。如若妇联以党政事务代替本职业务,就会削弱党和妇女群众的桥梁和纽带作用。因此,党的十三大报告明确指出:"要理顺党和行政组织同群众团体的关系,使各种群众团体能够按照各自的特点独立自主地开展工作。"正因为如此,改革开放新时期妇联参与社会治理才得以蓬勃发展。进入新时代,习近平总书记又明确要求各级党委和政府要加强和改进对妇联工作的领导,为妇联组织履行职能、开展工作提供更好条件,这也是对坚持党的领导与充分发挥妇联组织主动性相统一经验的传承,将会进一步激发妇联参与社会治理的活力。

二、坚持以妇女群众为中心的工作导向

妇联是以代表和维护妇女合法权益、促进男女平等为历史使命的群团组织,坚持以妇女群众为中心的工作导向是妇联参与社会治理的基本价值导向。但是,妇联组织的行政层级制在为妇联参与社会治理提供各种便利的同时,还容易诱发行政化、机关化等脱离群众的问题。为克服这些问题,密切妇联系统内党群、干群关系和妇联与妇女群众的关系,妇联在党的领导支持下在践行以妇女群众为中心的工作导向方面积累了一些经验。

(一)持续推进妇联干部的思想作风建设

党和妇联始终重视对妇联干部的思想政治教育,并将树立为人民群众服务的宗旨意识作为妇联干部教育培训的主要内容一以贯之。特别是党的十八大以来,妇联系统相继开展了群众路线教育实践活动、"三严三实"专题教育、"两学一做"学习教育、"不忘初心、牢记使命"主题教育等教育学习活动和各类专题培训,帮助广大妇联干部树立以人民为中心的发展思想,并按照"去四化""增三性"的要求,以"方便妇女群众、更好地服务妇女群众"为原则对妇联各项制度进行了系统性整改,确立了妇联干部定期下基层挂职锻炼制度、乡镇妇联轮值主席制度、妇联调研月制度等联系妇女群众的新制度。

（二）逐步扩大妇联组织的代表性和广泛性

中华人民共和国成立初期，妇联以代表联系群众制度取代了组织初创阶段的个人会员制，奉行统一战线政策，逐步在农村城镇各行各业发展、培养妇女代表，联系、团结了除敌对分子之外的各个阶级阶层的妇女。改革开放的宽松环境中，妇联积极鼓励、支持各种妇女联谊会、行业协会、研究组织的发展，并将其吸纳为妇联的团体会员，还在新兴的乡镇企业、社会组织、经济组织探索建立妇委会或妇联，进一步扩大妇联联系妇女群众的范围。进入新时代，妇联正在优化各级妇联执委会的代表结构，以进一步提升各行各业各阶层代表的比例，并在城乡基层妇代会改建妇联过程中，"打开大门"建妇联，吸纳各方面的妇女人才、妇女代表担任基层妇联执委，还积极推动在商业楼宇、菜市场、流动妇女聚集区等妇女集中区域建立为这些妇女群众提供特色服务的妇女组织。在七十多年的发展历程中，妇联一直在尽最大可能扩大组织覆盖面，以尽可能联系、代表更多妇女群众。

（三）重视对妇情的收集、调研和分析、应对

妇联参与社会治理只有贴近妇女实际，全面了解妇女群众的真实需求，才能更好地促进妇女的全面发展。因此，妇联一方面通过各种联系、服务妇女群众的组织渠道，特别是信访维权渠道，收集妇女群众的各种需求信息，并据此分析、研判妇女群众的集中需求或妇女发展中遇到的重要问题；另一方面，通过专题调研、例行调研或社会调查资料来了解妇情。妇联对妇女群众反映的或社会上一些较为突出的妇女问题展开专题调研，以挖掘这些问题的现状、产生的主要原因、社会影响等。如改革开放前，各地妇联对买卖婚姻、拐卖妇女儿童等问题进行专题调研；改革开放后，许多地方妇联联合妇女研究组织对妇女就业歧视、农村妇女土地权益、农村妇女参政情况等问题进行专题调研。在长期发展过程中，妇联还逐步建立了例行调研制度，而且正在改进这些制度，以进一步加强各地妇联对辖区内妇联工作和基层妇女群众总体情况的了解。近年来，妇联还通过社会统计、妇女社会地位调

查、妇女发展纲要（规划）监测等社会调查数据来了解妇情。而后，妇联一方面据此改进各项工作，为妇女群众提供更为有效的服务；另一方面，据此撰写报告、提案或议案，督促相关部门重视、解决阻碍妇女群众发展的重要问题，推动相关法律法规的进一步完善，为妇女群众的发展进步保驾护航。进入新时代，妇联还建立了网络妇情监测、研判、应对制度，提升了妇联对涉及妇女的网络热点和社会热点问题的应对速度和力度。

（四）不断拓宽引领、服务、联系妇女群众的渠道

妇联还根据妇女群体需求的变化，借助经济社会发展提供的新契机、新技术，不断拓宽引领、服务、联系妇女群众的渠道。改革开放之前，妇女组织化程度较高，各种政治运动频繁，妇联干部通过各种各样的会议或集体出工间歇就能方便地引领、服务、联系妇女群众。改革开放后，城镇进入后单位制时代，农村推行了家庭联产承包责任制，妇联干部尤其是城乡基层妇联干部失去了联系妇女群众的组织优势，各方面负担加重和待遇缺乏保障又加剧了妇联干部联系妇女群众的难度。因此，妇联在争取党政部门支持推进妇联干部待遇逐步改善、巩固妇联组织联系与服务妇女群众的传统渠道的同时，针对妇女维权的新形势，恢复了信访工作，新建了妇联维权部门，开通了妇女维权服务热线，确立了妇联领导信访接待日制度，拓宽了妇女群众维权的渠道，还在城乡基层建立了为基层妇女提供便利服务的"妇女之家"。进入新时代，为克服妇联行政层级制弊端、促进妇联组织扁平化、提升"互联网＋"新形势下妇联组织服务妇女群众的效率，妇联在加强线下服务渠道建设的同时，开通了能够帮助各级妇联迅速与团体会员、同级妇联、上级妇联乃至全国妇联互联互通和互动的"妇联通"网络工作云平台；初步建成了为妇女群众提供便捷服务的新媒体矩阵，并积极运用微信、QQ、微博等新媒体确立了妇联干部"面对面""键对键"联系妇女群众的新形式，进一步拓宽了妇联引领、服务、联系妇女群众的渠道。

妇女群众既是妇联服务的客体，又是妇联可信赖依靠的主体。因此，无论从哪个方面来讲，坚持以妇女群众为中心的工作导向都应当是妇联参与社会治理的重要价值遵循。妇联正是在参与社会治理中秉承这一理念，有效化解了社会矛盾，促进了社会和谐，为党和国家的事业发展凝聚、贡献了

妇女力量,成为党和政府认可的重要社会支柱。"妇情"不是孤立存在的,"妇情"是"国情"中的"妇情",妇联只有把妇女发展问题的解决融入党和国家整体发展问题的解决之中,才能有效地落实和推进。正如习近平总书记所强调的:"坚持党的领导,紧紧围绕党和国家工作大局谋划和开展工作,这是妇联组织发挥作用的根本遵循,是妇联工作不断前进的重要保障。"因此,妇联在以妇女群众为中心汇聚妇情民意、聚焦妇女问题之后,非常重视在党和国家的发展大局中寻找解决妇女问题的合适切入点。

三、坚持做好经常性工作与开展专题活动相统一

经常性工作是妇联参与社会治理的常态化、日常性工作,是重要的基础性工作。专题活动或运动是妇联在参与社会治理过程中组织或参与的解决某一事关妇女群众权益突出社会问题的集中行动,能够迅速集结解决某一突出社会问题的多种力量和资源,推进这一社会问题的快速解决,同时能够扩大解决这一社会问题的社会影响力,但是时效性相对较弱,如果部署不当、推行过急,还会诱发其他社会问题。经常性工作是专题活动的基础,专题活动可以扩大经常性工作的影响,两者都是妇联参与社会治理的重要方略。妇联在参与社会治理的历史进程中,经过了一番探索才逐步形成对两个方略及其关系的成熟认知。

(一)以开展专题活动建构社会认同

中华人民共和国成立初期,党和政府开展社会治理的一个重要方略,就是运用社会运动充分发动群众打破旧秩序、建立新秩序、建构新认同。妇联在做实发展组织、建设妇联干部队伍、建章立制等基础性工作的基础上,遵循这一方略积极发动妇女参与土地改革、贯彻婚姻法、扫盲、推行新法接生等专题活动,在创建社会新秩序方面做出了重要贡献,有力地推动了男女平等,使妇女群众的政治经济社会地位发生了翻天覆地的变化。因此,专题活动因其取得显著成效而得到了妇联干部和妇女群众的广泛认可。

（二）以做好经常性工作助推工作常态化

改革开放后，妇联在参与社会治理过程中，由以社会运动为主转向以开展经常性工作为主，逐步建立了较为完善的经常性工作体制和机制。为克服专题活动时效短的弊端，妇联还逐步推动一些专题活动的常态化开展，并根据实际需要不断革新活动内容和形式。例如，妇联在每年国际妇女节开展的妇女维权周活动，妇联配合公安部门定期开展的打击拐卖妇女儿童活动，巾帼建功系列活动，旨在提升农村妇女发展能力的"双学双比"活动，"寻找最美家庭"活动，等等。这些活动在持续促进妇女全面发展和社会和谐方面发挥了重要作用。妇联以群团改革为契机，将做好基层妇联的经常性工作作为妇联全面深化改革的重心，开启了基层妇联工作常态化的新时代。

改革开放以来，妇联一直致力通过加强组织、干部队伍和各项规章制度的建设推进固本强基工程的实施，并聚合两种工作方略的优点推动了专题活动的常态化，在促进社会善治方面发挥了重要作用。因此，为有效应对妇联全面深化改革的各种挑战和压力、推进妇联各项工作的常做常新，妇联还应继续坚持做好经常性工作与开展专题活动相统一的工作方略。

四、不断提升妇联参与社会治理的社会协作水平

妇联参与社会治理的主要目标和作用是解决阻碍妇女发展的各种问题、促进妇女全面发展，进而促进社会发展进步。而妇女问题是社会性问题，单靠妇联的力量是不够的，需要社会各方力量的协同才能更好地解决。加之妇联组织属于群团组织，本身不具备执法权，需要借势借力才能更好地推动妇联参与社会治理各项方案的落实。因此，加强社会协作是妇联参与社会治理的客观需要。

（一）加强社会协作是妇联参与社会治理的优良传统

中华人民共和国成立初期至改革开放之前这一阶段，经过中国共产党持续的社会动员，人民群众逐步树立了集体主义观念，人民群众的社会协作

意识、协作能力也显著提升,加之妇女的阶层结构较为简单,妇女问题较为明确,妇女的组织化程度较高,妇联参与社会治理的社会协作也较为容易推进。这一阶段,妇联协同各民主妇女团体完成建立、巩固新政权的任务之后,各民主妇女团体逐渐退出了历史舞台,妇联的社会协作面收紧,主要与工会、共青团和政府部门协同推进妇女参与社会劳动、婚姻家庭、家务劳动集体化、妇幼卫生等问题的解决。

(二)顺势而为创新社会协作体制机制

随着改革开放的深入推进,中国的社会阶层结构发生了深刻变化,妇女问题也更为复杂,社会力量日益增强。这些都对妇联提升参与社会治理的社会协同能力提出了新要求。妇联顺势而为,进一步明确了协作各方的职责分工和协作关系,持续推动各种联合、联动体制机制的创新发展。第一,妇联加强与农业、科技、财政等政府部门和民主党派妇女组织、各种妇女联谊组织、社会经济组织等妇女社会组织的协作力度,为提升妇女的经济发展能力注入新活力。第二,持续革新与人大、政协、宣传、公安、司法、民政等部门的协作联动机制,积极吸纳巾帼志愿者、社会工作专业人才、社会服务组织的参与,增强对妇女各项合法权益的保障维护力度。第三,持续协同教育部门、文化部门、新闻媒体、公益组织等社会力量,提升妇女的综合素质,营造性别和谐的文化氛围。在新一轮的妇联改革中,妇联正在协同各方力量探索参与基层社会治理、为基层妇女群众提供更为便捷的综合性服务的新举措。

新时代,在中国社会力量尤其是民间力量的自主意识、自治能力进一步增强的新形势下,妇联无论是从社会发展的客观需求层面,还是从妇联组织的创新发展层面,都应该继承发扬加强社会协作的优良传统,不断创新社会联动机制,充分发挥妇联的枢纽、杠杆作用,使各方社会力量各尽其能,通力合作,在推动妇女全面发展和社会进步中实现共赢。

五、余　论

妇联参与社会治理的这些基本经验历经七十多年的实践锤炼,凝聚了数代妇联人和相关社会力量联系、团结、服务、教育妇女群众的心血和智慧，深化了对妇联与党政部门、社会组织、妇女群众等各方社会力量关系、妇联组织发展规律以及妇联参与社会治理规律的认识，是经正反两方面的社会治理实践反复证明了的基本历史逻辑。因此，新时代妇联参与社会治理的深化转型与妇联组织桥梁、纽带和社会支柱作用的充分发挥，仍需从以下四个方面推进。

第一，继续依靠党的全面领导和支持明确妇联参与社会治理的方向与战略，革新妇联的工作方式和活动载体，不断提高妇联组织引领、服务、联系妇女群众的能力和水平。同时党委和政府也要给予妇联足够的自主空间，鼓励妇联依法独立自主地开展工作，进一步激发妇联组织参与社会治理的活力。第二，继续在党和国家的工作大局中坚持以妇女群众为中心的工作导向，持续推进妇联干部的思想作风建设，根据社会结构变化逐步扩大妇联组织的代表性和广泛性，重视对妇情的收集、调研和分析、应对，借助经济社会发展提供的新契机、新技术不断拓宽引领、服务、联系妇女群众的渠道，充分尊重、调动基层妇女群众参与社会治理的积极性。第三，继续通过加强组织、干部队伍和各项规章制度的建设推进固本强基工程的实施，做好经常性工作，要在精细化治理上下功夫，推动专题活动的常态化，在此基础上持续推进妇联各项工作常做常新。第四，继承加强社会协作的优良传统，发扬社会协同理念和"功成不必在我，功成必定有我"的担当精神，不断创新社会联动机制，充分发挥妇联的枢纽、杠杆作用，使各方社会力量各尽其能，通力合作，在推动妇女全面发展和社会进步中实现共赢。

唯有如此，妇联才能在新时代的社会治理中不断推进组织创新发展，推动妇女群众与经济社会同步发展，保障妇女群众的各项合法权益，巩固妇联组织的群众基础和党的执政基础，增强妇联参与社会治理的社会效应，推进国家治理体系和治理能力的现代化，促进社会发展进步。

浙江省加快发展县基层妇女工作
调查与分析

——以浙江省A县J镇为例

王　皎*

摘　要:在浙江省高水平建成小康社会、高水平推进美丽浙江建设和农村现代化建设的进程中,发挥加快发展县基层妇联组织的功能与作用,充分发动广大基层妇女群众积极主动而又富有成效地投入这一历史进程中去,具有深远的现实意义与价值。调研组以浙江省A县J镇为例,对基层妇女工作开展和作用发挥进行实地调研,发现J镇妇联在关爱"三留守"人员、参与基层社会治理、乡村振兴等行动中有效动员了巾帼力量,发挥了积极作用。但同时,在妇女工作开展中也存在区域不平衡、妇联干部队伍建设亟待加强、服务联系妇女儿童需进一步紧密等问题。最后,针对调研发现的问题,该文为进一步探索加快发展县基层妇联组织服务基层、服务妇女群众提出了相应的建议。

关键词:加快发展县基层妇女工作;作用发挥;问题;对策

妇联组织作为党和政府联系妇女群众的桥梁和纽带,担负着引领服务联系妇女的重要使命,而基层妇联组织是妇联工作的根基,是妇女事业发展的基础力量。如何进一步深化基层妇联组织改革创新,不断增强基层妇联组织的吸引力、凝聚力和战斗力,成为做好新时代党的妇女群众工作的新课

---

* 王皎,浙江省妇女干部学校讲师,研究方向为妇女社会工作。

题。浙江省妇女工作的区域差异明显,发达县市与加快发展县在工作重点、工作方式方法以及工作保障机制等方面存在明显的差异。在浙江省高水平建成小康社会、高水平推进美丽浙江建设和农村现代化建设的进程中,发挥加快发展县基层妇联组织的功能与作用,充分发动广大基层妇女群众积极主动而又富有成效地投入这一历史进程中去,其现实意义与价值是深远的。基于此,调研组一行于2019年7月对浙江省具有代表性的A县J镇进行了实地调研。以座谈会、进村入户等形式开展调研活动,先后走访了J镇的12个村落、10多户困难农户和"三留守"(留守儿童、留守妇女、留守老人)人员家庭,总结基层妇女工作经验和做法,剖析现存的问题与短板,进一步探索加快发展县基层妇联组织服务基层、服务妇女群众的新思维、新方式、新路径。

一、J镇妇女工作开展的举措与成效

J镇共有人口13350人,辖54个行政村。J镇妇联坚持问题导向,以维护妇女合法权益、提高妇女整体素质为主线,坚持围绕中心与服务妇女相结合,充分发挥妇联的组织优势,积极开展品牌创建、精准关爱"三留守"人员、创新基层社会治理、大力开展乡村振兴巾帼行动等系列富有实效性的活动,为其他加快发展县的基层妇联组织提供了许多可供学习借鉴的鲜活经验。

(一)精准关爱"三留守"人员

A县是浙江省26个加快发展县之一,农村青壮年多外出打工,农村"三留守"人员较多。据统计,全县有留守儿童965名,留守妇女2867名,留守老人2万余名,约占全县常住户籍人口总数的14%。为了有针对性地关爱和帮扶"三留守"人员,J镇妇联认真落实县妇联提出的"六个一"精准关爱体系,即建立一支志愿者服务队伍,积极打造一批活动阵地,建设一个创业平台以提供精准脱贫的机会,旨在让每名留守妇女提升一项技能,充分发挥基层妇联组织的一大作用,建立健全一套有效的保障机制,认真开展精准关爱"三留守"人员服务活动,获得群众的普遍点赞与一致好评。

（二）积极参与基层社会治理

J镇妇联广泛动员、组织广大妇女群众投入基层社会治理工作,依托农村、社区、家庭阵地,从群众最需要的地方入手,参与基层矛盾纠纷化解。一是成立巾帼志愿者代办站。结合民情民访代办点建设,完成全镇4个社区32个行政村巾帼志愿者代办站建设,并将巾帼志愿者代办员联系牌上墙,带给群众实实在在的安全感、幸福感和获得感。二是充分发挥巾帼志愿者互助队的基层群众自治作用。按照"围绕中心助推工作,姐妹之间互帮互助"的工作要求,发挥巾帼力量,引领全镇妇女投身中心工作,开展扶贫帮困,参与基层综合治理。在农村矛盾纠纷特别是妇女纠纷调解工作和妇女儿童合法权益维护中,巾帼志愿者互助队的姐妹用心倾听,运用普法教育、经验分享等方式晓之以理、动之以情,以调解当事人双方的矛盾纠纷。2019年上半年,J镇的巾帼志愿者参与化解了19起矛盾纠纷,为促进家庭和睦、邻里和谐、乡风文明发挥了积极作用。

（三）全方位助力乡村振兴

围绕乡村振兴战略"产业兴旺、生态宜居、乡风文明、治理有效、生活富裕"的总要求,J镇妇联结合十美村和旅游A级村庄创建工作,组织各村妇联主席深入每家每户开展垃圾分类宣传引导,让妇女群众成为主力军,协助做好环境卫生清理、乱堆乱建整治、垃圾分类宣传等工作。截至2019年7月,共完成整洁庭院8568个、美丽庭院2716个、精品庭院244个,为"和美乡村"建设贡献了力量,打造了一道亮丽的风景。另外,镇妇联积极鼓励、助推农村妇女开办农家乐,从技能培训、组织考察学习等多方面为创业妇女提供支持帮扶。截至2019年7月,全镇共有巾帼民宿28家、农家乐246家。全镇村民的物质生活得到了极大的改善,精神生活也更加丰富,家庭更加和睦,乡风更加淳朴文明,妇女群众实实在在地成为乡村治理的最广泛参与者、最大受益者和最终评判者。

（四）因地制宜建立妇女之家

"妇女之家"是村、社区妇联开展妇女工作的重要阵地。推动"妇女之家""妇女微家"建设,是打造"坚强阵地"和"温暖之家"的重要举措,有利于发挥妇联组织枢纽性的作用。为进一步推进"妇女之家"建设更贴近妇女儿童的真实需求,更好地为广大妇女群众提供便利服务,J镇妇联深入部分村、社区,以访谈、问卷调查等方式进行需求摸底。如G村妇女强烈希望在购物过程中能有自己和孩子休憩的场所。因此,G村的"妇女之家"从需求出发、以服务入手,将"妇女之家"设立于农贸市场内,为妇女和儿童在休息之余提供了一个学习、交流和互动的场所,使"妇女之家"的宣传教育功能、维权服务功能以及组织活动功能得到更有效的发挥。另外,为关心企业女职工的工作和生活,丰富她们的精神文化生活,提高女职工整体素质,进一步促进企业健康发展,镇妇联还在具备条件的两家企业中建立"妇女之家",为其他企业做示范,提供了有益的借鉴。

二、加快发展县基层妇女工作中存在的问题

在J镇的妇联工作调研中发现,妇联改革在基层取得了显著成效,基层妇女群众在妇联组织的引领下发挥了积极性、主动性和创造性,尤其是一些具有借鉴意义的工作经验和做法值得推广。但同时,也发现了一些问题与短板,这些问题有的具有普遍性,有的具有特殊性,应在下一步深化基层妇联改革的工作中加以重视。

(一)妇女工作区域不平衡现象较为明显

一方面,受到地域性实际情况、党政一把手重视程度和妇联干部能力差异性的影响,各村在开展妇女工作中明显存在不平衡现象,活动组织开展的频率、形式、内容等方面都存在着较大的差距。调研中发现,经济发展比较好的村落一般都比较重视妇女工作,村里的党组织对村妇联主席及妇联组织也很支持,妇联干部积极性高、工作有活力。如调研组走访的R村,村支部书记是当地的能人,在整个村落内享有较好的声誉和威信,做事思路清晰,善于对外宣传、链接资源,示范带动作用很明显,他充分调动妇联资源,指导村妇联如何做好邻里关系、婚姻家庭纠纷调解等工作,在乡村治理中较

好地发挥了妇女作用。但在有些村落,村干部之间不团结,意见不统一,新农村建设推进缓慢,居住条件较差,部分村民对村干部心有不满,村妇联开展工作就比较难,组织的活动更是寥寥无几。另一方面,由于主要资源相对集中在中心村,一些自然村被合并后容易被忽视与边缘化,妇女小组也不健全,村妇联对自然村的关注度、影响力与工作有效性也随之弱化。在调研中发现,部分自然村的妇女群众甚至对于本村的妇联主席是谁、妇女小组是否有成立等情况一概不知,平时也没有参与过村妇联组织的相关活动,就更谈不上妇联组织对她们的关心与帮助了。其实,偏远山区自然村的妇女群众更需要妇联组织的关心,这些村设施陈旧、经济落后、人口稀少、"三留守"人员占比又高,迫切需要各级妇联组织对她们在身心健康、生活条件和家庭建设等多方面进行关心与帮扶。

(二)妇联干部队伍建设亟待加强

调研中发现,J镇的农村妇联干部平均年龄普遍偏大,缺少年轻力量;文化知识水平不高,整体素质不均衡;对于"会改联"后的妇女工作认识不到位、理解不深入;工作形式往往停留在表层,缺少新思路、新方法,难以适应新形势、解决新问题,不能很好地适应新时期妇女工作的需要。如被问到"会改联"后如何发挥基层妇联作用,大部分村妇联主席的回答是"搞卫生、捡垃圾"等,工作观念比较陈旧,服务妇女的手段也比较单一。在农村空心化比较严重的村落,如L村——中国古村落黄金屋保护地,70%的村民已经外迁,目前全村有六七十人,留守妇女将近一半,而且普遍老龄化,学历较低,在选拔妇联干部、开展妇女工作方面存在着极大的困难。还有些妇联主席的自我身份意识和认同感不强,谋划能力不足,对妇联工作缺乏整体思考,更缺乏工作的独立性和实效性,因此亟待对村级妇联干部进行系统性、针对性的教育培训。另外,村妇联主席兼职过多,如兼职计生员、宣传委员、会计、文书等,多者有七八个职务,再加上还要照顾好家庭事务,如此情景,村妇联主席能投入妇联工作的时间和精力就变得很少,这在很大程度上影响了妇联主席的正常履职。目前,A县的村妇联干部没有经济待遇,活动经费也难以保障,这对于家庭经济状况不好的妇联主席来说开展工作困难较大,她首先需要解决个人和家庭的生存问题,仅凭一腔热血投入妇联工作很难长久维持,需要建立长效的工作机制来解决这类问题。

(三)服务联系妇女儿童还不够紧密和到位

调研中发现,村里的部分妇女群众对村妇联干部的认知度不高。第一,村妇联干部引领服务联系广大妇女群众的制度还没有完全落到实处。有些村妇联主席没有把走访妇女群众作为自己的日常工作,没有真正做到用心用情去开展工作,对辖区内的妇女群众尤其是偏远的自然村的妇女群众情况不清楚,平时走访不多,联系办法简单,有的仅依靠微信群来开展服务联系工作,没有较好地将"键对键"与"面对面"的工作方法结合起来,忽视了"跑跑腿,磨磨嘴"的传统工作方法。长此以往,一些老年妇女因为文化程度较低,或者因为通信设备缺乏相应功能而成为群团服务的"边缘人"或工作盲区。第二,妇联组织活动的频率和效果在地域之间存在不平衡性。在民宿经济发展好的村落,为发展旅游经济,吸引游客,村妇联围绕中心开展活动较多,妇女参与活动的积极性也较高。而在经济发展一般的村落,妇女群众更多是忙于务工务农,为生计奔波,参与妇联组织活动的主动性、积极性不高,对妇联工作的理解和认识也不够深入。第三,村妇联关心帮扶困难对象的工作没有到位。J镇农村中留守妇女和儿童较多,其中困难儿童也占到了不小的比例。虽然村妇联主席对于这些困难家庭情况比较了解,但在关心帮扶的具体行动上,很多村妇联主席只能凭个人的爱心、热心和微薄的物质帮助,缺乏政策应用与资源链接的能力,作用发挥明显不足。

除以上问题之外,在调研中我们还发现,有的村落目前还存在着男女同工不同酬的现象。比如,参加上级组织的会议,男性干部的误工费要比女性干部的高;村里安排的集体劳动,男性劳务费也高于女性。

三、对基层妇女工作的思考与建议

基层妇联工作是妇联改革取得成功的关键和验证,更是贯彻落实习近平总书记对妇联工作提出的"三个关系到"的深化与践行。如何深入剖析存在的问题,积极有效地补齐现存的短板,需要我们不断加以反思并付诸实践。

（一）加强党建带妇建，持续深化改革

党建强则妇建强。妇联组织作为党领导下的群团组织，各项工作都是紧紧围绕中心、服务大局，只有各级党组织坚强领导和有力支持，妇联工作才能更好地开展。要持续加强深化改革的力度，积极探索"会改联"后基层妇联组织的规范运行模式，找准基层妇联参与党政中心工作的着力点，把履行中心工作职责与妇联基本职能更加紧密地结合起来。

（二）加强基层妇联干部队伍建设

基层妇联干部的素质直接影响到妇联工作开展的质量与成效。要从妇联工作者的工作需求和妇联组织的发展需要出发，制定系统化、针对性强的教育培训方案，运用理论结合实际的讲课方式，切实解决村级妇联"干什么""怎么干"的问题，传授适合妇联干部的工作经验，解答工作中遇到的具体问题，使培训真正达到教育培养的目的，产生实质性的效果。另外，还要注重从源头上优化妇女干部队伍结构，吸收更多有专业特长、有工作经验、有生活阅历和有时间精力的优秀妇女，投入妇联工作，提高妇女工作水平。

（三）加强引领服务联系妇女群众机制建设

推动基层不断完善联系妇女群众的长效机制，以巾帼志愿者互助队为骨干力量，全力打造"三留守"人员精准关爱模式，坚持眼睛向下，面向基层，从妇女群众的需求出发开展工作，重点摸准摸清农村"三留守"人员等需要重点关心帮助对象的基本情况并作归因分析，切实了解掌握妇女群众的所思所想所盼，把对困难妇女群众的帮扶落到实处；基层妇联要进一步发挥好妇联执委、妇女小组长、妇女代表联系妇女群众的作用，明确工作具体要求，织密妇联管理网格，畅通引领服务联系妇女群众的渠道，切实将"四必到四必访"做细做实，真心帮助她们解决实际困难和诉求，使妇女群众有事能想到妇联、能找到妇联、能及时得到妇联的帮助，让妇女儿童真正感受到妇联"娘家人"的温馨和关爱；同时，可以探索对基层妇联干部的工作评估与优化完善机制，不断提升基层妇联工作的质量和水平。

（四）加强"乡村振兴巾帼行动"中的作用发挥

在精准脱贫的关键阶段，基层妇联要以乡村振兴战略的实施为契机，针对区域发展不充分、不平衡现状，因地制宜、精准分析、积极作为。一方面，要利用妇女之家（妇女微家）、执委工作室、文化礼堂等活动阵地，大力开展农村妇女实用技能和素质培训，提升妇女群众参与乡村振兴的综合素质和应用能力；另一方面，要发挥先进典型的示范帮带作用，从技术、资金、管理等多方面着手，切实为困难妇女群众解决脱贫致富发展道路上的各种问题和障碍，从帮助一个人、带动一批人到致富一群人。

（五）创新性参与基层社会治理

面对我国当前基层社会治理形势的新变化，以及出现的新问题和新挑战，要以习近平新时代中国特色社会主义思想为指导，加强和创新基层社会治理。一要发挥"妇"的优势与作用；二要做好"联"字文章，进一步借势借力、综合施策，充分联动社会力量，激发基层妇联干部的工作活力，引领广大妇女群众共同参与基层治理工作，真正把妇联作为党和政府密切联系妇女群众的桥梁纽带作用转化为社会治理的强大效能，在健全自治、法治、德治相结合的城乡基层治理体系过程中发挥妇联组织和妇女群众的优势。

妇联提升家政员职业道德素养的路径研究*

——以浙江省"常山阿姨"为例

高　辉**

摘　要：当前家政服务业发展面临着家政员文化程度普遍偏低、职业道德素养参差不齐、尚未形成较为完备的职业道德规范等瓶颈。因家政员职业道德缺失而引发的雇佣矛盾甚至违法事件引起高度关注，提升家政员职业道德素养刻不容缓。该文以浙江省"常山阿姨"为例，探讨基层妇联在提升女性家政职业道德素养中的实践经验，并针对制约家政员职业道德提升的因素，提出提升家政员职业道德素养的策略。

关键词：妇联；家政员；职业道德素养；提升路径

一、问题的提出

随着我国人口老龄化的发展和"全面二孩"政策的贯彻落实，家政服务业面临着人民群众日益增长的美好家庭生活需要与不平衡不充分的家政发展之间的矛盾。家政行业的现状是：家政员入职门槛及文化程度普遍偏低、职业素养参差不齐、信任或诚信缺失现象屡见不鲜、尚未形成较为完备的职

---

*　本文系2018年浙江省妇女干部学校校级课题"基层妇联在女性家政人才培养中的作用和模式研究——以'常山阿姨'为例"（课题编号：201803）研究成果。

**　高辉，硕士，浙江省妇女干部学校讲师，研究方向为女性教育与家庭教育。

业道德规范。有的家政员需要在雇主家居住,工作环境具有高度私密性,雇主家人的生活习惯、财物甚至家庭隐私等都很容易"暴露"在家政员面前,常会出现因个别家政员职业道德缺失而引发的雇佣矛盾甚至是违法行为,严重影响家政员的职业形象。因此,在我国当前家政企业员工制度尚不健全的情况下,探讨如何提升家政员职业道德水平对家政员自身发展和家政服务行业健康发展、对雇主家庭幸福感获得甚至对整个社会的和谐稳定都具有举足轻重的作用。

当前,家政职业道德素养提升突出体现在健全和完善家政服务诚信体系建设上。2013年11月,习近平总书记在视察山东济南农民工综合服务大厅时指出:"家政服务要坚持诚信为本,提高职业化水平,做到与人方便、自己方便。"2019年6月,国务院办公厅颁布《关于促进家政服务业提质扩容的意见》(国办发〔2019〕30号),明确把提高家政从业人员素质、健全家政服务领域信用体系作为提质扩容的任务要求。全国妇联作为国务院发展家庭服务业促进就业部际联席会议成员单位,在积极贯彻落实推动家庭服务业发展中始终坚持诚信、强化诚信、弘扬诚信。当前女性在家政从业人员数量中远远超出男性,是家政从业人员主要力量。作为广大妇女的"娘家人",妇联组织在提升家政员职业道德素养中理应发挥不可或缺的作用。本文从妇联参与社会治理视角,以浙江省"常山阿姨"为例,探讨妇联在提升家政员职业道德素养中的作用发挥以及实践经验。

二、妇联提升女性家政员职业道德素养的实践探索

常山是浙江省衢州市偏远山区县,一直以来有农村赋闲劳动力外出务工做"保姆"的传统。2006年,常山被国家劳动和社会保障部评为第一批全国劳务输出工作示范县。2017年,为加快推进家政行业供给侧结构性改革,着眼全面实现小康目标,常山开展了以县委书记为"代言人"的"常山阿姨"家政服务品牌建设,聚焦家政农民职业素养培训和就业,设立浙江省首家专管保姆产业发展的县级事业单位——"常山阿姨"事业发展中心,制定了全国第一个地方保姆品牌认定标准,成立了浙江省第一个学院式培训基

地——"常山阿姨培训学院",积极引领浙江省家政行业转型升级。截至2019年底,常山县共开办166期"常山阿姨"技能培训班,培训8260人次,促进就业3816人次,带动妇女增收6亿元以上。2019年11月,在由国家发展和改革委员会、商务部主办的全国家政服务业提质扩容"领跑者"行动重点推进城市现场经验交流活动中,常山县成为全国家政服务业提质扩容"领跑者"行动唯一试点县。常山县妇联积极响应县委县政府号召,创新服务妇女工作载体,团结引领最广大、最普通的妇女参与创建以"放心阿姨"为核心竞争力的巾帼家政品牌,在巾帼家政职业道德建设上进行了卓有成效的探索。

(一)坚定家政职业理想,助力传统观念转变

尽管常山县有外出做保姆的传统,但是家政员"低人一等"的观念依然存在,外出做家政的妇女常常"隐身"于家政服务行业。常山县妇联发挥乡镇、村级妇联组织网优势,通过宣传栏、黑板报、微信群、QQ群等媒介,走家串户,深入困难家庭、留守妇女家庭和离异单身妇女家庭,宣传党和政府有关家政服务提质扩容的政策措施,使她们逐步认识到家政服务是国家正式批准的职业,家政员是受人尊重的"阿姨"。自2017年以来,全县有几万名农村妇女接受家政培训教育,大多数"阿姨"消除了顾虑,坚定了从事家政的职业理想信念。首批"常山阿姨"成为创业就业的"领头雁",有的回到村里,动员更多的赋闲妇女走出大山,到城市去从事家政服务行业;有的回乡投资家政创业,带动更多家乡妇女就业。如家政员蒋阿姨,在常山县是个家喻户晓的传奇人物,她在20世纪90年代独自一人跑到温州当保姆,一干就是24年,不仅改变了自己一家人的命运,而且陆续带动了近百名乡亲、亲朋好友进入家政行业。

(二)以"善文化"筑牢家政职业道德底线

在妇联组织的大力倡议和推动下,常山县将从事家政服务行业妇女统称为"阿姨"。"阿姨"是晚辈对长辈的一种尊称,饱含着家人的温情、人性的温暖和对职业的尊重,这有利于传承"善"的文化基因,有利于引导家政员和服务对象平等友善、和睦相处,提升了家政员的职业形象,也赢得了社会的尊重。

　　常山县妇联以乡村振兴巾帼行动为契机,以农村文化礼堂、妇女之家等为阵地,设立乡村两级"阿姨"服务站点,把推进"放心阿姨"创建作为推进乡风文明建设的抓手,把"心地善良""品行端正"作为入选"常山阿姨"的首要条件。积极开展守善向善、家风家训等教育培训,拓宽了"常山阿姨"学习教育空间。妇联持续推进"阿姨集中村""阿姨之乡"的创建,带动更多普通妇女群众从事家政业,放大了集聚效应。自2017年以来,"常山阿姨"数量剧增,规模不断扩大,善行善举不断涌现,在浙江大地上光芒四射。

(三)健全"五类档案",把好入职"放心"关

　　"会改联"后,基层妇联队伍力量不断壮大,为开展"常山阿姨"家政培训工作带来强劲动力。常山全县180个村级妇联按照"1+N"模式,每位执委结对1户以上的"常山阿姨"或者"常山阿姨"意向户。以家政员居住的村为起点,按照"一人一档、一村一账"的要求,建立"品行摸查、健康检查、家庭情况调查、违法犯罪行为联查"的行业准入审查体系,做实农村妇女信息调查,全面掌握底数,掌握她们的思想动态,规范"常山阿姨"在乡村两级的源头管理。在积极探索家政员的行业准入制度方面,常山县妇联大力协助相关职能部门健全"五类档案"制度,要求家政员参加职前培训必须出具五类档案,即家庭档案、品行档案、技能档案、健康档案、从业档案等。这一制度,既便于协助公安部门出具无犯罪记录,还便于联合相关职能部门在"阿姨"的家庭档案和个人品行调查等方面发挥重要作用,全方位多维度地把好入职的道德品质关,较好地解决了长期以来雇主对家政员的信任难题。

(四)完善家政职业道德课程体系,讲好"阿姨"故事

　　针对社会对家政行业存在污名化、标签化等刻板印象以及家政员入职年龄偏大、文化程度偏低、基本职业道德知识欠缺等现状,常山县妇联找准服务定位、明确工作任务,从家政职业道德课程设置入手,完善家政职业道德课程体系。在县妇联的建议和积极推动下,常山县《2018年常山阿姨职业技能规范化培训实施办法(试行)》强化了职业道德课程培训内容,增加了孝老体验课、诚信课程和代表常山元素的特色课程。还编制《常山阿姨应知应会》,分品德篇、技能篇、礼仪篇、评审篇、政策篇等五个篇章,收纳常山本地

以及中国历史上弘扬传统美德的好故事30个,把传统文化融入常山阿姨的培训当中,收到良好效果。如一位胡姓阿姨在整理雇主家准备丢弃的旧衣服时,发现一件旧袄里有20000元现金,马上将钱如数交到雇主手中。县妇联组织基层妇联干部向雇主或者用人单位收集类似事迹进行宣讲,挖掘好、讲好最美常山家政员故事,并把那些"守善向善"的故事穿插于家政员培训的始终。

(五)健全评价考核激励机制,强化职业道德素养提升

把完善职业道德评价体系建设贯穿于"常山阿姨"品牌创建始终。对照市场需求和工作实际,常山县妇联在"常山阿姨"资格证书认证环节的五项流程中创建三个与职业道德有关的标准化评价:家政员要具有良好的家庭美德,遵章守法、与人为善、尊老爱幼、家庭和睦、邻里和谐、品行端庄;要具有良好的职业精神,尊重雇主、不传谣、严守隐私、实施回避、自爱自律;要具有良好的专业素养,安心本职、不乱攀比、以身作则。开辟"常山阿姨"客户回访渠道,围绕"安心、称心、贴心"细化客户评价等级标准,做好每一个客户的反馈信息记录,采取数据量化的方法,为常山阿姨等级评定提供可靠依据。

三、制约家政员职业道德提升的因素

(一)家政员职业认同感偏低、职业定位存在偏差

当前,家政员主要来自农村赋闲妇女和家庭困难妇女,对家政职业的认同感低,职业定位存在偏差。李芳认为,家政职业道德认同感偏低主要归结于当前家政员较低的文化知识技能和职业理想、诚信意识、敬业精神等缺失,这是制约家政员职业道德素养提升的内因。[2]在实践调查中也发现,当前大部分家政员把自身职业定位为"保姆",仍然认为自己干的是"低人一等的工作",把"赚钱养家"视为从事家政工作的最主要动机。至于职业理想或者目标,不少家政服务员的态度是"无目标,干一天算一天""有活就干,没活就回老家""手头不紧张的时候还是情愿回农村,在自己家待着自在"。

（二）家政职业道德教育培训滞后

首先，家政职业道德培训的意识偏低。董建、肖强等认为，家政员职业道德培训的时间短，普遍存在重职业技能培训轻职业道德培训、重职前培训轻职中培训等现象。[3]其次，家政职业道德培训课程内容单一、陈旧，缺乏针对性。2018年12月国家人力资源社会保障部教材办公室组织编写的《家政服务员职业道德读本》规定了家政服务员职业道德规范的敬业、诚信、守纪、服务、修养等五方面内容，但在实际培训中很少采用。最后，教学方法单一。培训学校教师习惯用照本宣科或"填鸭式"的讲授方式，有的为应付培训考试采取"划重点"的方法，有的甚至以学员自学为主，深受学员喜欢的、通俗易懂的情景教学或现身说法的案例教学等教学方式不多，导致家政员在具体情境中无法做出正确的行为抉择。

（三）职业道德规范缺失，监管不到位

家政服务员自成为一项正式职业以来，尚未有国家相关部门制定一套适用于该行业的职业道德规范。规范的缺失导致家政员在工作过程中无章可依，一些失德行为也无法通过相关准则来进行处分或惩罚。随着家政服务业的快速发展，越来越多的问题和矛盾也显现出来，主要表现在行业监管机制不健全、信用体系建设缺失、行业专业化水平低、社会保障水平低、员工制企业发展受阻等。家政员信用平台作为连接家政企业与用人单位（或雇主）的桥梁，存在信息管理失范方面的诸多问题：如缺乏规范化建设与管理，有的平台功能和内容比较单一，不能推陈出新，有一些地方的平台疏于管理，成为摆设，无法真正落地运用；家政员信用信息的分类与内容缺乏统一标准，有的平台上人员信息采集不全，部分信息空置；部分家政服务人员隐瞒真实信息，不按合同约定提供服务，甚至发生偷盗雇主钱财、伤害老幼病残等负面恶性事件。因此，规范家政员职业道德，加强家政员信用信息监督管理刻不容缓。

四、提升家政员职业道德素养的策略

(一)加强自我修养,注重职业道德价值观引领

家政职业与其他行业一样,有着鲜明的职业道德和价值特质。家政员良好的职业道德养成需要家政员长期自觉努力,提高自我修养,在道德行为上自重、自省、自警、自励,以自我反省、自我评价、自我检点来净化人格心灵,培养良好的职业道德品质。家政员实现职业道德自律,就是要通过自我教育、学习、修养来实现对自己的管理、约束和监督,这是源于家政员本人自觉自愿的意识和行动,是一种高层次的道德内化。

提升家政员自觉自律意识,妇联需要在家政职业道德价值观的引领上下功夫。要引领家政员认识到家政职业既要具备文明礼貌、助人为乐、遵纪守法等社会公德,又要具备爱岗敬业、诚实守信、素质修养等职业道德。家政职业道德规范和准则只有被家政员自身真正认同、接受和内化,才能转化为自觉的行动,才能对其行为产生持久的约束力。

(二)加强家政员职业道德教育培训

家政职业道德建设还需要依靠教育培训手段,通过形式多样、持之以恒的职业道德教育,使家政员受到职业道德规范的启发和感化,从而提高职业道德修养。进行职业道德培训教育的过程,就是职业道德升华的过程,也是提升和增进职业道德认知、职业道德情感、意志和信念的过程。家政职业道德教育最终目的就在于使家政员对职业道德准则形成明确、具体、深刻的认识,养成良好的职业道德行为规范,自觉地规范言行。

当前构成家政员的主流群体为农村妇女,提高农村妇女家政职业道德水平需要加强教育培训。因此,妇联应充分发挥巾帼家政培训示范基地、家政服务机构和妇女干部培训院校等阵地作用,也可以通过"送课下乡"在农村进行广泛的家政职业道德知识宣讲。要把诚信教育作为家政培训的重要内容,积极弘扬社会主义核心价值观,引导家政员争做讲诚信、守规则、有爱心、甘奉献的家政人。

（三）加强舆论引导和监督

针对个别家政员的负面报道、家政职业认同感低等现象，家政行业要形成良好的职业道德风气，建立有效的职业道德舆论调控机制，充分发挥传播媒介和公众舆论的引导和监督作用，使道德评价成为扬善除恶的重要手段，为家政服务职业道德建设创造良好的道德氛围和人文环境。

妇联组织作为党联系妇女群众的桥梁纽带，在服务基层、联系家庭、贴近妇女方面具有特殊的优势。妇联需要加强舆论引导，织密基层妇联组织网络，真正做到"哪里有妇女，哪里就有妇女组织"。发挥"联"的优势，与商务部家政业务平台有效对接，加强家政服务人员信用平台的规范化建设与管理，与全国家政信用信息平台共享；还可以通过搭建平台，制定诚信服务标准，对家政服务人员进行监管，促进家政服务人员规范自己的行为；创新开展"互联网＋妇联＋家政服务"工作模式，把家政职业道德评价体系融入全国妇联构建的"互联网＋妇联"工作新格局，注重网上客户满意度评价、家政员级别晋升，制定切实可行的家政服务员职业道德规范。

（四）加强制度化、法规化建设

家政职业道德建设离不开法律政策和规章制度的支持，加强制度建设，健全职业道德预警机制。建设品德高尚、业务素质优良、行业作风正派的家政员队伍，需要进一步加强入职、培训、奖惩等方面的规章制度建设，将职业道德列为岗位考评的内容之一。国务院办公厅《关于促进家政服务业提质扩容的意见》明确提出要"加强平台建设，健全家政服务领域信用体系"，要"建立家政服务信用信息平台系统、优化家政服务信用信息服务、加大守信联合激励和失信联合惩戒力度"。由于家政员工作场景的特殊性，妇联可以借鉴"常山阿姨"的"五项档案"制度，把好家政员培训入职关；借鉴广州"家政安心服务证"、山东"诚信家政'一卡通'"、昆明"家政从业人员诚信卡"、上海"家政上门服务证"等制度，建立从业人员诚信档案和用户文明用工档案，制定激励和惩戒并重的有效机制，探索建立家政服务人员"红黑榜"制度，助力家政企业建立企业诚信制度。

五、结 语

发展家政业是党中央交给妇联组织的一项重要任务,是解决人民群众烦心事、操心事的迫切需要,是深化供给侧结构性改革、促进精准脱贫的内在要求。常山县妇联在提升"常山阿姨"职业道德素养中积累了很多宝贵的经验,给予我们很多借鉴和启发。家政员职业道德素养提升是一项全面工程,不可能一蹴而就。因此,妇联要找准定位、明确任务,发挥妇联组织优势,在提升家政员诚信水平上下功夫,积极开展对家政员的职业道德和诚信教育培训,推进家政服务业信用体系建设;要主动作为,加强舆论引导和监督,加强制度化、法规化建设;要配合有关职能部门在更高起点和标准上促进巾帼家政服务提质扩容、高质量发展,进一步推动"家家幸福安康工程"建设,满足人民群众日益增长的美好生活需要。

参考文献

[1]常山县成为家政服务业提质扩容"领跑者"行动试点县[EB/OL].(2019-11-27)[2020-10-02].https://zj.zjol.com.cn/red_boat.html? id=100501304.

[2]李芳.家政服务人员职业道德现状及对策研究:基于广州天河区部分家庭、社区及家政公司的调查研究[J].湖北函授大学学报,2015,28(1).

[3]董健,肖强.家庭服务人员职业道德教育现状及其探究[J].家庭服务,2017(7).

基层社会治理的舟山经验

——以舟山"东海渔嫂"为例*

舟山市妇联　舟山市妇女研究会

摘　要：党的十九届四中全会提出的"构建基层社会治理新格局"，为加强和创新基层社会治理提供了科学指引。"东海渔嫂"是舟山新区女性参与社会治理的创新品牌。它凝聚了"渔嫂"群众自治力量，丰富了"渔嫂"品牌的精神内涵，探索了新时代"海上枫桥经验"，创新了基层妇女组织服务基层社会治理格局，为全省组织动员依靠群众建设平安浙江提供了宝贵的舟山经验。

关键词：东海渔嫂；海上枫桥经验；品牌建设

浙江省舟山市是我国著名的群岛城市，也是首个以海洋经济为主题的国家级新区。舟山经历了一个从以渔为主单一产业到港景渔百业振兴，从军事战略要地到对外开放前沿，从海岛时代到大桥时代、新区时代、自由贸易试验区时代的过程。"东海渔嫂"发自民间，一开始仅作为渔民家属的代名词，从最初活跃在渔村、渔区参与社会治理，再到立足于舟山新区和"四个舟山"建设的多领域，发挥了不可替代的独特作用。如今，"东海渔嫂"已经成为来自基层渔区实践并有效整合社会各方巾帼力量参与新区、自贸区和"四个舟山"建设的群体的统称。"东海渔嫂"参与渔区社会治理，作为"海上枫桥

---

*　本文系浙江省妇女研究会2019年课题"彰显东海渔嫂巾帼作为，创新基层社会治理格局"（项目编号：201911）研究成果。

经验"的重要元素,是舟山新区群众基础的重要组成部分。随着实践的发展,"东海渔嫂"的精神内涵日益丰富。舟山市委在市委七届六次全会报告中提出要加强平安舟山建设,打响"东海渔嫂"品牌,发展新时代"海上枫桥经验",把舟山建设成最安全城市,进一步丰富"东海渔嫂"的精神内涵,不断扩大外延,充分发挥"东海渔嫂"在新区建设、自贸区建设中的积极作用,将它打造成在全国有影响的品牌。"东海渔嫂"不仅有效整合了社会各方力量参与社会治理的成功经验,也创新了基层妇女组织服务基层社会治理的格局。

一、"东海渔嫂"品牌的精神内涵

（一）艰苦奋斗勤创业

舟山特殊的地理环境,造就了海岛人吃苦耐劳、重义轻利、扶危济贫的优秀品性。二十世纪五六十年代,"东海渔嫂"的历史作为体现在组织妇女、发展生产、建设家园上。渔嫂们支持丈夫兴业捕捞,守护家园做好后勤保障的同时,还自力更生发展生产。蚂蚁岛妇女"自力更生、艰苦创业、敢啃骨头、勇争第一"的创业精神,就是"东海渔嫂"精神中浓墨重彩的一笔。艰苦的生产方式,铸就了海岛人无所畏惧、顽强拼搏的品格,从织网、补网、剖鲞的后方服务,到造船、改土、出高产的艰苦创业;从自力更生、白手起家、建设家园,到顾全大局、参与治理、保护家园。如今,"东海渔嫂"正伴随着从传统渔业经济到新型休闲经济,从一、二、三产业整合到"千万工程",从美丽海岛建设到乡村振兴战略的升级,已经从渔村、渔业走向城乡各地、各行各业,在平安城市建设中探索着"海上枫桥经验"的舟山实践。

（二）大爱坚守护家园

为了家园的平安和谐,渔嫂们以助力平安渔区建设为着力点,自发组建自治组织,从最初的渔民老大家属促进会、联谊会,到遍布全市渔区各具特色的渔嫂协会。岱山县的渔嫂协会＋联盟,构建了县—乡镇—社区（村）三级框架完整的渔嫂联盟中心。全市渔嫂自行组织队伍20余支,渔嫂志愿者约1000人。她们根据各渔区实际情况,与中心工作紧密结合,通过渔嫂禁毒队、环境整治队、文艺宣传队、维稳队等自组织形式,依托渔嫂志愿者,凝聚渔嫂的向心力,助力平安渔区建设。为了家园的平安和谐,渔嫂们邻里守望助困帮扶、扶贫帮困队、睦邻守望队、和事佬队等自组织上门走访困难家庭,体察渔嫂疾苦,调节邻里纠纷,解决家庭矛盾,等等。为延伸平安触角,推进渔嫂关爱工程,岱山成立全市首个渔嫂互助基金——田涂渔嫂基金,用于渔区安老、扶幼、助困、帮学等。为了家园的平安和谐,渔嫂们把"家和万事兴"牢记心头,助力幸福家庭建设,争创最美家庭,争做最美渔嫂,深耕家庭文化涵养文明素养、建设美丽家园,以独特作用唱响文明风尚主旋律。

(三)自强不息敢为先

由黄沙、里陈、南洞3个村组成的新建社区,地处舟山本岛大山深处的一个小山谷,昔日是落后的深山冷岙,如今已建设成为社会主义新渔农村的样板社区。舟山有着一群纯朴的渔嫂女画家,她们用原始而简朴的笔调,把"东海渔嫂"美好的愿望以及真挚的情感,通过一幅幅奇趣构思的斑斓图画表现出来。其中,有的作品参加全国省市展览,有的作品远赴美国、澳大利亚、法国、德国、英国、西班牙等国展出或被收藏,有的作品成功走向市场,成为对外交流的友好使者。除了渔民画,海岛渔嫂还在传统的基础上将她们掌握的传统技艺,如海盐制作、鱼鲞制作、海鲜烹饪以及渔绳结、沙雕画、贝壳工艺、手工编织,精心打磨、摇身一变成为伴随旅游业一同发展的极具海洋特色的精美旅游产品。聪慧手巧的"东海渔嫂"以张扬的创新意识和柔美的创意风格,体现着自己"敢为先"的品格。

(四)勇立潮头争优强

在建设"四个舟山"、打好"五大会战"中,"东海渔嫂"是一支不可或缺的巾帼铁军。舟山市各级巾帼文明岗在"最多跑一次"改革中实现了全覆盖。紧扣乡村振兴实施战略,"东海渔嫂"在全城旅游、渔农家乐、农旅融合、精品民宿、农村电商、休闲养老等领域独领风骚。以服务最安全城市为核心,一支支作用各异的"东海渔嫂"自组织队伍,正将参与社会治理的独特功能拓展到新区发展的不同领域、不同行业、不同岗位。一支支"东海渔嫂"志愿者队伍,正深入关爱困境人群、平安宣讲、纠纷调节、助老养老等领域,提升服务,彰显风采。在以全国文明城市创建为重点的"百千万家庭创建行动"中,"东海渔嫂"正以礼孝、书香、清廉、绿色、健康等为内容创评"最美家庭"和文明家庭、平安家庭,构建相亲相爱的家庭关系,培养爱国爱家的家国情怀,成为打造幸福舟山最美家园的主角。

二、"东海渔嫂"品牌创建的主要做法与成效

(一)科学认知,唱响"东海渔嫂"品牌

1. 形成独具海味的四步工作法

即"编网、穿梭、把舵、锚定"四步工作法。"编网",即编织网格,以从事生产作业和各自生活区域所辖村为单位编组,分成网格单元,打通陆上与海上的双向联络通道;"穿梭",即"东海渔嫂"通过网格基层走访,及时了解渔村群众的需求与愿望,零距离倾听群众心声,掌握第一手信息;"把舵",即发挥"红渔嫂"的引领作用,把牢政治方向,及时发现问题并纠偏扶正,引领妇女群众听党话、跟党走;"锚定",即立足重点和难点,开展有针对性的调节和服务工作,维护渔村家庭和社会稳定和谐,助力打造最安全城市。此四步工作法已逐步运用于群众工作各领域。

2. 形成"主动对接"的齐声合唱

"东海渔嫂"品牌的唱响,绝不是妇联一家的独唱,必定是全市各级各部门的齐声合唱。通过主动对接,根据各部门职能特点将"东海渔嫂"进行高度融入,并给出了务实举措。如舟山市委市政府政研室已将"唱响东海渔嫂品牌·服务四个舟山建设"作为2019年度市级重要立项课题并安排项目经费;市公安局将市警校作为"东海渔嫂"业务培训中心,并设置治安矛盾纠纷化解、禁毒、反家暴、防诈骗等培训课程,把"东海渔嫂"工作融入打造治安最好城市的工作部署中;市商务局安排10万元资金用于和市妇联共同举办"东海渔嫂"电商培训,首期培训50名渔嫂参加;市海洋与渔业局继续开展"东海渔嫂"项目化购买服务工作,20万元用于向重点渔区渔嫂队伍购买平安渔区建设服务;市农业农村局在乡村振兴和美丽乡村行中展示"东海渔嫂"品牌;

市文化和广电与旅游体育局在舟山全域旅游中凸显"东海渔嫂"的主角地位,并为"东海渔嫂"品牌工作提供文化艺术指导;浙江普陀山发展集团公司与市妇联达成"东海渔嫂"徽标及商标的公益性与商业化合作意向。认识到位,举措务实,"东海渔嫂"品牌的齐声合唱局面正在形成。

3. 学会借力,整合资源

借用一切可借用的平台,利用一切可利用的资源,关注一切为唱响品牌而服务的社会力量,及时整合社会资源和创新工作方法。例如,2019年市妇联服务妇女儿童家庭的13个公益项目中有7个项目打出了"东海渔嫂"品牌;为实现"东海渔嫂"好家庭好家风与诚信建设有机结合,市妇联与建行舟山分行签署了全面合作协议,向全国、省、市、县级文明家庭、最美家庭推出了"好家庭信用贷"服务项目,建行与妇联共同发行"好家庭"联名卡,并冠名"东海渔嫂"特色品牌,向先进家庭定向发行;借助"两岸一家亲——2019年浙台邻里节"舟山专场活动平台,在舟台两地好家庭共话家常中,进一步展示了"东海渔嫂"在家庭建设中的独特作用。

(二)突出重点,打造"东海渔嫂"品牌旗舰

1. 以"蓝海红帆"引领"东海渔嫂"四培育工作

一是培育"东海渔嫂"带头人,建立"东海渔嫂"红领人才库。全市确立50名"东海渔嫂"年代人物,使之成为社会治理、家庭建设、岗位建功、创新创业等领域的品牌形象和精神引领。从舟山市基层组织换届后的几组数字来看,全市380个村(社区)党组织成员1505名,其中女性成员比例为37.60%;社区居民委员会中,女性成员高达83.60%,特别是在村"两委"正职选举中,女性担任正职的共212人,其中村书记30人,村主任33人,社区书记76人,社区主任73人,其中书记、主任占比居全省之首。进一步培育渔农村(社区)和城市社区中的女支书、女主任、女委员,可以使唱响品牌与各地基层党建特色工作紧密融合,从而推动"东海渔嫂"的"红领行动"。

二是培育"东海渔嫂""微"家。以问题、需要和目标为导向,打通密切联系"东海渔嫂"的"最后一米"。建好系列"微"家,即党建学习微家、网络睦邻微家、平安守望微家、公益服务微家、创业指导微家等。通过建设"微"家凝聚更多的"东海渔嫂"。目前,舟山市有各类不同功能微家197家,其中,党建

学习微家38家,网络睦邻微家74家,平安守望微家26家,公益服务微家27家,创业指导微家12家,其他微家20家。2019年,在微家建设中强化典型示范效应,培育选树不同领域、不同层面的"五有"示范微家,即有阵地、有主人、有机制、有活动、有展示的微家20家。

三是培育"东海渔嫂"队伍。以"东海渔嫂"为带头人的1056支女性社会组织,以志愿与公益服务为基础,发挥着独特的社会功能。在新区、自贸区和"四个舟山"的建设中,东海渔嫂的队伍在扩大,领域在拓展。以立足于助力最安全城市为核心,在参与社会治理、建设美丽家庭、推动创业创新、投身重点攻坚任务、创建文明城市等全方位多领域中培育东海渔嫂队伍,展示新时代巾帼形象。

四是培育"东海渔嫂"载体。以党建带妇建、区域化共建理念,设计具有鲜明舟山特色、新区特点和渔嫂特征的"东海渔嫂"党建精品,形成组织共建、队伍共用、资源共享的格局。在妇女自组织(枢纽)工作室设立"蓝海红帆"党建加油中心,通过选派党建指导员、党建联络员和党建宣传员"三员"覆盖模式,加强对女性社会组织的党建引领;充分发挥10个已建立党组织的女性社会组织自身优势,帮助引领未建立党组织的女性社会组织负责人提升党建意识;坚持党建带妇建,探索促进女性社会组织中"党组织和妇女组织"两组织建设。

2. 以"最安全城市"为核心,抓"东海渔嫂"五平台建设

一是完善网格化平台。建立微群议事平台,倾听社情民意诉求表达,收集群众需求反馈,化解矛盾纠纷;将"东海渔嫂"进一步融入网格化管理和组团式服务,建议政法系统完善优化"网格化"体系,将"东海渔嫂"作为兼职网格员编入网格,确保每个网格中都有1组东海渔嫂网格员,夯实"海上枫桥经验"基础,推进渔嫂与海上网格架接的体系建设。

二是优化志愿者平台。全市共有各级各类巾帼志愿服务队1000多支、巾帼志愿者3万人左右,服务内容包括文化宣传、科技推广、心理咨询、普法维权、社会救助、医疗健康、就业指导、教育关爱、生态建设、扶老助残等多个类别。下一步将全市巾帼志愿者统一称作"东海渔嫂"志愿者,并统一着装。鼓励组建更多关爱困境类、平安宣传类、纠纷调解类、助老养老类、专业服务类、创城先锋类等"东海渔嫂"队伍,注册登记到全市志愿者管理系统,引导

巾帼志愿服务项目化、品牌化。

三是搭建宣讲员平台。通过"东海渔嫂百千万大宣讲"活动,培养一批"东海渔嫂"宣讲骨干,把本地大专院校的一些专家学者、党校和理论部门的教师、人大代表、政协委员以及妇联的执委、党委政府有关部门的专业工作者、基层渔农村(社区)的妇女干部、各类巾帼标兵、劳模等,都纳入"东海渔嫂宣讲员"宣讲平台。借用文化礼堂、微课堂等形式,宣传党的大政方针、市委市政府的决策部署、新区改革开放的大事要事,为新区发展营造积极、正向、清朗的社会舆论环境。

四是建立专业培训平台。整合各部门资源,为"东海渔嫂"提供线上线下学习培训平台,通过常态化的培训学习,"东海渔嫂"不仅熟知新区发展的重大决策部署,而且掌握渔业安全、禁毒、反邪教、消防、急救、纠纷调解、反电信诈骗、打黑除恶等平安舟山建设必备的相关知识。舟山首家"东海渔嫂"教育基地已在蚂蚁岛设立,各县(区)或乡镇正在整合资源建立"东海渔嫂"实训基地,并根据实际因村施教,将培训课堂延伸到船头、码头、街头和村头。

五是搭建公益项目平台。实施"东海渔嫂"公益服务项目,念好"新""实""准"三字经。形式求"新",围绕婚姻家庭服务、家庭文化建设、关爱儿童成长、敬老为老服务、渔区平安建设等,着力实现公益项目的更广覆盖;内容求"实",坚持以问题和需求为导向,充分考虑服务对象的多元需求,着力推动基层需求的更紧对接;服务求"准",为进一步提升公益服务项目的质效,增强服务对象的获得感和幸福感,使服务群众的项目更为精准,制定"送课清单",着力实现个性服务。目前共有20个项目落地实施,项目经费48万多元,惠及被服务人员2万余人次。

3. 以"创城"为重点,深耕"东海渔嫂"最美家庭

深耕美好家园,将建好美丽庭院延伸到美丽小区、美丽田园、美丽乡村、美丽舟山建设;将文明家庭创建,从渔农村向城市社区扩面,特别是在建立兼合式党支部的小区,要加大力度,以礼孝、书香、清廉、绿色、健康等为内容推动"最美家庭"和文明家庭创评;将"东海渔嫂"家庭成长课堂作为促进家庭成长,提升家庭幸福指数,最终打造幸福舟山美丽家园的重要载体;举办舟山首届"东海渔嫂"家庭文化节暨"辉煌七十年·家庭文化展"活动,开展

"东海渔嫂"家风传承、寻访好家庭、宣讲最美家风故事和征集传承家风音频故事活动；开展"东海渔嫂"家庭成长、优家教基层行公益送课活动，搭建"家家阅读"参与、互动、交流平台，举办专家谈家庭成长论坛；开展"东海渔嫂"美丽家园、品质生活系列特色活动，运用微拍记录美丽庭院，运用抖音记录垃圾分类，运用厨艺 App 记录健康美食，运用彩虹卡记录创城一家人。这些活动既展现了家庭文化建设的成果，又产生了具有舟山特色的"东海渔嫂"家庭建设的品牌效应。

4. 以"建功立业"为抓手，激发"东海渔嫂"创业兴业热情

一是扶持"东海渔嫂"在电商产业的发展。近年来，随着电商产业的不断兴起，一批"东海渔嫂"依托电商平台从事"渔家乐（客栈、民宿）"、海鲜销售、"她创"产品销售等以舟山本地特色产品为主的创业活动。据统计，在电商行业从业的"东海渔嫂"占比高达80%。电商不仅是很好的营销渠道，也是建立品牌的平台。为了扶持"东海渔嫂"在电商产业的发展，最终使"东海渔嫂"电商特色品牌走出舟山、走向世界，2019年4月，市妇联与市商务局共同启动了"东海渔嫂"电商培训提升项目。同时，每月还会推送3次实战线上培训，邀请相关领域专家全天候在线辅导。通过线上线下全方位指导，力求大大提升"东海渔嫂"电商实操能力，突破"东海渔嫂"电商创业瓶颈，为打造"东海渔嫂"电商品牌提供技能保障。

二是扶持"东海渔嫂"在全域旅游业的发展。舟山市经营渔农家乐和民宿的"东海渔嫂"，以及在美丽乡村和景区从事讲解、导游的"东海渔嫂"，分别超过了该领域业主的70%。尤其在民宿方面，随着乡村振兴战略的实施和农旅融合，以及舟山群岛全域旅游的进一步拓展，"东海渔嫂"作为民宿的创业者和经营者已呈风生水起之势。她们通过小小的民宿平台，让舟山味道、舟山魅力、舟山风尚和舟山精神传播四方，她们影响并带领着广大妇女成为乡村振兴战略实施中当仁不让的主角，成为"四个舟山"建设中的中坚力量。为进一步贯彻市委提出的"推动我市乡村振兴走在全国前列"的指示精神，扶持"东海渔嫂"在全域旅游业的发展，在培育精品民宿、品质导游、特色旅游产品等方面加大力度，以"东海渔嫂"为品牌进行统一形象设计，统一服务标准，分类别组织技能比武，以提升舟山全域旅游业整体水平。

三是扶持"东海渔嫂"在全领域的岗位建功。通过各级各类先进评选与

表彰,即"三八红旗手(集体)""巾帼建功标兵""巾帼文明岗""文明家庭""最美家庭""巾帼年度人物""最美东海渔嫂"等,充分发挥各级人大、政协和妇代会中的女代表、女委员,各级党委政府中的女领导干部,渔农村(社区)中的女书记、女主任和女委员的"红领示范"作用,带领舟山"东海渔嫂"在新区、自贸区和"四个舟山"建设中建功立业。

三、"东海渔嫂"品牌创建的经验与启示

(一)"东海渔嫂"是探索"海上枫桥经验"的实践者

1. "渔嫂+安全"彰显基层治理"半边天"作为

一是发挥宣传功能,助力渔区平安生产。渔嫂从最初的"吹好渔业生产安全枕(耳)边风",到在台风天气、禁渔期等特殊时间节点进渔村、上码头、登船头、入家庭,向渔船老大和渔民宣传渔业生产安全知识,督促船员依法依规出海作业;从认真参加安全教育培训,增长渔船安全管理相关知识,到自创接地气的渔业安全生产文艺节目进行巡演宣传;从随同社区民警在码头附近及各个村岙口开展常态化巡逻,到建渔嫂渔哥微信群,搭建渔业安全生产沟通交流信息平台。"东海渔嫂"在助力深化平安渔区建设中展现作为。

二是开展禁毒反赌宣传,净化渔区社会风气。在公安部门指导下,渔嫂组建禁毒宣传队开展禁毒宣传,她们发放宣传资料,深入校园和社区开展禁毒宣传,还结队帮扶戒毒人员。为了提高宣传效果,渔嫂们赴舟山市戒毒所接受现场教学,通过观看宣传画报、认识仿真毒品、与戒毒人员一对一座谈交流,进一步提升了禁毒工作的使命感。2018年6月,岱山县人民检察院牵头成立了全国首家渔区禁毒联盟,并将渔嫂纳入禁毒联盟,这不仅壮大了渔嫂禁毒宣传队伍,还有效筑牢了家庭禁毒防线。同时,渔嫂们利用伏休期和节日,开展海洋生态及休渔政策、反赌、反邪教、防火防盗、反诈骗等宣传。为净化渔区社会风气,渔嫂们彰显了基层治理新作为。

2. "渔嫂+文明"展现传统美德新风尚

男人出海,女人守家。后方稳定,前方就少了牵挂,平安生产作业就又增加了一份保障。这种特殊的渔区家庭结构,以渔嫂为中心的家庭治理,渔

嫂们处在能"拿主意"的中心位置,发挥着黏合剂的作用。她们肩负着妻子、母亲、女儿等多重角色,竭尽全力承担起了教育子女、赡养父母等责任和义务,她们以其特有的情感细腻,无微不至地关心家庭每一个成员的生活起居乃至微小情绪变化,及时调节可能出现的家庭矛盾。她们养育儿女、操持家务、安排生活、与亲友往来,坚守着"家和万事兴"的信念,同时凸显了家庭与社会、家庭与时代进步紧密融合的理念。

3. "渔嫂＋自治",组织覆盖凝聚"她"力量

"东海渔嫂"组织队伍,从最初的渔民老大家属促进会,发展到遍布渔区的渔嫂协会、三级渔嫂联盟;从只有渔民老大家属参与的女性组织,发展到渔区渔嫂全部被纳入渔嫂组织;从组织数量上的全覆盖到伸展出特色服务团队,如渔嫂渔业安全生产宣传队、渔嫂渔区禁毒反赌宣传队、渔嫂扶贫帮团队、渔嫂睦邻守望队、渔嫂文艺宣传队、渔嫂和事佬队,使得每支东海渔嫂团队都有一张"金名片"。

(二)"东海渔嫂"是书写舟山新区巾帼华章的创新者

1. 发挥头雁作用,"东海渔嫂"点燃创业激情

在"高素质渔嫂"成长计划实施中,"东海渔嫂"充分发挥渔嫂创业"孵化器"功能,一批渔嫂成为创业"领头雁",发挥着示范带动作用。

一是转观念。在传统观念束缚下,海岛妇女社会生活的圈子被限制在家庭范围内。随着舟山社会经济体制改革的深入和旅游业的兴旺发展,海岛妇女开始告别过去传统的生活方式,她们抓住旅游业这一新的致富领域,将房子改造成旅馆进而发展"渔家乐"休闲渔业,走出家门从事接待、导游、服务等工作,"东海渔嫂"成了舟山"渔农家乐"等休闲渔农业的主角。她们从开始的一个变量、一个参数转变成一个主体、一个主题,不仅为家庭、社会创造了财富,也为舟山产业结构的创新升级做出了显著贡献。二是强技能。渔嫂积极参加新技能方面的素质教育,努力提升自身素养。在养老护理、育婴师、电子商务、会计、计算机操作以及茶艺、花艺、厨艺、手工、烘焙、编织、妆容等众多领域学习技能,她们不仅拓展了自己的创业领域,还带动了更多渔嫂转型升级。三是拓平台。"东海渔嫂"响应时代号召,积极参与新技术、新产业、新业态的创业创新。目前,舟山有一支由57名会员组成的女企业家

队伍,分属于造船、商贸、旅游、宾馆、餐饮、水产、美容、物流、商务、幼教等多个行业,她们不仅具有资源优势,而且还具有强烈的竞争、开放、发展意识。她们不仅彼此借力,实现共赢,而且还拥有强烈的社会责任感,慷慨解囊捐助康乃馨慈善项目,以助力帮扶社会贫困妇女儿童。女企业家们树立了良好的社会形象,展现了"东海渔嫂"的大爱风采。

2. 立足家庭主阵地,发挥"东海渔嫂"独特作用

家庭就是一个小社会,社会风气反映着家风,许多社会现象也可在家庭中找到根源。同样,纯洁党风、廉洁从政、抑制腐败的关口也在家庭。舟山市委高度重视家庭建设工作,强调要从把握时代主题的高度去认识家庭建设的意义,从创新社会管理推进社会平安和谐的层面去树立家庭建设新理念,从重心下移、接地气的角度去创新方法载体,从女性的特点特长、地位作用出发去探索家庭建设的规律性。在市委领导下,以舟山创建全国文明城市为契机,以广大妇女为生力军,深化家庭建设促进家庭成长,充分凸显了"东海渔嫂"在家庭平安建设保安邦、家庭文明建设重伦理、家庭文化建设提素质、家庭生态建设优环境、家庭发展建设强技能、家庭健康建设增快乐中的独特作用。

3. 提供社会公共服务,"东海渔嫂"是社会组织带头人

舟山市女性社会组织有1056个,组织的带头人是"东海渔嫂"。她们以志愿与公益服务为基础,动员和凝聚志同道合的社会力量共同服务他人和社会。在实践中,她们发挥着独特的社会功能。一是传播正能量,坚持"蓝海红帆"党建引领。她们既关注"四个舟山"建设重点问题,深入基层对剿劣工作、城中村改造、美丽海岛和幸福社区建设进行调研和指导,还围绕民生下小岛、走社区、进企业、访家庭、助残扶老、关爱贫困家庭、送温暖。二是运用专业技能为特殊妇女群体提供法律援助,维护弱势群体的合法权益,为残疾儿童提供关爱帮扶,并针对女性帮教对象的特点进行心理疏导。三是将有共同兴趣爱好的妇女联系在一起,开展以满足成员需要为目的的文化娱乐和体育健身活动,不仅推动了大众文化娱乐、体育健身事业的发展,也推动了幸福家庭建设,促进了社会稳定和谐。

安吉美丽家庭创建工作的实践与思考

朱海燕[*]

摘 要：安吉县妇联围绕"两山"理念，践行绿色发展，将家庭发展与乡村建设紧密结合，充分发挥妇女在家庭生活和社会生活中的独特优势，积极探索县、乡镇（街道）、村（社区）、户四级联动创建模式，以普惠家庭为总目标，成功开辟"点带线面片村"工作路径，以创设一个美丽区域，成就一方好家风，培树一个及以上创业典型为思路，以家庭发展助力乡村振兴。

关键词："两山"理念；美丽家庭；美丽经济；实践

一、美丽家庭创建工作的背景

2005年8月15日，时任浙江省委书记习近平同志在安吉县考察时，首次提出"绿水青山就是金山银山"的重要科学论断。作为"两山"理念诞生地，安吉县在美丽乡村建设领域积极探索，在实践中将"两山"理念转化为生动的实践。从2008年起，安吉县开始全面实施中国美丽乡村建设，协调推进优雅竹城、风情小镇、美丽乡村三级提升。

家庭作为"美丽乡村"的细胞，成为助推乡风文明、促进社会和谐进步的关键因素，为深入贯彻落实习近平总书记关于做好家庭工作的重要论述，全国妇联于2019年下发了《关于组织实施"家家幸福安康"工程的通知》（妇字

---

* 朱海燕，安吉县妇联党组书记、主席，研究方向为女性发展与社会治理。

〔2019〕26号,以下简称《通知》)。《通知》提出,力争到2023年,妇联家庭工作呈现新的局面。2019年8月,浙江省妇联启动了浙江省家庭建设综合平台五大行动计划,其中在实施家庭发展共促行动上,重在突出"美丽品牌"打造,开展"美丽民宿"推介活动、"美丽味道"比拼活动、"美丽家园"建设活动,充分发挥妇女在家庭生活和社会生活中的独特作用,组织发动妇女积极参与美丽浙江建设。全社会重视支持家庭建设的氛围更加浓厚,爱国爱家、相亲相爱、向上向善、共建共享的社会主义家庭文明新风尚得到弘扬。置身于"两山"理念诞生地,安吉县妇联围绕"两山"理念,践行绿色发展,将家庭建设与乡村建设紧密结合,推出了具有特色的"美丽家庭"工作品牌。

二、美丽家庭创建工作的成效

安吉县妇联积极谋划,充分发挥妇女在家庭生活和社会生活中的独特优势,从2009年起开创"美丽家庭"工作,积极探索县、乡镇(街道)、村(社区)、户四级联动创建模式,成功开辟"点带线面片村"工作路径,助力美丽乡村建设。

一是健全组织,加强美丽家庭创建的制度保障。美丽家庭创建工作作为安吉推进农村人居环境整治重要内容,纳入县委县政府重点工作。县级层面成立创建工作领导小组,专门下发实施意见,建立了县、乡镇、村三级推动、党政群齐抓共管、文明委组织协调、有关部门主动配合、全社会积极参与的工作机制。安吉县妇联以《美丽家庭创建活动实施意见》为统领,积极履职,敢于担当,组织全县12万户家庭投入美丽创建工作。自2009年创评开始,县妇联坚持工作方向不改变,一任接着一任干,勇挑重担,多方整合资源,无限创意开展,破解创建初期知晓率不高、影响力不大和家庭参与力不强三大难点,赢得县委县政府的肯定和支持。县妇联从最初创建领导小组中20家成员单位脱颖而出,成为主要职责部门,担负起全县美丽家庭创建指导、服务、评比、审核、公示和表彰等工作。2011年发布了《美丽家庭创建考核标准》的县级标准,2019年在县级标准的基础上申报国家标准,并以美丽庭院为基础,建立健全"五美庭院—美丽家庭星级户—美丽家庭示范带—美丽家庭示范村落—精品观光带美丽家庭示范村落—升级版美丽庭院示范带"六级推进机制。目前，全县成功创建美丽家庭 10.10 万户，创建率达 90%。

二是精准布局，铸牢美丽家庭创建的总链条。县妇联牢牢把握创建总标准，创新延伸创建内涵，为美丽乡村升级版保驾护航。以"院有花香、室有书香、人有酿香、户有溢香"四香标准为统领，从 2012 年起创建美丽家庭示范村落，2016 年起布局"昌硕故里""中国大竹海""白茶飘香""黄浦江源"4 条精品观光带美丽家庭示范村落建设，成功创建美丽家庭示范村落 100 个。2020 年在原有的美丽家庭示范村落的基础上创新推出升级版，注重体现新时代安吉多维度美丽庭院的元素，突出在新兴经济发展地带、新居民聚集地、古村落原貌区域等庭院的地域美丽，实现新时代一村一业、一村一品、一村一景、一村一韵的安居乐业特色。同时，创建伊始就争取将美丽家庭创建纳入"美丽乡村精品示范村"建设考核细则，并纳入乡镇综合考核重点内容，细化考核指标，明确考核分值。出台《美丽家庭示范村落创建管理办法》《专项奖补资金使用办法》，争取省财政奖补资金和县财政专项资金 610 万元。

三是整合资源，放大美丽家庭创建的效益效应。县妇联发挥主力军作用，开展"美丽家庭·巾帼先行"主题活动；联合县卫生部门推出美丽家庭幸福五项工程，深入农家开展关心关爱活动；联合县文化宣传等部门免费送书、送报、送书画、送戏曲；联合涉农部门送花卉苗木、送种养技术；联合县教育部门开展"美丽家庭我最爱"假期实践活动；联合广电电信等部门优先优惠安装数字电视、网络宽带；扶贫帮困、卫生科普、社会治安等，都在美丽家庭创建中找到"抓手"；联合县农商行、建设银行开通绿色通道，确定星级家庭优惠利率的信用贷款授信。

四是丰富载体，推动美丽家庭创建的常创常新。县妇联丰富创建载体，一年一主题开展美丽家庭"文化年、展示年、幸福年、欢乐年、活力年"等系列活动，树立了安吉独特的美丽家庭品牌。先后开展"善女人 美家园""和春天一起芬芳""家庭齐行动 家园更美丽""我为春天添片绿""在春天传播种子 为安吉穿上绿衣""妇女当家 垃圾分家"等行动，将"两山"理念根植于家庭细胞中。围绕"五水共治"首创"主妇曝光台"，成立"河嫂护水队"，推行家庭护水公约，成立巾帼志愿者队伍 207 支，开展"剿灭劣 V 类水"系列行动，为生态文明建设做出独特贡献。

县妇联坚持以创建为抓手,以普惠家庭为总目标,在创建过程中创设打造一个美丽区域,成就一方好家风,培树一个及以上创业典型为思路,不断践行乡村振兴战略。年画村、书画村、龙舞村、花木村个个有特色,农家乐家家有书吧,村庄产业特色明显、文化底蕴深厚,呈现"一村一品""一村一韵"的独特魅力。女性家庭农场联盟、民宿女管家联盟、巾帼电商楼等纷纷如雨后春笋般萌发,催生了美丽经济的蓬勃发展,美丽红利逐步释放,为安吉经济新发展做出了积极贡献。县女子茶叶合作社得到"一片叶子富了一方百姓"的高度赞誉。雷根琴创建的后垓花卉苗木合作社带动合作社成员每户年收入增收3万—5万元,大户达到10万元以上,年销售额近2000万元,推动了老石坎村花卉苗木生产经营业的发展,促进了本村经济的发展和村民的创收;从事绿色种植的农户积极朝着有机栽培模式发展,逐渐形成产业并吸引了更多农户加入无花果种植,带动其他农户一起发展;有的农户积极投身花卉产业生产,开辟出一片发家致富的美丽田野。全县771个巾帼民宿70%以上都坐落在美丽家庭示范村落中,真正达到"村美、景绿、人和"。《光明日报》《中国妇女报》《浙江日报》《浙江妇运》纷纷聚焦安吉妇联创建做法。安吉也成为浙江省妇女干部学校首批现场教学基地,"安吉美丽家庭创建实务工作"也被列入学校指定课程。安吉成功承接全国各县区妇联主席岗位能力建设培训班、杭州都市圈妇联主席会议、发展中国家女官员能力建设研修班,每年迎接全国乃至世界各地姐妹考察团50余批次。

三、深化美丽家庭创建工作的对策

安吉县妇联抓住家庭小细胞,做好美丽大文章。以家庭为基础,以创建为载体,将绿色环保、和美家风等理念植入农村百姓精神世界。环境得到了显著提升,人文素养有了进一步提升,衍生出来的美丽经济更是对"绿水青山就是金山银山"的生动诠释。

(一)共建美丽做优品牌

围绕服务乡村振兴战略,成立巾帼民宿联盟,挖掘一批"农村妇女带头人""美厨娘"等优秀典型,加大精品民宿、农家乐亲子旅游路线和家庭农场推介,不断丰富"美丽＋文化""美丽＋旅游""美丽＋发展"内涵。持续推进美丽庭院国家标准创建工作,完成全县美丽庭院升级版示范点建设,带动全县美丽庭院建设提质扩面。提亮"安吉河嫂"工作品牌,完善"主妇曝光台"线上升级版功能。继续发挥安吉妇女干部教育培训现场教学基地作用,坚持"引进来"借力宣传,"走出去"积极推介,持续扩大美丽家庭品牌影响。并以"美丽家庭"为中心,把美丽味道、美丽手作、美丽菜园、美丽民宿、美丽巾帼产业、美好生活基地和美好精神家园等美丽元素串联成线,形成系列载体、系统品牌,全方位打造妇女参与乡村振兴全产业链条。

(二)精准施策助力创业

持续推动出台扶持妇女创业政策,扩大"美丽贷"集成效应,推动完善女性创业融资支持体系。拓展服务空间,发挥女企业家协会、民宿巾帼联盟等团体优势,搭建创业创新分享交流平台。深入实施女性发展赋能计划,有效对接整合多方资源,开设茶艺培训、育婴师培训等技能提升课堂,在培养妇女创业创新能力上精准发力。推介发布一批美好生活实践基地,为女性创业者全力带货。引领广大妇女拥抱数字经济,通过搭建平台、典型带动、培训提升等方式,把村播、巾帼云创客汇聚起来,在数字经济发展中注入美丽经济活力。

(三)强化治理延伸触角

引导女性社会组织参与社会治理,建立"女性社会组织＋基层妇联"模式开展公益创投项目。引导女性社会组织参与项目运作,创新激活妇联组织"末梢"建设,延伸妇联工作手臂,实现妇女工作由妇联系统"自转",向妇联联系、引导社会资源"公转"转变。三年在全县建立300个红微家,以红微家为纽带,连点成线,串成美丽庭院示范带红微家、美丽经济示范带红微家。从家庭出发,找准参与基层社会治理的切入点和着力点。根据省妇联提出家庭建设综合平台行动计划要求,突出美丽家园创建服务"千万工程",以家庭为抓手、以家庭为单位、以美丽庭院建设为切入点,把美丽庭院建设成为助推乡村振兴的响亮品牌,成为农家美丽经济的承载平台。

后　记

在中国共产党建党 100 周年之际,《女性发展与社会文明——浙江妇女研究(第四辑)》与大家见面了。该书内容涵盖家庭建设与社会发展、妇女权益与法律保障、妇女解放与女性发展、女性文学与性别文化、妇女工作的创新与实践等主题,是由浙江省妇女研究会会刊——《浙江妇女研究》2020年的优秀成果集刊而成。

《浙江妇女研究》创办于 2016 年底,是浙江省妇联主管、浙江省妇女研究会主办的学术性内部交流刊物。刊物自创办以来,以直面妇女问题、创新妇女研究、引领妇女发展为宗旨,立足浙江、面向全国,从多学科、多视角、多层面开展妇女/性别/家庭研究,至今已刊发相关领域研究成果 300 余篇。五年来,我们得到了浙江省妇联的深切关心与指导,得到了浙江省妇女研究会、各地市妇女研究会和妇联的大力支持和帮助,也得到了全国各地专家学者与广大基层妇女工作者的响应与认可。

为了更好地提炼和推广妇女研究成果,交流和传播浙江妇女发展和妇女工作的创新实践,自 2017 年起,我们每年选取《浙江妇女研究》的优秀成果予以出版。该书选取了《浙江妇女研究》2020 年第 1 期至第 4 期的优秀成果,论文作者来自全国各地,有高校的学术带头人,也有来自基层一线的法律工作者和妇女工作者。

该书的出版凝聚了众多研究者和作者的辛勤付出,在此表示衷心的感谢。《浙江妇女研究》编辑部所有同仁与浙江省妇女干部学校副校长、常务副主编汪军庆和执行主编徐士青一道,齐心协力、尽职尽责、不断提高编校水平。高立水、金朝霞、高辉、贺华丽、王倩、王皎、王顺彬、于洋、符琼等专兼职编辑、编审以敬业奉献、奋发有为的精神,以精益求精、精雕细琢的态度,为期刊的建设与发展做出了不懈的努力。同时,本书的出版也得到了浙江工商大学出版社社长和编辑部同仁的指导与帮助,借此机会我们对诸位领导和同仁的关心、支持和帮助表示由衷的感谢。

转眼之间《浙江妇女研究》已经创办五周年了,虽然我们在推动妇女研究方面尽了绵薄之力,但是也深知差距和不足。由于时间仓促,书中难免有疏漏之处,敬请各位专家学者批评指正。我们将以最真诚的态度和严谨的作风,虚心接受指教。